中国经典工商管理系列教材

Production and Operations Management

生产与运作管理

俞明南　薄洪光　编著

CHINA BUSINESS ADMINISTRATION CLASSICS

大连理工大学出版社
Dalian University of Technology Press

图书在版编目(CIP)数据

生产与运作管理 / 俞明南,薄洪光编著. -- 大连：大连理工大学出版社，2024.1(2024.1重印)
中国经典工商管理系列教材
ISBN 978-7-5685-4378-1

Ⅰ.①生… Ⅱ.①俞… ②薄… Ⅲ.①生产管理—教材 Ⅳ.①F273

中国国家版本馆 CIP 数据核字(2023)第 102860 号

SHENGCHAN YU YUNZUO GUANLI

大连理工大学出版社出版
地址：大连市软件园路 80 号 邮政编码：116023
发行：0411-84708842 邮购：0411-84708943 传真：0411-84701466
E-mail：dutp@dutp.cn URL：https://www.dutp.cn
大连图腾彩色印刷有限公司印刷 大连理工大学出版社发行

幅面尺寸：185mm×260mm	印张：16	字数：410 千字
2024 年 1 月第 1 版		2024 年 1 月第 2 次印刷

责任编辑：张 娜　　　　　　　　　　　责任校对：婧 萱
封面设计：张 莹

ISBN 978-7-5685-4378-1　　　　　　　　定　价：59.00 元

本书如有印装质量问题，请与我社发行部联系更换。

前言

一个成功的企业必须有效地解决以下问题：(1)有产品(服务)可供出售；(2)提供的产品(服务)能销售出去；(3)销售出去的产品(服务)确保赚钱。围绕着这三大核心工作，企业管理者全力以赴地展开生产与运作管理、市场营销管理和财务管理等管理活动。本教材聚焦生产与运作管理工作，系统地介绍其领域中的相关知识和理论。

二十余年前，作者跟随导师蒋贵善教授编著的同名教材，得到读者广泛认可，前后已经陆续修订发行5个版次，读者众多。在此基础上，本教材在结构设计上，继续秉承蒋教授提出的有效控制篇幅，提高文字效率，讲求实用的基本编写原则。在教材编写过程中，继续突出内容新、论理明、例题多的基本特征，以便满足读者在较短的时间内，系统地学习企业生产运作管理的工作内容、工作方法和管理理论的需求。

本教材不仅适合MBA等各类研究生学习使用，同时也是管理专业本科生学习生产运营管理的专业教材。

本书共分为12章。第1章为总论，阐明有关生产与运作管理的若干基本概念。第2章为生产系统的设计，着重讨论生产系统的布置设计和生产系统的流程分析，以及生产率分析。第3章为生产战略，提出生产战略的主要工作内容及其决策思想。第4章为生产技术准备组织，介绍产品开发设计与工艺准备的业务知识，适当引入一些新的生产技术准备组织方法，如产品设计合理化、并行工程等。第5章为生产计划工作，主要讨论年度生产计划的制订问题，特别强调如何通过调节生产能力来适应需求变动的计划决策问题。第6章为物料需求计划，讨论了计算机辅助生产管理系统——MRP系统的工作原理和编制方法，以及企业信息化管理的变革，如企业资源计划(ERP)。第7章为项目管理，讨论网络计划技术的原理与计划方法等。第8章为供应链管理，重点介绍快速反应(QR)、有效顾客反应(ECR)和供应商管理库存(VMI)等现代管理模式。第9章为库存控制，着重讨论库存控制的决策问题。第10章为设备综合管理，介绍设备管理的新发展、设备综合管理的概念和实施方法。第11章为先进生产系统，从当前多变的经济技术环境出发，介绍几种适应新环境形势的新型生产系统。第12章为质量管理，介绍全面质量管理以及质量管理保证体系等方面的相关知识。

书中的第7、11章由薄洪光编写，其余章节由俞明南编写。

编著者

2023年10月

目录

第1章 生产与运作管理总论 ... 1
1.1 生产的概念 ... 1
1.2 生产与运作的管理 ... 5
1.3 生产系统 ... 9
1.4 生产类型 ... 14
1.5 服务系统的特点和类型 ... 17

第2章 生产系统的设计 ... 22
2.1 生产系统的设计原则 ... 22
2.2 厂址选择 ... 24
2.3 设施布置 ... 29
2.4 产品设计和工艺选择 ... 34
2.5 提高生产能力的途径 ... 38

第3章 生产战略 ... 45
3.1 企业战略的概念和组成 ... 45
3.2 企业的战略规划 ... 47
3.3 生产战略内涵 ... 49
3.4 服务战略内涵 ... 54
3.5 生产战略的制定和实施 ... 55

第4章 生产技术准备组织 ... 59
4.1 生产技术准备工作的概念、意义和内容 ... 59
4.2 产品开发与设计 ... 60
4.3 生产工艺准备 ... 65
4.4 新产品的试制和鉴定 ... 69
4.5 生产技术准备计划的编制与实施 ... 70

第5章 生产计划工作 ... 74
5.1 工业企业生产计划体系 ... 74
5.2 生产能力的计算和调节 ... 77
5.3 年度生产计划的制订 ... 84
5.4 需求变动的生产计划方法 ... 89
5.5 产品出产进度计划的制订 ... 95

第 6 章　物料需求计划 ·· 101
6.1　物料需求计划的基本原理 ·· 101
6.2　物料需求计划系统的组成 ·· 104
6.3　物料需求计划的计算方法 ·· 109
6.4　物料需求计划的更新方式 ·· 115
6.5　制造资源计划系统 ·· 116

第 7 章　项目管理 ·· 121
7.1　项目管理概述 ·· 121
7.2　项目计划 ·· 123
7.3　项目控制管理 ·· 131

第 8 章　供应链管理 ··· 140
8.1　供应链管理概述 ··· 140
8.2　供应链的组织与核心企业 ·· 147
8.3　供应链管理的方法 ·· 154

第 9 章　库存控制 ·· 164
9.1　库存控制的意义与任务 ··· 164
9.2　库存控制决策 ·· 166
9.3　库存控制的基本方式 ··· 170
9.4　库存控制决策的定量分析方法 ·· 175
9.5　物资采购管理 ·· 181

第 10 章　设备综合管理 ·· 187
10.1　设备管理概述 ··· 187
10.2　设备的分类、选择和评价 ·· 189
10.3　设备维修管理 ··· 192
10.4　设备的更新和技术改造 ··· 200

第 11 章　先进生产系统 ·· 208
11.1　当今制造业面临的环境形势 ··· 208
11.2　现代生产管理的发展趋势 ·· 209
11.3　适应当今形势的新型生产系统 ·· 211

第 12 章　质量管理 ·· 221
12.1　质量管理概述 ··· 221
12.2　全面质量管理与 ISO9000 国际质量系列标准 ··································· 227
12.3　质量控制过程与统计方法 ·· 234

参考文献 ··· 250

第1章 生产与运作管理总论

生产与运作管理指的是一个企业应用所需资源生产产品或提供服务的管理活动。因此,这里的生产既包括传统意义上的将物质资源转换成有形产品的功能,也包括向顾客提供服务的创造无形产品的功能;而运作则是指产品生产过程或服务过程中发生的各项具体活动。生产与运作管理事实上就是对生产过程或服务过程的计划、组织与控制工作。因此,生产与运作这两个词的含义是相通的,在以后的论述中我们将混同地使用这两个名词,而不做严格的区分。

一般地说,生产与运作管理是企业内部的管理活动,但它却构成了企业活动的主体,代表了企业所从事产业的基本特征和规模。它是企业生存与发展的基础。任何企业,无论是制造物质产品的还是提供服务的,都要依靠有效的生产或服务过程来创造良好的业绩,从产品质量、时间竞争、顾客服务、价值增值上来为企业增强竞争实力,而保证企业经营的成功和发展。因此,生产与运作管理应是企业管理中具有关键作用的一项重要职能。企业在任何时候都不能放松对生产的管理,而应高度重视生产职能,加强生产管理,提高生产水平,依靠不断改善和发展生产,来推动企业走上健康、稳定和持续发展的道路。

本章作为全书的引论,将阐明有关生产与运作管理的基本概念,即生产过程、生产管理、生产系统、生产类型以及服务系统的特点与类型等的概念,为以后各章的学习提供必要的基础知识。

1.1 生产的概念

生产的完整定义,可以表述为:将生产要素(投入的资源)转换为有形和无形的生产财富(产品和服务),由此而产生产品效用并创造附加价值的功能。这个定义说明了生产是一个创造有形和无形财富,即创造产品和服务,并带来价值增值的过程。这个过程包含三个基本的组成部分:生产要素投入、生产财富产出与生产效用以及生产的转换过程。下面就这些概念分别加以讨论。

1.1.1 生产要素

生产要素投入就是生产过程中的各种生产资源。根据它们在生产功能中所起的基本作用,可分成以下五类。

1. 生产对象

生产对象即生产活动的作用目的物。根据它们对形成产出物所起的作用,又可分为两类:主要材料和辅助材料。主要材料包括构成产品的原材料、毛坯以及其他外购件等,它们对产品的形成起主要作用;辅助材料是指在生产过程中起辅助作用的材料,如润滑油、涂料、溶剂、能源(电力、煤气等)、水、照明、空调等。生产对象将在生产过程中全部被消耗掉。

2. 生产手段

生产手段即作用于生产对象,将其转变成产出物的手段。生产手段也可分为两种:直接手段和间接手段。前者包括机器设备、装置、工夹具、动力设施、运输和储存设施等,它们一般都直接作用于生产对象,属于生产设备。后者包括场地、道路、厂房等不直接作用于生产活动的设施。生产手段可在它们的寿命期限内反复使用。

3. 劳动力

劳动力就是生产活动中所需的劳动能力。它是劳动者用于生产活动的体力、脑力和智力的总和。劳动力是生产过程的主导因素。生产活动是劳动者按照一定的分工协作方式协同进行的,故劳动力必须以某种劳动组织形式投入生产。在生产过程中采用两种基本的劳动组织形式:工艺专业化和对象专业化。前者是按工艺特征分工所建立的劳动组织形式,后者则是按对象分工建立的劳动组织形式。

4. 信息与知识

生产中的信息是指生产活动中应用的知识、经验及技术专长等技术信息,也包括组织生产过程所需的程序、方法和数据资料等的管理信息。

随着科学技术的飞跃进步,技术信息在生产中呈现出越来越重要的作用,已成为现代产品中增加附加价值的主要因素。有资料表明,在迅速兴起的高新技术产业中,科技知识,即技术信息所创造的价值往往占到产品价值的80%,而其所消耗的成本只占产品总成本的20%,其他要素在产品价值与成本中所占的比例正好相反,它们的成本占到总成本的80%,而对产品价值的贡献只占20%。例如,计算机芯片的价格中最多只有3%归于材料和能源的消耗,约5%归于设备和设施的投入,6%归于常规工作,剩下的86%都是由专业设计、工程服务和有关专利和版权所创造的。不仅如此,技术信息的重要性更在于现代企业都必须依靠技术创新来谋求进步和发展,因而作为技术创新源泉的知识已成为决定企业的前途和命运的主要因素。现代企业只有运用新知识和新技术开发出新产品和服务,形成自己的品牌、品质、技术和服务的优势,才能在激烈的市场竞争中赢得成功。"科学技术是第一生产力"的科学论断,深刻地阐明了科技知识在生产力诸要素中处于第一位的突出作用。可以说,有效地获取和利用信息与知识资源,已是当今企业提高生产率、增强获利能力和竞争优势的关键所在。

管理信息对生产过程也具有十分重要的作用。人们正是利用管理信息来指挥、驱动和控制物料的投入和流动,从而完成产品的生产过程。相对而言,前面所述的各种要素,无论是生产对象、生产手段或劳动力等,都是有形资源,是硬件;信息则是无形资源,是有效运用前三种有形要素的软件。

5. 生产资金

为了获取上述种种生产要素,还需要有资金的投入。企业必须有资金才能购买这些要素,才能使它们成为自己所拥有的资源。购买各种生产要素的费用就是生产成本。成本是生产要素的价值形态。按照财务会计制度所采用的制造成本法,将上述的要素成本分别按直接成本与制造费用两部分进行核算。直接成本为与产品生产过程直接相关的要素成本。如直接材料成本与直接人工成本。制造费用即间接费用,是指与产品生产过程不直接相关的成本。这部分成本又分两个部分:变动间接费用和固定间接费用。变动间接费用是与产量有关的费用,如燃料、动力费等,它们应一次性地全部摊入产品成本。固定间接费用则是不随产量变化而变动的费用,如建设厂房、购置设备等所花费的费用,即购买生产手段所花费的资金,这些要素的成本在投入生产以后,不论生产多少产品,也都要按一定的比例(称为折旧费)提取,进入产品成本。因此,它们是与产量无关的固定费用。

1.1.2 生产财富产出与生产效用

生产过程输出的是产品和服务,即有形产出和无形产出。无论哪种产出,都能将低价值体的生产要素转换成高价值体的产出物,实现价值的增值,创造出生产财富。这种财富对企业来说,是经济财富,企业通过销售这些产出物回收资金,以投入再生产,并取得增值的利润,从而获得经济效益。

产品或服务提供给消费者的价值就是满足他们需要的效用。一般有三种类型的效用:形态、时间和地点的效用。物质产品生产具备形态效用,如汽车、机床等产品都是改变了材料形态而创造出能满足顾客某种使用需要的效用。由于时间的变换而产生的效用为时间效用,如移动电话能使人们缩短传递消息的时间,因而具有时间效用。由于变换地点所产生的效用为地点效用,如飞机、火车将旅客和货物运送到其他地点就具有地点效用。

现代社会的消费者对产品所要求的价值已不仅仅是满足使用需要的效用,而是包含所有使他们感到满意的各种特性。这样,从效用的角度来定义产品,对产品提出了新的概念。

新的产品概念将产品分成三个层次:①核心产品,是指产品满足使用需要的功能。如眼镜,是为了保护人们的眼睛或弥补眼睛缺陷的,它的各种不同的镜片,如近视、散光、平光、太阳镜片等,就是为适应人们的使用需要所提供的不同功能;又如自行车,作为人力行驶工具,应有载人、轻便、安全等功能。这些功能构成了眼镜和自行车产品的核心部分。②实体产品,是指产品所依附的实物或形式,包括款式、花色、品牌、包装等特征,这是为满足消费者个性化需要所提供的效用。如眼镜镜片的品种虽然仅有有限的几种,但镜架的式样则多种多样,可以有几十甚至几百个花色品种,价格从几十元到几千元不等。因为,今天的顾客购买眼镜,已不仅仅是为了弥补眼睛缺陷或保护眼睛,还要让眼镜表现出自己的气质、崇尚、爱好等,所以镜架有多种多样的选择;同样地,自行车的款式、花色、品种也多达几百种,各种品种都有自己的消费群。这是因为当今时代的顾客购买商品已不仅是为了满足物质上的需要,同时还要满足他们在精神和文化上的需要。而且,在产品的技术质量相接近的情况下,顾客对后者效用的考虑往往更大于对质量的考虑。因此,企业能够在产品中提供满足消费者精神文化需要的效用,已经成为今天赢得市场和顾客的重要因素。③附加产品,主要是提供服务的无形效用,如产品的售后服务保证、提供信贷、交货及时、运送安装、负责技术培训和产品声誉等。前两个层次的产品功能是消费者可以用感官直接感受的有形产品,第三层次的功能则是不能直接地量化感受的无形产品。因此,现代产品既包含有形产出,又包含无形产出,它的价值应是满足消费者的所有效用,包括产品的功能、质量、包装、价格、交货期和售后服务等的总和。

总之,企业的产出应是有形产出与无形产出的融合。而且,企业通过产品所创造的不仅是具体的物质产品,还要创造企业的形象和信誉。

1.1.3 转换过程

转换过程是真正从事产品生产的部分,是完成生产要素向生产财富转变的过程。转换过程一般由一系列活动组成。它们由生产过程所应用的工艺方法所决定。不同的行业、不同的产品以至不同的产品生产规模,其转换过程各不相同。但抛开各种转换过程的技术细节,可将转换过程中的活动概括为三种:作业、运搬(或运输)和储存。

1. 作业

作业是指直接改变生产对象的性质、形状或大小的制造活动。从材料上去除余量,如车削加工、钻孔等的加工活动,或将若干零件装成产品的装配活动,或将原油炼制成燃油的炼油活动等都是作业。生产中的质量检查一般也归为作业活动。产品的转换过程就是由一系列作业所组成的。每经过一项作业,劳动对象从它们的初始形态向产品形态接近了一步,并为这些对象增加了一定的新的附加价值,直到完全创造出产品,达到成品价值为止。我们把这类活动称为生产性活动。

作业一般是由劳动者使用或不使用生产手段对劳动对象施加作用的过程。在自动化生产或装置型生产场合,则全部由机器设备来完成作业。不论哪种方式都需耗费一定的资源,包括人力、材料、能源以及机器设备的利用等。故作业在形成质量、创造价值的同时又需消耗一定的成本。

2. 运搬(或运输)

运搬(或运输)是指生产对象从一个作业工作地运送到下一个作业工作地,或从工作地送往储存地,或从储存地送往工作地等的活动。这种活动形成了物料的流动。它是保持转换过程继续进行所必需的活动。但运搬活动只起改变劳动对象位置的作用,不改变它们的形态性质,故不增加任何附加价值,但要耗费人力、能源、设备等资源,因而发生成本。它们属于非生产性活动。

3. 储存

当下一个活动由于某种原因不能继续进行时所发生的停留,就是储存。它可以是暂时的停放,也可以是有计划有目的的储存。储存的作用是缓冲前后生产阶段生产能力不相平衡的矛盾,或缓冲生产与供应,或生产与销售之间供需不相平衡的矛盾。它也是生产转换过程中所必需的活动。但储存同样不创造价值,却要消耗资源,发生成本。它们也属于非生产性活动。

生产性活动与非生产性活动在时间上的比例,或单位时间内所完成的作业量(以时间衡量)代表了转换过程的效率,后者即为生产过程的通过能力。显然,生产过程中作业活动连接紧密,只有很少的搬运和储存,这样的过程效率就较高,产品生产周期也会较短;若转换过程中搬运和储存活动多,生产经常发生中断,转换过程的效率就低,使产品生产周期拖长。当前,制造业中普遍存在的问题是非生产性活动所占的比重过大。有统计资料表明,在作业车间的生产类型中,非生产性活动在产品(零部件)生产的整个周期时间中所占的比例高达95%,生产性活动的时间只占了5%。造成这种情况的原因,除了生产性质的因素以外,很大程度上与管理不善有关。因此,努力提高生产过程的转换效率,减少生产过程中的非生产性活动,应该是生产管理人员的一项基本职责。

此外,转换效率也与所采用的生产工艺技术有关。工艺技术先进,自动化程度高的转换过程,能保证作业间连接紧密,达到较高的连续性;反之,工艺技术落后,自动化程度低,人工作业比例大,常会引起过多的中间滞留和无效活动,而使转换过程效率降低。另外,生产过程的组织形式对生产过程的转换效率同样有着重要的影响。不同的生产过程组织形式往往决定了生产过程的间歇程度,而且也决定了生产过程所采用的工艺技术水平,这些都影响到生产过程的转换效率。有关生产过程组织形式的问题将在第2章生产系统的设计中进行具体讨论。

1.2 生产与运作的管理

管理的基本职能是计划、组织和控制。生产与运作管理就是对生产过程或服务过程(以下统称生产过程)的计划、组织和控制。但是,从企业的运作考虑,不仅要组织这些基本的生产过程,而且要做好各项生产要素的供应保障和维护管理工作。其中有大量的生产技术准备工作,也有为基本生产过程服务的辅助生产与生产服务工作。它们与基本生产过程结合在一起,构成了企业的生产过程。生产管理就是对企业生产过程的计划、组织和控制工作的总称。

1.2.1 企业生产过程

一个企业的生产过程指的是从生产技术准备工作开始,到完成产品生产,最后交付用户为止的全部过程。不同的行业、不同的产品或不同生产规模的企业,由于采用的生产工艺和工艺方法的不同,而有着不同的生产过程。但不论哪一类生产过程,一般由以下几部分组成。

1. 生产技术准备过程

这是在产品投产前所做的各项生产技术准备工作。如产品设计、工艺设计、工艺装备的设计与制造、标准化工作、生产定额工作、调整劳动组织和设备的平面布置、原材料与协作件的准备等。

2. 基本生产过程

基本生产过程是指以销售为目的、为满足社会或市场需求所进行的与构成基本产品实体直接有关的生产活动。基本生产过程一般可分为若干个生产阶段，如机械产品生产过程中，可进一步分为毛坯制造、机械加工和装配等阶段。

3. 辅助生产过程

辅助生产过程是指为保证基本生产过程正常进行，所必需的各种辅助性生产活动。例如，不以销售为目的，仅为本企业需要而进行的动力、工具和自制设备的生产、设备维修以及修理用备件的生产等。

4. 生产服务过程

这是为基本生产和辅助生产服务的后勤保障工作。如原材料、外购件的供应，运输和仓库管理等。

上述的组成中，基本生产过程是企业的主要活动，它代表企业的基本特征和专业化水平。其他的过程都是根据基本生产过程的需要来设置的。企业的生产管理就是要将这几部分生产过程最适当地组织起来，形成一个协调配合的生产系统，以有效地完成各项产品生产任务，更好地实现企业的生产经营目标。

1.2.2 生产与运作管理的基本职能

如前所述，生产与运作管理的基本职能就是对生产过程的计划、组织和控制。下面分别介绍这些职能的主要内容。

1. 计划职能

计划职能是未来生产与管理活动的依据和基础。它包括目标的制定、为实现目标所采取的措施方案的拟订，以及实施目标和措施的有关活动的计划安排。企业的目标有远期目标和近期目标两个方面。远期目标有生产增长速度、竞争地位、产品发展方向等，它们都关系到企业的长远发展。近期目标如年度生产大纲、产品出产计划等。它的措施计划可以是产品出产进度计划、新产品试制计划、技术措施计划等。另外，财务预算也是计划的一个部分。在生产计划拟订出来之后，需编制财务预算与筹措计划资金，并控制资金的使用。

2. 组织职能

组织职能是指根据企业生产经营管理的需要，将生产过程的各环节各部门按合理分工和协作的要求加以组织，以有效地从事生产经营活动。组织职能的工作分组织设计和组织执行两个部分。组织设计包括企业组织机构的设计和设置、管理组织与管理制度的建立、各级组织机构职责权的规定、生产过程中劳动分工与协作关系以及相应的生产单位的划分等。组织执行是指为实施生产计划而进行的一系列生产准备和组织工作,如产前生产组织的调整、材料工具准备、生产过程中任务的分派和调度等。

3. 控制职能

控制职能是对计划执行情况所进行的检查、监督、分析和调整等工作。它包括从生产过程的产出取得实际绩效的信息,将它们与计划要求相比较,对比较的结果进行分析,若发现有偏差,则采取措施,返回去调节生产过程的投入,或调节转换过程以修正偏差,保证生产过程按计划的目标要求予以执行。

1.2.3 生产与运作管理的职能部门组成

为履行上述的管理职能,企业内需建立一整套生产计划与控制的职能管理机构,分工负责,管理好全企业的生产过程。工业企业内生产计划与控制工作的典型职能机构组成如下:

1. 生产技术准备部门

从事产品的设计准备、工艺准备、工艺装备设计制造等生产技术准备工作,也包括改变产品和工艺技术时对生产组织调整和设备平面布置的设计与调整工作。

2. 生产计划部门

负责中长期的生产预测和生产计划的编制。一般又兼管生产成果和其他技术经济指标的统计分析工作。

3. 生产作业计划部门

负责日常生产作业计划的编制和组织实施工作,包括对生产过程的监控和生产调度以及对生产库存的控制等。

4. 物资供应与采购部门

负责供应生产过程所需的各种外购物资材料。其具体工作有:物资供应计划的编制、物资订货与采购的组织、物资的保管维护和库存控制等工作。

5. 设备管理部门

其基本任务是为各生产部门提供性能良好、满足生产需要的生产设备。具体负责设备的购置、资产管理、维护保养和检修以及设备的更新改造等工作。

6. 劳动管理部门

主要任务是为各生产部门配备合乎需要的劳动力。为此,要利用科学方法设计作业和制定生产定额,并对工人进行培训,提高工人队伍的技术和政治文化素质。

7. 成本管理部门

负责生产成本的编制,实际成本的核算和分析以及成本控制等工作。

1.2.4 生产与运作管理在企业中的地位、作用和要求

环球化引发世界范围的竞争,导致企业竞争压力越来越大,对企业的生产与运作的要求越来越高。特别是供应链管理模式的广泛运用,导致企业不再像以前那样各自为战,需要同上下游企业协同其生产与运作活动,管理难度越来越大。对生产运作管理工作提出了以下的各方面要求。

1. 以市场为导向,按市场需求组织生产

今天我国的经济生活已完全从卖方市场时代进入买方市场时代。因此,企业只有以市场为导向,按照市场需求来生产产品,才能保证产品有销路,从而赢得顾客,获得商机。而且当前的市场需求表现为越来越细分化和个性化,使得大多数企业的生产方式都在转向多品种小批量的生产方式。这些变化都对生产与运作管理提出了进行根本性变革的要求。也就是说,要改变过去的在以生产者为导向的市场环境中所形成的生产管理模式,如:产品更新慢、生产周期长、生产批量大,或按期量标准计划和控制生产等做法,而代之以能随着市场需求的变化灵活调整生产品种和批量的新型的生产组织方式。

2. 坚持质量第一的方针,提高经济效益和社会效益

"质量是企业的生命线",企业必须向社会提供质量优良的产品,才能赢得市场和用户,使企业在激烈的市场竞争中立于不败之地。到今天,质量更是进入国际市场的通行证。这里的质量已不仅仅是指产品的高质量,还包括能使顾客确信企业具有质量保证能力的达到国际标准的质量保障体系。应该说,无论是产品质量的实现,或质量保障体系的运作,都是生产管理职能部门的基本职责,都要通过生产与运作管理工作来加以贯彻落实。因此,生产管理部门必须坚持质量第一的方针,不断提高质量管理水平,确保所生产的产品达到规定的质量要求。在保证质量的同时,还要加强生产过程中的成本控制,努力降低生产成本来为企业创造尽可能好的经济效益。可以说,坚持质量第一方针,提高企业经济效益,应是生产管理职能的基本任务。这就要求,在生产中不能只求产量、产值,而应同时保证质量、品种、成本、利润等各方面的要求,全面完成企业的生产经营目标。

另外,在生产中还应讲求社会效益。任何企业都不能靠损害消费者的利益,破坏生态环境,给社会带来公害去获取经济效益。这是与社会主义企业的性质不相容的,必须坚决加以防止。

3. 敏捷地组织生产,加快产品上市和交付时间,增强时间竞争能力

今天的市场竞争突出地表现在时间的竞争上。有人把它与过去的以质量求效益的企业效益模式相对比,而定义为以速度求效益的企业效益模式。这是因为今天的消费者有了很大的选择空间,哪个企业能抢先推出满足消费者需要的产品,就能优先赢得消费者,在市场中夺得较高的份额。为此,生产管理部门应与市场营销部门相配合,根据顾客需求

的变化发展,灵活而快速地组织生产,从产品开发设计开始,到生产制造、交付用户和售后服务都能大大缩短生产周期,加快产品上市时间,又能根据新的需求快速调整和形成新的生产能力,来满足新增长的需求。当然,减少时间成本不能以增加规模成本和质量成本为代价,时间的缩短应通过同步工程、管理程序重组等措施最大限度地减少各个环节之间时间上的浪费来实现。要把规模效益与时间效益统一起来,形成既面向个性化需求又能进行低成本生产的大规模定制生产方式。

4. 实行科学管理

实行科学管理,是指在生产中运用符合现代社会化生产和商品经济规律的管理制度和方法。为此,要做好如下几项工作。其一,应建立统一的生产指挥系统,以有效地组织生产过程,保证它的正常进行。其二,做好各项基础工作,即建立和贯彻各项规章制度,如工艺规程、操作规程、设备保养维修制度、安全技术规程、岗位责任制等;要建立和实行各种生产标准,如质量标准、生产定额、消耗标准等;要做好原始记录的统计分析工作,这些是搞好科学管理的前提条件。其三,加强职工培训,不断提高他们的技术文化水平和增加现代化管理知识。其四,推行安全生产和文明生产。在生产过程中加强劳动保护,采取安全措施。同时在厂区和生产现场建立良好的生产秩序和劳动环境,以利于提高劳动效率和劳动积极性。最后,应在管理中广泛应用现代化的管理技术和手段。近年来,许多新兴学科,如系统工程、运筹学、网络与计算机技术等渗透进了管理领域,为解决生产与管理中的多种复杂问题提供了十分有效的分析和决策工具,我们应充分应用这些工具和手段,把生产管理工作的水平提高到新的高度。

1.3 生产系统

1.3.1 生产系统的功能及其组成

系统是指由相互关联的要素所组成的、具有特定功能的有机集合体,它能在一定的外部环境下实现其规定的目标。按照系统的定义来界定生产系统,它应是利用生产要素转换成产品与服务以实现预定目标任务的所有相互关联的活动的一个集合体。具体来说,它就是由生产过程与管理过程有机结合的实体。图1-1表示生产系统的构成。

由图1-1可知,生产过程处于执行层,完成将资源转换成产品或服务的功能;管理过程处于计划、指挥、控制的决策层,由它为生产过程制定目标和计划,并对计划的实施进行组织和控制;同时,它还从外界环境取得需求和机会、约束和威胁等信息,来制订或调整目标和计划,以不断适应环境的变化。这样两个过程的结合,使生产系统具有了改善和发展自身的活力,真正成为在一定环境下实现预定生产目标的有机系统。

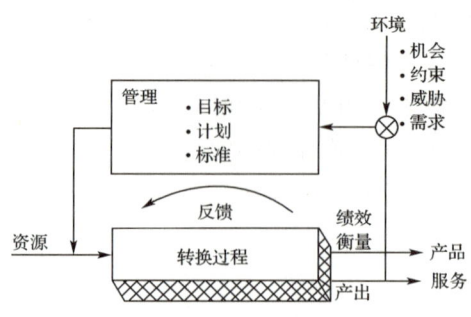

图 1-1　生产系统构成

1.3.2　物流、信息流和资金流

在生产系统的运行过程中,存在三条流程:物流、信息流和资金流(或价值流)。

任何生产过程都是根据所生产产品的需要,购进原料,加工制造成品,然后以商品的形式销售给客户。这样,就形成了物料的流动过程。这里把各个生产阶段的生产对象都统称为物料,既包括原料、材料及其他外购物资,也包括在制品、半成品和成品等。这些物料从供方开始,沿着各个环节(原材料、在制品、半成品、成品)向需方流动,直到交付到客户手中,从而完成全部的物流过程。

物流的形成与流动来源于产品的需求。而产品需求表现为销售合同、生产计划、采购订单、物料明细、加工指令单等形式的文件资料,人们把这些资料称之为需求信息。需求信息也处于流动状态之中,不过,它们的流向与物流的流向相反,是从需方向供方流动,由后向前地提出应满足的物料或产品需求。另外,伴随着物料的流动,又产生着各种物料完工或到货的信息,如完工报告、入库单、库存报告、发运单,称为供应信息。供应信息反映物流的实际进度,即能向需方提供的可供物料的信息。

管理部门利用这两方面信息来管理和控制生产过程。管理过程实际上就是通过信息流来管理物流的过程。而且,信息流的质量(准确性、完整性、及时性)和速率决定了物流的质量和速率,也就决定了生产系统的转换效率。物流的流程与生产工艺过程密切相关,不同行业、不同产品或不同的生产规模,其物流是各不相同的,但信息流却不是这样,不论怎样的工艺过程,信息流的信息类型及其流程基本上是相似的,是比较稳定的。利用这个特点,可以通过对信息的规范化和程序化,来提高信息流质量和效率,进而提高物流的质量和效率,使生产过程高效、有序地运行。

除了物流和信息流之外,生产过程中还有第三条流程,即资金的流动。由于在物料转换过程中需要消耗资源,发生成本而导致资金的流出,当成品或服务出售给客户后,资金又重新流回企业并产生利润,这样,伴随物流的流动又形成了资金流,而且这种资金流还体现为价值的增值。如前所述,原料被转换成半成品、成品后,它们会不断增加其附加价值,因此,资金流同时也是一种价值流。这为管理部门又提供了一种管理手段,为了合理利用资金,加快资金的周转,并保证资金的增值,可通过财务成本系统来控制生产过程,即通过资金的流动来控制物料的流动。图 1-2 表示生产过程中这三条流程的流动过程。

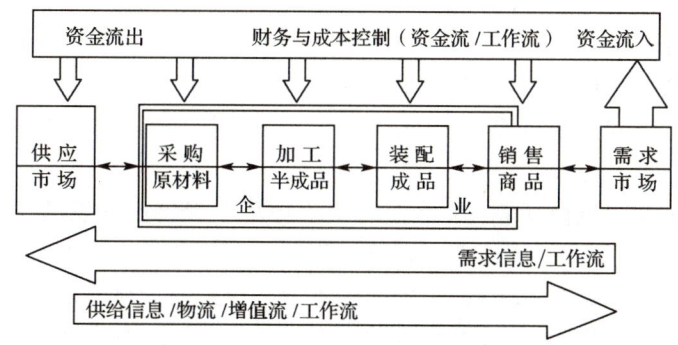

图 1-2　生产过程中的物流、信息流和资金流

现代企业生产管理的一个主要考虑,就是应着眼于生产过程的价值增值能力,通过价值流或资金流来计划和控制生产过程,力求以最少的消耗、最低的成本、最短的生产周期产生最大的市场价值和利润。

1.3.3　现代生产系统

在当今的竞争环境中,顾客的满意度与时间的竞争已成为企业赢得市场和用户的主要手段。于是,如何加快对市场需求的响应速度,增强适应市场变化的应变能力,成为企业取得竞争优势的关键因素。供应链理论就是把供应商和用户都作为生产系统的有机组成部分结合进来,把每一环节的供需双方,包括供应商的供应商、中间用户和最终用户,都连接成一个整体,形成首尾相连的供应链或供应网络,实行全面、系统的管理,以保证最大限度地捕捉到市场机会。这种新的生产系统的概念,即现代生产系统。图 1-3 示意地表示了现代生产系统的概念。

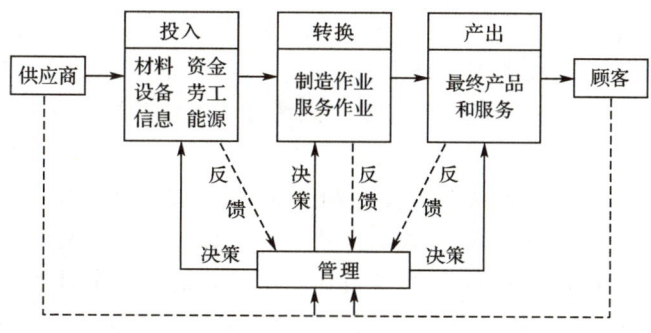

图 1-3　现代生产系统示意图

如图 1-3 所示,现代生产系统由六部分组成:供应商、顾客、投入、转换、产出和管理等。后四部分的功能与前面所述的基本相同,前两部分是新增加的部分。下面分别对它们在生产系统中的作用加以说明。

供应商是向生产系统提供生产资料对象和生产手段的供应者。过去,他们与生产厂之间只是以价格或合同为基础的委托与被委托关系,因此,各自追求自身的利益而不关心对方的利益,常常引起矛盾,影响到产品的质量、成本和交货期。在当今的环境下,供应商能否按时制造和交付质量合格的材料和零部件,对所有后续活动有着越来越重要的影响。因而应把他们结合进来,作为生产系统中的一个组成部分,与他们建立相互信赖、利益共享的长期合作关系。在这样的关系下,供应商也能按生产厂的日程计划供应物料,甚至参与产品零部件的开发和设计过程,共同努力缩短产品生产周期,因而能最有力地赢得市场机会。

顾客是一个企业的生命所系,在今天的竞争环境中顾客已成为企业最稀缺的资源。谁拥有顾客,谁就拥有了发展的前途。把顾客作为生产系统的一个组成部分,就是要花费极大的努力了解和研究顾客的需要,把顾客的需要充分地吸收到产品设计和制造中去,而且要跟踪顾客的需求,以满足顾客的终身需要为目标,不断改进和推出新的产品和服务,使他们完全信赖和忠诚于企业的品牌,形成与企业交融一体的消费群体。

1.3.4 生产系统的绩效衡量

1. 衡量生产系统绩效的指标

生产系统的动态特性,要求对它的绩效经常地进行衡量和分析,以便不断地调整和改进它的功能。一般从以下五个方面来衡量:质量、成本、生产率、有效性和适应性。

(1) 质量

生产系统必须生产出达到质量标准的合格产品与优质产品。这是对生产系统绩效的一项基本评价。衡量质量绩效的指标有等级品率、优质品率、成品抽查合格率、关键件主要项抽查合格率等。现代企业生产系统的质量绩效更体现在不断地改进产品质量,以满足用户现在的和潜在的需要。这将是涉及质量的调研、设计、制造、控制和连续改善等关联到企业所有部门工作的综合性活动,因此,对质量的评价实际上也是对整个生产系统的综合评价。

(2) 成本

生产成本包括为获取和利用各种生产资源所付出的费用。它是对生产系统资源投入量的一种测定。生产成本的高低自然是生产系统经济性绩效的一种标志。

(3) 生产率

生产系统的产出量与投入量的比值,称为生产率。它反映了生产过程中资源利用的有效程度,代表了生产系统投入转换成产出的转换效率。与成本绩效相比,它更确切地反映了生产系统创造经济效益的能力,故被看作是最重要的一项衡量生产系统绩效的指标。生产率又可分为三种:一种是综合生产率,或总生产率,它是生产系统总的产出量与总的投入量的比值;一种是单要素生产率,它是衡量某种生产要素利用效率的绩效指标,如总的产出量与投入的劳动力数量的比值,表示每个劳动力创造的产出价值的劳动生产率;还有一种是多要素生产率,用来衡量某几种生产要素的利用效率,如用人力与材料的投入量来计算的生产率,代表了这些一次性消耗资源的利用效率。

(4) 有效性

有效性是另一项反映生产系统效率的指标。不过,它是实际产出量与计划产出量的比值,这项指标侧重于考查管理工作的效能。因为,生产率主要由生产工艺技术水平所决定,采用先进工艺技术的生产系统,其生产率总比生产技术落后的生产系统的要高。但有效性衡量的是同一生产系统的产出效率。如果实际产出与计划产出有差距,就反映出管理工作的效能了。有效性也可从总量或局部分量上去衡量。总量有效性如实际产量、产值与计划产量、产值之比,实际生产率与计划生产率之比等。局部分量如质量、成本、交货时间、资源消耗等的实际量与计划量之比等。

(5)适应性

适应性是指生产系统对产品品种和产量变化的应变能力。可以用引进新产品或改变产量规模所需的时间来衡量。在当今科学技术飞跃发展、市场对新产品需求日益增加的时代中,企业必须不断开发新产品、调整生产能力,才能不断赢得新的市场份额。因此,适应性也是反映生产系统绩效的最重要的一项指标。

上述各项衡量要求是对一般的生产系统而言的,在实际的企业中,不可能将每一项指标都达到最佳,他们只能侧重一个或几个方面去做出努力。为此,企业应根据自己的经营目标、市场特点和资源能力来选择重点,定出这些绩效的优先考虑顺序。

2. 生产率的计量与分析

生产率是综合反映生产系统绩效的一项指标,它给企业提供许多有用的信息。如通过生产率在不同时期的变化可看出企业经济效益增长或下滑趋势,通过不同部门或不同产品的生产率状况可发现他们(它们)现有的与潜在的问题。因此,它是一个十分有用的分析工具,用来对企业的生产经营状况、资源利用、产品效益或部门经营管理情况做出分析,以发现问题和找出改善生产率的途径。为此,必须掌握生产率的计量与分析方法。

生产率的计算公式如下:

$$生产率 = \frac{产出量}{投入量} \tag{1-1}$$

无论是产出量还是投入量,都必须用单一的计量单位。例如,多种产品的产出量统一按吨数来计算,或按产出价值的货币量即产值计算。投入的生产要素各有不同的计量单位,如劳动力的投入按工时计算,机器设备的投入按台时计算,材料按质量计算,动力按功率计算等,我们无法按它们的实物量来计算总的投入量,只有把它们转换成价值量才能综合出总的投入量。在计算要素生产率时,对那些需要考查的要素,如劳动力、材料、能源等也可以按它们投入的实物量计算。如劳动生产率就是按生产的产值与投入的劳动力数量的比值来计算。另外,在计算要素生产率时,产出量可以根据需要做选择。如按已销出的商品产值计算而不按全部产值计算。

生产率是一种相对值,它必须同其他的某个基准值进行比较才有意义。例如,以某个时间期的绩效为基准,或以某个先进企业的绩效为基准,来与企业当前的生产率进行对比,才能判定企业业绩是否提高或下降。

下面举例说明生产率的分析方法。

【例1-1】 某化学品公司生产一种净化水质的晶体。该生产过程中所用的主要投入为人力、原料和能源(电力)。表1-1说明了公司在2021年和2022年的产量和所用的资源投入量。

表 1-1　净化水质用晶体的产出与投入数据

		2021 年	2022 年
产出	晶体产量/千克	100 000	150 000
投入	直接人工/工时	20 000	28 000
	直接人工成本/元	180 000	350 000
	能源消耗/千瓦时	350 000	400 000
	能源成本/元	5 000	6 000
	原料消耗/千克	120 000	185 000
	原料成本/元	30 000	40 000

根据表 1-1 的数据，进一步计算出各项投入要素的要素生产率，见表 1-2。

表 1-2　净化水质用晶体生产的生产率计算

要素生产率	2021 年	2022 年	增长指数
总生产率	0.465	0.378	0.812
产量/直接人工	5.000	5.357	1.071
产量/直接人工成本	0.556	0.429	0.772
产量/能源消耗	0.286	0.375	1.311
产量/能源成本	20.000	25.000	1.250
产量/原料消耗	0.833	0.811	0.974
产量/原料成本	3.333	3.750	1.125

从表 1-2 可以看出，尽管 2021 年比 2022 年的产量增长了 50%，但总生产率反而下降了，从 0.465 降到 0.378。从要素生产率分析，直接人工工时的生产率有所提高，但直接人工成本的生产率却显著下降。这是否说明该公司的工资增长速度超过了生产的增长速度，而导致了总生产率，即经济效益的下滑？从能源的两项计算看，生产率都有所提高，说明能源的利用在 2022 年有了改善，但原料的消耗，按实物量计算，生产率有所下降，按价值量计算，则有所提高，这是否说明原料的购价在 2022 年有所下降，但利用上存在浪费，以致利用率下降？因此，这也是应予解决的一个问题。

表 1-2 最后一栏表示了以 2022 年的数据为基准计算的增长指数。从增长指数可定量地判定各项生产率的增长幅度，而有助于管理部门分析出其中的关键因素。如本例中的产量/直接人工成本，它的增长指数只有 0.772。即只是 2021 年的 77%。显然，这是影响总生产率的关键因素，应在今后着重加以改善。

1.4　生产类型

1.4.1　生产过程的分类

为了有效地组织和管理生产过程，首先应了解它们的特征和运行规律。要做到这一点，最好的办法是对企业的生产过程进行分类研究。按一定标志对生产过程划分的类别，就是生产类型。

划分生产类型的标志很多。例如，按设备的先进程度分类，可分为技术密集型和劳动密集型;按生产技术的特点分类,可分为合成型(装配型)、分解型(原料经加工处理分解成多种产品,如化工企业)、调制型(改变加工对象的形状或性能而制成的产品,如钢铁企业);按需求来源分类,可分为订货生产方式和存货生产方式;按生产过程的连续程度分类,可分为连续生产型和间断生产型等。但最能反映生产过程、生产技术水平和生产组织方式特征的分类标志则是产品生产的重复程度以及与之相联系的生产专业化程度。按这种标志分类,可将生产过程分为大量生产、成批生产和单件生产三种类型。

1. 大量生产

大量生产的特点是,产品品种少,而每个品种的产量很大,通常是经常重复生产一种或少数几种相类似的产品。由于产品需求量大,生产对象基本固定,产品的设计和工艺过程都经过高度标准化,可在生产过程中实行很细的专业化分工,每个工作地重复进行相同的操作,重复生产相同的对象,因而有条件使用高效率的专用设备和专用工艺装备,采用先进的生产组织方式,如流水生产方式,从而能保证较高的经济效益。大量生产的例子有汽车、家电产品的生产等。

2. 成批生产

成批生产方式的特点是,生产的产品品种较多,每个品种的产量比较少,但它们一般为定型产品,有相同或相似的工艺路线,故通常采用配备专用工艺装备的通用设备,建立多品种的对象封闭生产单位,组织成批轮番生产,以适应多品种产品生产的需要,而又保证必要的设备负荷率。由于每个设备或工作地要负担多种工件、多种工序的加工,在转换生产对象时需花费准备结束时间而引起生产中断,故它们又被称为间断型生产。与大量生产相比,成批生产方式的生产效率较低,产品生产周期较长,单位产品成本较高。成批生产的例子有机床、水泵、轻工机械产品的生产等。成批生产包括的范围很广,常将这类生产方式按批量的大小进一步划分为大批生产、中批生产和小批生产三种类型。大批生产的特点接近于大量生产,在实际工作中将它归入大量生产,统称为大量大批生产;小批生产的特点接近于单件生产,将它归入单件生产,统称为单件小批生产。

3. 单件生产

单件生产的特点是,生产的产品品种繁多,每个品种的产量很少,甚至只有一台或一小批。这些产品都是用户特殊需要的专门产品,生产重复性低,各有各的工艺路线,每生产一个品种都需要进行大量的生产技术准备工作。为了适应产品品种复杂多变的需要,所采用的设备与工艺装备都是通用的,并成机群式布置。显然,这类生产方式生产效率和设备利用率都很低,产品生产周期也长,因而产品生产成本比其他生产类型的都高。这类生产类型的例子有:重型机械制造、设备修理等。

1.4.2 基本生产类型的特征及管理要求

为便于掌握各种基本生产类型的特点,并进而根据它们的特点采取相应的管理措施,有必要对它们进一步进行分析对比。联系管理工作,可从以下六个方面对它们进行比较和分析:产品特征、工艺特征、物料管理、计划控制、劳力特征和职能管理等。以下列举了三种基本生产类型的典型特征,见表1-3。

表 1-3　　三种基本生产类型的典型特征

特征项目	单件小批生产	成批生产	大量大批生产
1. 产品特征			
产品组合	品种多,各品种的产量小;一般为订货产品,品种变化大	品种较多,产量略多;一般为自行设计的定型产品	都为标准产品;但可有某些变型供用户选择
产品更新	容易引入新产品,经常更新	经常地、有计划地引进新产品	有时引入新产品,但费用很高
2. 工艺特征			
工艺过程形式	没有固定形式	各产品工艺路线不尽相同;可有多种安排产品的工艺路线。但常有主导工艺路线可循	有固定形式;可以做一些小的调整以适应某些品种的特殊需要
设备类型	通用	大多数为通用	专门化的
设备布置	按工艺原则布置	基本布置方式为对象原则;有些生产单位按工艺原则	按对象原则布置;常用流水线形式
设备利用	设备常有停工	设备停工较少	设备利用充分
生产速率 　（单位时间产出量）	低	较低	快
3. 物料存货特征			
原材料	少;大部分材料在接到订货后才采购	中等;有些材料在接到订货后采购。有些按生产计划做好储备	大量;按生产计划做好储备
在制品	量大	中等	少
成品	很少	变动不定	变动。一般直接发运给销售系统
4. 计划与控制特征			
作业计划	因品种杂,不同产品有不同工艺路线,故作业计划灵活,常有变动	任务较确定,能经过能力平衡制订较可靠的计划,但仍允许灵活性	按固定的作业计划进度进行生产
质量控制	非正式方式;常由工人自行检查	有正式的质量控制制度	严格的质量控制
5. 劳动力特征			
技术熟练性	应有较广泛的机械知识;技术训练,能适应各种作业任务	应有较广泛的机械知识;技术训练,能适应各种作业任务	技术水平要求较低。主要为操作工
单位产值中的 　人工含量	很高	高	低
6. 管理上的特征			
在线管理人员 　的需要	职能管理人员较少。生产线上的管理人员需要多	职能管理人员略多。但生产线上的管理人员仍是管理力量的关键	职能管理人员多。从事工艺再设计、能力规划、方法研究、预测和作业计划编制。但生产线上的管理人员仍很关键
控制措施	通常为利润中心	或为利润中心,或为成本中心	通常为成本中心
管理部门的 　任务	安排作业计划,做好报价投标工作。信息流管理。产品革新。解决生产薄弱环节	任务进度管理。处理好各项任务的轮番投产批次关系,以及质量控制	做好生产线平衡,材料管理,技术进步,产品设计,生产能力规划

从表 1-3 可以看出，随着生产类型从单件小批生产类型向大量生产类型过渡，它们的特征沿着一定的趋势发生变化。从产品看，它们的品种减少，产量增大，产品性质从专门化、个性化趋于标准化、商品化。从工艺看，设备类型从通用转向专用，设备布置方式从机群式布置转向按对象封闭布置，因此生产效率提高，但生产系统的柔性降低，刚性增强。物料储备与供应对保证生产的关系显得越来越重要，而对劳动力的技术要求则越来越低，劳力成本在产品成本中的比重也越来越小。作业计划变得越来越精细，质量控制则趋于严格和正规。管理职能部门在生产中的作用也随之变得更为重要，如作业计划安排、加工方法选择、技术指导、质量控制、作业调度、工具准备、设备维修等生产管理职能，原来都由基层部门管理甚至工人自己管理，转由职能部门管理。

不同的生产类型对它们的生产管理工作提出了不同的要求。大量生产类型由于产品产量大、品种少而稳定，在生产的计划与控制工作中要应用标准的生产作业计划，并对产品过程实行严格的控制，包括质量控制、在制品控制等，还要求有充足的原材料与配件供应，以保证生产连续地、不间断地进行。另外，还需加强成本控制，因为这种企业的获利能力主要依靠降低成本。

成批生产的生产管理工作要根据轮番生产的特点，重点放在合理安排批量上，做好生产的成套性和提高设备利用之间的平衡，为此要利用库存调节负荷与能力的不平衡。质量控制与成本控制也是成批生产管理的重点。

单件生产的产品品种复杂多变，因此，要求生产计划工作保持较高的灵活性。一般对厂级计划制订比较粗略，让基层生产单位根据生产的实际情况加以灵活处置。物料管理上则不需要有很多储备，相当部分的物料可在接到具体订货任务后进行采购。这种类型的管理重点应是解决不时出现的生产瓶颈，即生产能力最弱的环节，以缩短产品生产周期。在财务控制中往往将下属工厂作为利润中心，按盈利的多少来奖励管理人员，以激励他们为实现企业经营目标的主动性和积极性。

生产类型对企业的生产经营有着重要意义。生产类型选择正确，能适应产品市场的需求性质，就能保证企业经营取得成功；若选择的生产类型与产品市场不相适应，就会导致企业经营的失败。例如，彩色电视机原来是美国发明的。20 世纪 60 年代中期，美国的电视机生产厂家认为该类产品尚处于成长期，都采用批量生产方式，产品质量主要靠技术工人的熟练技术来保证。可是就在 20 世纪 60 年代末，从美国引进彩电产品技术的日本，在短时间内就建立了高度自动化的大量生产系统，产品成本大大低于美国，产品质量又可靠稳定，仅仅几年时间，日本的彩电产品就占有了美国和世界彩电市场大部分销售额，由此可见生产类型选择的重要作用。

1.5 服务系统的特点和类型

服务是顾客与服务企业员工之间直接接触时所发生的社会性行动。服务业包括除农业、采矿业和建筑业以外的所有非制造业的企业组织，如商业、银行业、旅馆业、交通运输业、医疗保健业、娱乐业、教育机构、公用事业以及政府机关等。它们也就是通常所说的第三产业。一方面,随着社会经济的发展,服务业在国民经济中的比重正在迅速增长。在欧美国家,今天至少有3/4以上的人在从事服务业。据统计,我国第三产业的产值也已占到国内生产总值的40%,而且还在迅速增长。另一方面,今天的制造业生产,在产出产品的同时,也伴随了服务性的产出,如产品的售后服务、技术咨询、技术培训、提供信贷等,而且它们的重要性日益增强,往往成为制造企业取得竞争优势和获利的决定性因素。因此,我们在生产管理中对服务性产出以及服务系统的设计和实施应予以足够的重视。

1.5.1 服务系统的特点

与物质产品的生产相比,服务生产存在着某些显著的特点,它们表现在以下几个方面:

(1)服务是无形的产出,而且在产生的同时被消费掉。例如,消防队的服务只有在火灾发生时才产生并被使用。因而,对服务的质量和数量很难给予客观衡量,通常只能凭人们的主观判定,即按顾客满意度而定。

(2)顾客在需求服务时必须当即得到服务,因此,服务无法保存起来留给以后使用。即使某些服务企业提供的产品包括有形要素,如快餐店,但由于顾客需要的是新鲜食品,故也不能保持长期的库存。相反,服务企业常常能通过顾客的排队队列来储存顾客。服务企业管理顾客等候的队列就像制造企业管理库存一样重要。

(3)服务一般是劳动密集型的,服务中生产者与消费者之间普遍存在着直接的联系。例如,医院中患者的护理主要依靠护士、医生和其他医护人员的工作。因此,管理应特别注意人的行为方面,如激励管理。而产品生产则不同,生产者与消费者之间不发生直接接触,这样,人成为服务生产的驱动力,对人的管理成为服务系统管理的关键。服务过程管理必须经常把注意力集中在提高员工的技能上,包括提高他们的人际交往能力。

(4)顾客在获得服务的同时,他本人往往会亲自参与生产过程,例如,快餐店的顾客在订好餐单后,需自己将食品带到餐桌上,甚至自己收拾餐桌。

(5)服务的生产通常要求高度的用户化。无论是医生、律师或快餐店的侍者都必须按顾客的个性需要向他们提供服务。

(6)对服务的需求短期内即可发生。表现为需求的频繁波动,如快餐店在午餐与晚餐时间用餐的顾客出现高峰,其他时间顾客很少。这时要想提高资源利用率,必须能根据需求变化很快地调节生产能力。

(7)产品生产系统的市场区域很大,可以是地区性的,也可以是全国性甚至全球性市场。由于产品具有潜在的市场规模,因而有可能通过采用机械化、自动化获得经济规模的效果。相比之下,服务不可能被远距离运输,因而服务性的生产系统通常只能满足本地市场,不能取得经济规模的效应。

表1-4列举了产品与服务的不同特征,可供大家理解这两类系统进行参考。

表 1-4　　　　　　　　　　　　产品与服务的不同特征

产品特点	服务特点
1. 有形	1. 无形
2. 可以储存，生产可以先于消费发生	2. 不能保存，消费与生产同时发生，生产系统必须保持工作状态才可保证提供服务
3. 生产者与最终用户极少直接联系	3. 与最终用户保持直接接触
4. 复杂的相互关联的加工过程	4. 简易的加工过程
5. 需求变化间隔期相对较长	5. 需求变化间隔期短
6. 生产系统所依赖的市场大，有全国的与国际的市场	6. 以本地市场为主
7. 生产规模较大，易获得规模经济效益	7. 市场相对狭小
8. 生产系统的厂址选择并不仅仅取决市场所在位置	8. 选址取决于顾客和用户的地理位置

1.5.2　服务系统的类型

为了有效地管理服务系统，同样有必要将它们进行分类，来研究不同类别的基本特征，然后针对各自的特征，采用最适当的管理方式和方法。如前所述，服务活动总是在与顾客直接接触的状态下进行的，因此，在服务系统分类中，将服务创造过程中与顾客接触的程度作为划分类别的主要标志。这里的顾客接触程度是指顾客在系统中的时间与服务所耗费的总时间的比值。按这种标志分类，可以分为两种基本类型：高接触系统和低接触系统。

1. 高接触系统

所谓高接触系统，是指提供服务的一方与顾客之间在服务过程中保持的接触程度很高的一种类型，如理发、艺术表演、教学等。此类系统注重服务的质量和适应性，即根据具体顾客的需要来提供服务，而不着重追求效率；相反，其服务质量的提高往往与增加服务时间相关。例如，做一个优雅的发型，理发师所花费的时间自然要比剪一个平头更多一些。其实，在这类系统中要提高生产率是很不容易的，也难以实现标准化，只有通过对员工的激励和培训来提高生产率和服务质量。不过在这类服务的辅助活动中，大幅度地提高生产率还是有可能的。例如，在教学活动中应用投影仪和电脑等教学设备，就能大大提高教学效率。

2. 低接触系统

所谓低接触系统，则是指在服务过程中顾客与服务方的接触程度低的一种类型，如银行中的支票处理业务。由于顾客参与系统服务过程的成分少，大部分工作可以借助机器和技术方法完成，因此，此类系统较注重生产率的提高和成本的降低，可应用统计质量管理方法来控制服务质量，也可以采用生产管理中的作业计划方法来合理安排作业活动，以改善系统的性能。表 1-5 列举了两种服务系统的典型特征和管理特点。

表 1-5　　　　　　　　两种服务系统的典型特征和管理特点

	典型特征和管理特点	
	高接触系统	低接触系统
1. 设施位置	接近顾客	可设在接近提供供应、运输或劳工的地方
2. 设施设置	应适应顾客生理和心理的需要	设施应能提高产量
3. 产品设计	环境与物质产品定义服务性质	顾客不处在服务环境之中,故其产品可由有限的几个属性定义
4. 工艺设计	生产过程各阶段都直接对顾客发生作用	顾客不参与大部分处理过程
5. 作业计划	顾客是生产作业计划的对象,并且必须满足他们的需要	顾客主要关心完成日期
6. 员工	具有当面服务的能力,因此应能很好地与公众交流	只要求他们有熟练的业务技术
7. 质量控制	质量标准常由顾客的眼光来定,因此是变化的	质量标准一般都可衡量,故是固定的
8. 时间标准	服务时间取决于顾客的需要,因此时间标准是粗略的	工作不按代表顾客需要的样式进行,故时间标准可定得较紧
9. 工资制	变动的产出要求实行计时工资制	可固定的产出允许采用计件工资制
10. 生产能力	为不损失销售量,必须按高峰需求设置生产能力	可储存的产出允许将生产能力设在平均需求水平上

本章讨论了有关生产与生产管理的基本概念,并在讨论中引入了在现代经济与生产发展中提出的新概念,如新的产品效用、现代生产系统以及服务系统等,也提出了生产系统的生产率分析的方法。掌握这些基本概念和分析方法,将为考查和分析生产与运作管理问题打下必要的基础,这无论是对后面各章的学习,还是以后所从事的企业工作,都是十分有用的。

习题

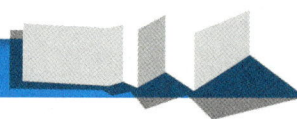

1. 说明"生产"与"运作"两词的含义。
2. 生产对象与生产手段的投入各以什么方式计入产品成本?两者为什么有所不同?
3. 说明知识资源在现代生产中的重要作用。
4. 现代社会的消费者对产品提出了什么新的需求?这些需求形成产品的哪些效用层次?
5. 什么是生产过程的转换效率?如何提高转换效率?
6. 说明生产管理的计划与组织职能的主要内容。
7. 说明生产系统应有的功能及其主要组成。
8. 在现代生产系统中,供应商和顾客起着怎样的重要作用?
9. 衡量生产系统的绩效有哪些指标?这些指标的含义是什么?
10. 为提高生产系统的生产率,可选择哪些途径和措施?
11. 划分工业企业生产类型的主要准则是什么?按此准则可分成哪几种生产类型?

它们各有什么特征和管理重点？

12. 为什么说单件小批生产类型的技术经济效果不如大量大批生产类型的好？

13. 服务企业与生产企业在生产过程组织与提供的产出上有什么不同？它们之间的主要区别是什么？

14. 服务企业可划分为哪些类型？每种类型的主要特征是什么？

15. 某企业在西部地区开设了一家分公司，分公司与母公司的销售与生产成本的资料见表1-6。

表 1-6

	母公司	分公司
销售量/件	100 000	20 000
人工工时/小时	20 000	15 000
原料/元	20 000	5 000
生产设备/台时	60 000	5 000

(1) 计算母公司与分公司的人工的要素生产率与设备的要素生产率。

(2) 计算两家公司的人工与设备的多要素生产率，与(1)的计算结果相比，是否有了改善，试分析其原因。

(3) 计算原料消耗的要素生产率，试解释为何分公司的这项要素生产率会比较高。

16. 某企业近两个季度的生产数据见表1-7。试计算该企业两个季度所达到的总利润与生产率，并说明第二季度的生产率与第一季度相比，发生怎样的变化；为提高企业的生产率与获利能力，应从哪些方面进行改善（用要素生产率进行分析）？

表 1-7

	一季度	二季度
销售额/元	200 000	178 500
人工工时/小时	9 000	7 750
人工成本/(元/小时)	10.00	11.50
材料消耗/公斤	5 000	4 500
材料成本/(元/千克)	15.00	15.00
其他费用/元	20 000	18 000

第 2 章　生产系统的设计

　　生产系统的设计是运用科学的方法和手段对生产系统的选址、组成企业的各基本单位、各种生产设施及劳动的状态与过程进行合理的配置,使之形成一个协调、高效、经济的生产运作系统。

　　生产系统设计是对厂址选择(包括工厂、配送中心、门店等的选址)、能力规划、生产部门布置、产品和服务计划、设备布置等的决策过程。生产系统设计一般是在新建或改建、扩建生产单位或营业场所时进行的。生产系统是有效实现由输入到输出转化的依托和物质基础。因此,生产系统的转化效率对实现企业目标有直接影响。生产/服务设备与设施的布置也直接影响产品成本和生产周期。

2.1　生产系统的设计原则

2.1.1　生产系统的构成

　　生产系统是生产产品的制造企业的一种组织体,它具有销售、设计、加工、交换等综合功能,并有对其提供服务的研究开发功能。

　　生产系统的结构形式决定了企业生产系统功能的实现。

　　生产系统的结构是系统构成要素及其相互关系的表现形式。

　　生产系统的构成要素颇多,按性质和作用来划分,分为结构化要素和非结构化要素。

2.1.2　生产系统的设计原则

　　(1)连续性:产品在生产过程中始终处于运动状态,尽量不发生不必要的停顿和等待时间。连续性包括时间上的连续性和空间上的连续性。

　　(2)比例性:产品加工时的各阶段、各工序之间在生产能力上保持适当的比例关系。

　　(3)节奏性:是指产品从开始被加工到最后完工的各工艺阶段,通过合理计划,生产过程保持有节奏地均衡进行。

　　(4)平行性:是指产品在生产各工艺阶段、各工序实行平行交叉作业。

　　(5)适应性:是指产品的生产过程能够适应市场的变化,及时调整生产方式或生产能力,以不断满足社会的需求。

　　(6)经济性:是指在生产过程中以追求企业经济效益最大化为目的,利用最少的生产费用并占用最少的资金来进行产品的加工。

2.1.3 现代生产系统的新形式

(1) 自动化生产：自动化生产是采用自动化技术进行的生产。它为人类社会带来极为深刻的影响，其中最为主要的是极大地提高了社会劳动生产率，增强了人类改造自然的能力。根据自动化的程度，可分为半自动化生产和全自动化生产。前者是在生产过程中部分采用自动化技术，部分由人工操作；后者是生产全过程的全部工序，包括上料、下料、包装、运输等都不需要人直接参加操作，只是间接地监督机器工作。

(2) 市场导向化生产：市场导向随着时代变革，企业需要以市场需求为中心，进行生产经营活动的安排。相对于过去以企业为中心的旧观念而言，市场导向将以得到顾客的满意为目标，并提高服务质量，获取最大利润，并以竞争对手为中心。企业既重视顾客的需求，也重视竞争者，力求在顾客需求与竞争者之间求得一种平衡的营销观念，称为"市场导向"。其核心是从用户需要出发。坚持市场导向，是指企业的技术创新，必须始终从市场需求出发，把准消费者的脉搏，把立足点和归宿点放在产品"卖出去"上。美国全国工业会议曾对新产品开发失败原因进行分析，发现除技术因素（成本过大或质量问题）外，更主要的是研究开发与市场脱节或由市场营销原因造成，共占 63%，而其中一半是市场分析不当所致。

(3) 创新型生产：创新型生产是借助创新思维把人们的知识生产和实物生产有机结合起来的活动。首先需要人们通过创造性思维、根据现实条件，在知识世界里生成关于生产活动某一内容的创新"知识"，然后利用现有的物质手段将创新知识转化为现实世界的物质生产过程，在这样的过程中，获得人类所需的创新物品。创新型基本方式有三种：引进与仿制、技术引进与自行研究相结合、独立研究开发。三种方式各有其优缺点，对企业人力、财力、物力的要求也各不相同，企业经营者应当根据本企业情况做出选择。

(4) 多样化生产：多样化生产是指一个企业或部门同时生产多种产品或提供多种服务的生产经营活动。有三种类型：①横向多样化生产，即企业或部门打破行业、部门界限，同时从事跨行业或跨部门的多种产品的生产活动。②纵向多样化生产，即企业或部门在同一个行业中，把原材料的开发、中间产品的生产和最终产品的加工组装结合在一起的生产，例如石油公司从采油、炼油发展到石化产品的生产。③混合型多样化生产，即包括横向和纵向两种多样化生产形式的生产。进行多样化生产有两种主要途径：一是企业在不同领域投资，二是企业吸收或合并其他产业的企业。实行多样化生产能给企业带来新的投资机会，分散企业的投资和经营风险，提高企业的市场适应能力和竞争能力，因而广泛为各国厂商所采用。

(5) 国际化生产：国际化生产是生产超越民族国家的疆界，在国际范围内形成一个相互依赖的有机整体的过程。它包括直接生产过程国际化和再生产过程国际化两层含义。作为生产社会化在世界范围内的延伸，它属于生产力范畴。机器大工业的出现，使生产国际化进入早期阶段。资本主义垄断的加强，使生产国际化进一步发展。第二次世界大战后，由于新科技革命和跨国公司的推动，生产国际化取得巨大进展。主要表现为：①跨国公司的崛起。日益增多的大型公司到国外投资生产成为跨国公司，现有的跨国公司不断在世界各地增设子公司。②出口贸易额在国民生产中比重不断上升。一些大企业产品越来越以国外市场为主要对象。③国际经济合作加强,一些国家共同开拓某些新兴产业,合作新建大型工程。④劳动力国际市场逐步形成与不断扩大。⑤国际新技术交流受到重视,新技术革命速度加快。⑥主要资本主义国家加强在经济发展与经济政策方面的协调,建立区域一体化的经济联合体。

只有了解了现代生产系统的新形式,才能建立起适应市场需求和竞争环境的生产系统。

2.2 厂址选择

2.2.1 厂址选择的意义

厂址选择是指在相当广阔的区域内选择建厂的地区,并在地区、地点范围内从几个可供考虑的厂址方案中选择最优厂址方案的分析评价过程。从某种意义上讲,厂址条件选择是项目建设条件分析的核心内容。项目的厂址选择不仅关系到工业布局的落实、投资的地区分配、经济结构、生态平衡等具有全局性、长远性的重要问题,还将直接或间接地决定项目投产后的生产经营,可以说,它直接或间接地决定项目投产后的经济效益。

首先,厂址选择的必要性:(1)扩大市场的需要:像快餐连锁店、超级市场和零售商店。(2)对现有系统的完善:现有地点不能满足产品和服务需求时进行扩充。(3)对于基本资源供应的考虑:如渔业、伐木、采矿、石油。(4)市场的变动,或某一特定的地区经营费用过高。

其次,厂址选择的重要性:(1)是一项长期决策,一旦出错,很难克服。(2)选址决策经常会影响需求、运作成本、税收和运作。不好的选址会导致成本过高、劳动力缺乏、丧失竞争优势或原材料供应不足等问题。对服务业而言,不好的区位会使顾客量减少,运作费用增高。

最后,厂址选择决策的目的:赢利性组织以潜在赢利的多少作为决策的基础,非赢利性组织则力图使费用和提供给顾客的服务水平保持一致。很多情况下没有绝对独一无二的地点好于其他的,大多数组织的选择可能不是最好,而是可接受就行。

2.2.2 厂址选择的影响因素

对于影响厂址选择的因素,可根据它们与成本的关系进行分类。与成本有直接关系的因素,称为成本因素,可以用货币单位来表示各可行位置的实际成本值。与成本无直接关系,但能间接影响产品成本和未来企业发展的因素称为非成本因素。常用的几种成本和非成本因素见表2-1。

表 2-1　　　　　　　　影响厂址选择因素

成本因素	非成本因素
1.运输成本	1.社区情况
2.原料供应	2.气候和地理环境
3.动力和能源的供应量和成本	3.环境保护
4.水力供应	4.政治稳定性
5.劳工成本	5.文化习俗
6.建筑成本和土地成本	6.当地政府政策
7.税率、保险和利率	7.扩展机会
8.财务供应:资本和贷款的机会	8.当地竞争者
9.各服务和保养费用	9.公众对工商业的态度
……	……

就不同的行业、不同企业而言,各种选址影响因素的权重是不同的。下面具体给出制造业选址和服务业选址的主要影响因素。

制造业选址的主要影响因素:①有利的劳动力环境,包括劳动力成本、流行的工资率、劳动力生产率、工作态度和工作强度。②接近市场。③生活质量(高技术行业更看重)。④接近供应商和资源。⑤接近母公司设施。

服务业选址的主要影响因素:①顾客——服务设施应尽量接近顾客。②成本——某些服务,如仓库等成本最重要。③竞争者——接近竞争者可以吸引顾客,还可以观察、评价、学习竞争者。④支持系统——接近支持系统,诊所、旅馆等接近医疗中心。⑤地理/环境因素——娱乐服务,滑雪等。⑥商业氛围——计算机行业集中在大学和科研结构附近。⑦通信——大银行、金融结构坐落在大城市。⑧运输——邮寄订货公司。⑨高级主管的个人要求——CEO 的个人喜好。

2.2.3　厂址选择的方法

1 加权评分法

采用加权评分的方法可以客观地将在几种因素上各有长短的地点区分开来。

在使用加权评分法进行决策时,所考虑的影响因素的数量不宜过多,这样不至于使权数过于分散,有利于突出主要影响因素在方案评价中的作用。

具体的操作步骤如图 2-1 所示。

【例 2-1】 某空调公司因业务发展需要,决定建一新厂,提出 A,B,C 三个备选厂址,请选出最理想的方案。具体步骤如表 2-2 所示。

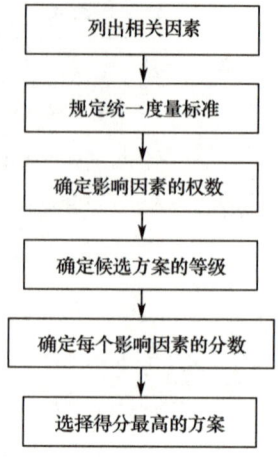

图 2-1 加权评分法步骤

表 2-2 解决步骤

影响因素	权数	备选厂址方案					
		A		B		C	
		等级数	评分值	等级数	评分值	等级数	评分值
土地资源	4	2	8	3	12	2	8
气候条件	1	1	1	1	1	2	2
水资源	3	4	12	2	6	3	9
资源供应	6	3	18	4	24	2	12
基础设施	7	4	28	3	21	4	28
市场空间	7	3	21	4	28	3	21
生活条件	5	4	20	3	15	2	10
劳动条件	2	4	8	2	4	2	4
地方性法规	5	4	20	3	15	2	10
总评分/分		136		126		104	

因此，我们确定备选厂址 A 为最理想的方案。

【练习1】 某公司想新建一个仓库来存放多余的货物，现决定在 a，b，c 三地选择一个来建仓库，下表部分数值已经给出，请选出最理想的建仓库地址。

影响因素	权数	备选厂址方案					
		a		b		c	
		等级数	评分值	等级数	评分值	等级数	评分值
土地资源	3	2		3		1	
气候条件	2	1		3		2	
水资源	3	2		1		3	
资源供应	7	3		4		2	
基础设施	6	4		3		2	
市场空间	7	3		2		3	

(续表)

影响因素	权数	备选厂址方案					
		a		b		c	
		等级数	评分值	等级数	评分值	等级数	评分值
生活条件	3	2		3		2	
劳动条件	1	4		2		4	
地方性法规	3	3		2		3	
总评分/分							

2. 重心法

重心法是一种布置单个设施的方法，这种方法要考虑现有设施之间的距离和要运输的货物量。它经常用于中间仓库的选择。在最简单的情况下，这种方法假设运入和运出成本是相等的，它并未考虑在不满载的情况下增加的特殊运输费用。

重心法首要在坐标系中标出各个地点的位置，目的在于确定各点的相对距离，坐标系可以随便建立，重心法使用的公式为：

$$C_X = \frac{\sum_i D_{ix} Q_i}{\sum_i Q_i} \tag{2-1}$$

$$C_Y = \frac{\sum_i D_{iy} Q_i}{\sum_i Q_i} \tag{2-2}$$

式中，C_X 是中心的 x 坐标；C_Y 是中心的 y 坐标；D_{ix} 是第 i 个地点的 x 坐标；D_{iy} 是第 i 个地点的 y 坐标；Q_i 是运到第 i 个地点或从第 i 个地点运出的货物量。

3. 本量利分析法

本量利分析法通过分析在不同地点设厂的产量与成本和利润的关系进行经济分析，从而找出利润最大的设厂地点。

本量利分析法有利于对可供选择的地点在经济上进行对比，它的分析过程包括以下步骤：

(1)确定每一备选地址的固定成本和可变成本。
(2)在同一张图表上绘出各地点的总成本线。
(3)确定在某一预定的产量水平上，哪一地点的成本最少或哪一地点的利润最高。

每一地点的总成本 TC 公式：

$$TC = FC + VC \times Q \tag{2-3}$$

式中，FC 是固定成本；VC 是单位的可变成本；Q 是产出产品的数量或者体积。

【例 2-2】 甲企业只生产 A 产品，单价 100 元/台，单位变动成本 60 元/台，本期实现销售 500 台，发生固定成本 10 000 元。要求：(1)计算本期 A 产品的单位边际贡献、边际贡献总额和边际贡献率。(2)利用边际贡献指标计算企业的本期实现利润。(3)计算本期 A 产品的变动成本率。

解 (1)计算贡献边际指标如下：

单位贡献边际：$CM = p - b = 100 - 60 = 40$（元/台）

贡献边际总额：$T_{CM} = (p-b)*Q = 40*500 = 20\,000$（元）

贡献边际率：$CMR = CM/p \times 100\% = 40/100 \times 100\% = 40\%$

（2）营业利润＝贡献边际－固定成本＝20 000－10 000＝10 000（元）

（3）变动成本率＝60/100×100％＝60％

【练习2】 已知：某公司只生产一种产品，2008年销售收入为1 000万元，税前利润为100万元，变动成本率为60％。要求：(1)计算该公司2008年的固定成本。(2)假定2009年该公司只追加20万元的广告费，其他条件均不变，试计算该年的固定成本。(3)计算2009年该公司保本额。

4. 线性规划法

线性规划是一种使用广泛的物流战略计划工具，线性规划在考虑特定约束条件下，从可选范围中找出最佳方法。对于物流问题，最为广泛使用的线性规划形式是网络优化。

运输法的数学模型如下：

目标函数为：

$$Z = \min \sum_{i=1}^{m} \sum_{j=1}^{n} c_{ij} x_{ij} \tag{2-4}$$

约束条件为：

$$\sum_{i=1}^{m} x_{ij} = b_j \tag{2-5}$$

$$\sum_{j=1}^{n} x_{ij} = a_i \tag{2-6}$$

$$x_{ij} >= 0 \tag{2-7}$$

式中，m 是工厂数量；n 是销售点数；a_i 是工厂 i 的生产能力，$i=1,2,3\cdots m$；b_j 是销售点 j 的需求，$j=1,2,3\cdots n$；C_{ij} 是工厂 i 生产的单位产品运到销售点 i 的生产运输费用；X_{ij} 是从工厂 i 运到销售点 i 的产品数量。

【例2-3】 某公司现有三个工厂A，B，C，它们在三个不同城市。有2个仓库P，Q，他它们位于不同城市，仓库用来存放工厂生产的产品，随时供应用户，每个仓库每月须供应市场2 100吨产品。为了更好地为顾客服务，该公司决定再设置一个新仓库。经过调查评价，确定X，Y两个点可见仓库。有关资料见表2-3：

表2-3　　　　　　　　　　工厂能力和至仓库运费

工厂	生产能力（吨/月）	到各仓库单位运费（元）			
		P	Q	X	Y
A	2 400	15	27	48	51
B	2 400	27	12	24	27
C	1 800	45	24	9	15

解 为了方便，我们不同时选择两个备选仓库，假设仓库X被选中，用运输问题算法求解。该问题的解如下。月总运输费为：

$2\,100 \times 15 + 2\,100 \times 12 + 300 \times 24 + 1\,800 \times 9 = 80\,100$（元）

表 2-4　仓库 X 被选中情形

工厂	假定 X 选定下的运输问题最优解					能力
	仓库					
	P	Q	X	虚拟仓库		
A	2 100　15	27	48	300　0		2 400
B	27	2 100　12	300　24	0		2 400
C	45	24	1 800　9	0		1 800
需求	2 100	2 100	2 100	300		

用同样方法，计算 Y 作为选定点的费用为 2 100×15＋2 100×12＋300×27＋1 800×15＝91 800 元。

表 2-5　仓库 Y 被选中情形

工厂	假定 Y 选定下的运输问题最优解					能力
	仓库					
	P	Q	X	虚拟仓库		
A	2 100　15	27	51	300　0		2 400
B	27	2 100　12	300　27	0		2 400
C	45	24	1 800　15	0		1 800
需求	2 100	2 100	2 100	300		

比较二者，选择 X 比较好。

【**练习 3**】已有两个物流园区 F1 和 F2 供应 4 个销售点 P1，P2，P3，P4，由于需求量不断增加，需再设个物流园区。可供选择的地点是 F3 和 F4，试在其中选择一个作为最佳地址。根据已有资料分析得出各物流园区到各销售点的总费用，如下表所示：

供应地与需求点	P1	P2	P3	P4	供应量(台)
F1	8.0	7.8	7.7	7.8	7 000
F2	7.65	7.50	7.35	7.15	5 500
F3	7.15	7.05	7.18	7.65	12 500
F4	7.08	7.20	7.50	7.45	
需求量(台)	4 000	8 000	7 000	6 000	25 000

2.3　设施布置

2.3.1　制造型企业设施布置

1. 工艺原则布置

工艺原则布置（Process Layout）也称为车间布置或功能布置，将相同类型或功能相同的设备集中放在一起工作。如此，将待加工产品根据预先设定好的工艺流程顺序进行转移。

工艺原则布置适合产品品种多、单件小批量的离散型制造企业。具体的例子如图 2-2 所示。

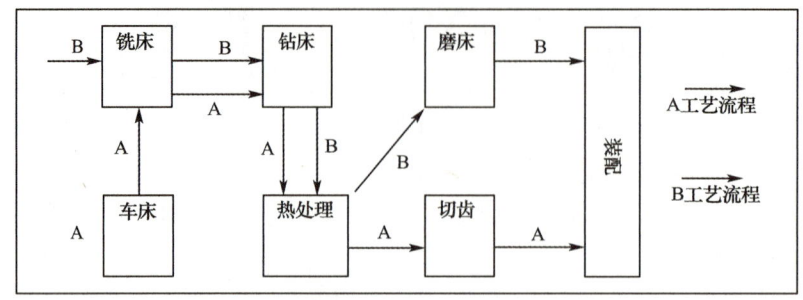

图 2-2　工艺原则布置车间图

2. 产品原则布置

产品原则布置(Product Layout)又称对象原则布置,是一种根据完成产品的加工过程来布置设备或工作流程的方式。

产品原则布置适用于市场需求量大、重复性生产和标准化的产品,这样更具有成本有效性。流水线生产方式多采用产品原则布置。

具体的例子如图 2-3 所示。

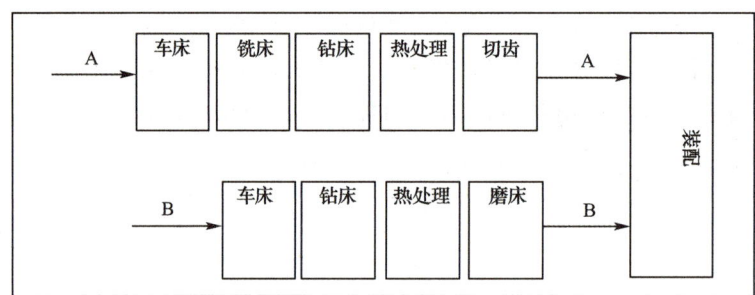

图 2-3　产品原则布置车间图

接着介绍按照产品原则布置的一种特殊形式——装配线(Assembly-line)。它是指按照完成产品的生产流程顺序来安排生产资源。

装配线平衡(Assembly-line Balancing),就是根据装配线节拍的要求采取各种技术的或组织的措施来调整各个工作站的单件作业时间,使它们大致相等,最理想的状况是等于节拍。组织装配线平衡的基本方法:(1)将整个工作任务细分为许多小的作业元素。(2)将有关的作业元素组合成大工序(将基本作业元素打包成可控制的作业包)分配给某个工作站。(3)使这些大工序的单件作业时间相等或接近等于节拍。

装配线平衡的步骤如下:

①为生产活动建立流程图。

②计算产品在每个工作站停留的时间,即生产节拍:

$$节拍(C) = \frac{每天的生产时间}{每天的计划产出量} \tag{2-8}$$

③求出满足节拍的工作站的理论最小数量：

$$工作站最小数量(N_t) = \frac{完成作业所需的总时间}{节拍(C)} \tag{2-9}$$

④选用作业分配规则。确定给每个工作站分配工作的主要规则。

⑤给工作站分配作业。向第一个工作站分配作业，一次一项，逐项增加，直至该工作站的作业完成所需时间等于或接近节拍，或由于操作次序的限制，不能再安排其他任务。重复该过程，直至所有的作业分配完成。

⑥作业分配的效率评价：

$$效率 = \frac{完成作业所需的总时间\ T}{实际工作站数目(N_a) \times 节拍(C)} \tag{2-10}$$

⑦如果效率不能满足要求，则用其他的决策标准再次进行平衡。

【例 2-4】 一家玩具公司要在一个传送带上组装 M 型玩具车，每天需要生产 500 辆。M 型玩具车的组装步骤及其作业时间见表 2-6。请根据节拍和作业次序的限制，找出装配线平衡的方案。

表 2-6　　玩具车的组装步骤及其作业时间

作业	时间(s)	描述	紧前作业
A	45	安装后轴支架，拧紧 4 个螺母	—
B	11	插入后轴	A
C	9	拧紧后轴支架螺栓	B
D	50	安装前轴，用手拧紧 4 个螺母	—
E	15	拧紧前轴螺栓	D
F	12	安装 1# 后车轮，拧紧轮轴盖	C
G	12	安装 2# 后车轮，拧紧轮轴盖	C
H	12	安装 1# 后车轮，拧紧轮轴盖	E
I	12	安装 2# 后车轮，拧紧轮轴盖	E
J	8	安装前轴上的车把手，拧紧螺栓和螺钉	F,G,H,I
K	9	上紧全部螺栓和螺钉	J
	195		

解 （1）画出流程图，图 2-4 中列出了表中的次序关系（箭头长度无实际意义）。

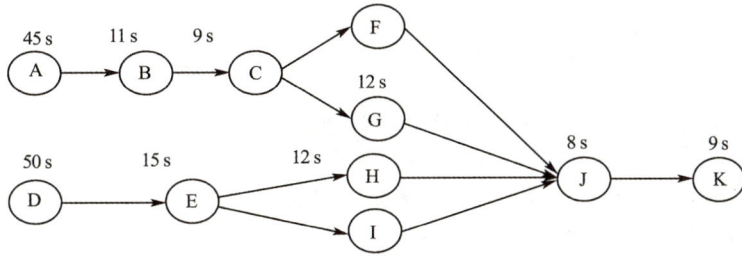

图 2-4　次序关系图

(2)计算节拍

$$节拍(C) = \frac{每天的生产时间}{每天的计划产出量} = \frac{7 \times 60 \times 60}{500} = 50.4(秒/辆)$$

(3)满足节拍的工作站的理论最小数量：

$$工作站最小数量(N_t) = \frac{完成作业所需的总时间}{节拍(C)} = \frac{195}{50.4} = 3.87 \longrightarrow 4(取整)$$

(4)作业分配。先分配后续作业数最多的作业，再分配作业时间较长的作业。第一规则，按后续作业数量的多少来安排作业，见表2-7。

表2-7　　　　　　　　　后续作业数量表

作业	后续作业数量	后续作业
A	6	B,C,F,G,J,K
B 或 D	5	C,F,G,J,K(对于B)
C 或 E	4	H,I,J,K(对于E)
F,G,H 或 J	2	J,K
J	1	K
K	0	—

在第一规则遇到问题时，采用第二规则。第二规则，按作业时间最长规则安排作业。

(5)给工作站分配作业。表2-8列出了使装配线平衡的结果，并用图表示出来。

表2-8　　　　　　　　　装配线平衡表

	作业	作业时间（秒）	剩余时间（s秒）	可安排的紧后作业	紧后作业最多的作业	时间最长的作业
工作站1	A	45	5.4空闲	无		
工作站2	D	50	0.4空闲	无		
	B	11	39.4	C,E	C,E	E
工作站3	E	15	24.4	C,H,I	C	
	C	9	15.4	F,G,H,I	F,G,H,I	F,G,H,I
	F	12	3.4空闲	无		
	G	12	38.4	H,I	H,I	H,I
工作站4	H	12	26.4	I		
	I	12	14.4	J		
	J	8	6.4空闲	无		
工作站5	K	9	41.4空闲	无		

(6)作业分配的效率评价：

$$效率 = \frac{完成作业所需的总时间 T}{实际工作站数目(N_a) \times 节拍(C)} = \frac{195}{5 \times 50.4} = 0.77$$

(7)评价平衡方案：效率为77%意味着整个装配线闲置时间达到23%，装配线不平衡。闲置时间为57秒，最空闲的工作站是工作站5。

能不能得到一个更好的方案呢？用规则2平衡装配线，并用规则1作为第二规则，就会得到一个更好的平衡方案。

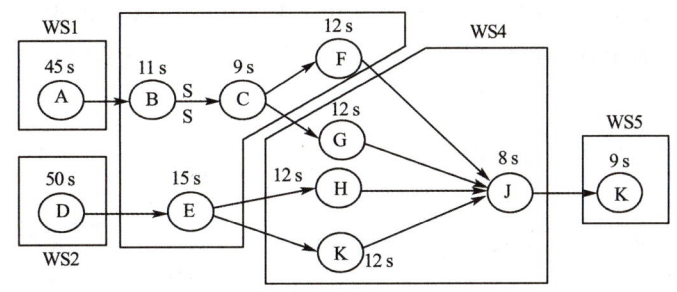

图 2-5 装配线平衡图

【练习 4】 某装配线的工序顺序及作业时间如下表所示：

作业编号	作业时间	紧前作业
A	0.4	—
B	1.5	A
C	1.0	A
D	0.8	A
E	0.6	B、C
F	0.9	D
G	0.4	E
H	0.4	G
I	0.6	F

要求：假设每天工作 8 小时，午间 30 分钟停机休息，每天的产量为 220 单位，废品率为 2%。根据以上数据，请完成：

(1) 画出装配图；
(2) 计算节拍；
(3) 最小工作地数目；
(4) 进行装配线平衡。

3. 定位布置

定位布置 (Fixed-position Layout) 是将产品或作业对象固定不动设备和使用的原材料按加工顺序以及移动的困难程度环绕其做同心圆的布置。这种布置形式适用于产品（或作业对象）难以移动、加工件数少、工序时间长的情况。

其优点：加工对象的移动较少，节省运输费用，工作程序易于设计和调整。

其缺点：不适应大批量生产，作业的程序化和标准化程度较低。

4. 成组技术布置

成组技术布置 (Group Technology)：根据待加工零件的结构形状、尺寸和工艺特征进行系统分类，将相似零件组成零件组，对一组零件找出集中加工的科学形式，从而扩大加工批量，减少调整、装配时间，降低制造成本，使多品种小批生产可以节约成本，甚至达到和大量生产相近的经济效果。

成组技术是成组加工和成组工艺的进一步发展,是一种有效地组织多品种中小批生产的方法。成组技术布置广泛应用于金属加工、计算机芯片制造领域。

5. 四种方法的比较

以上四种方法的具体比较见表2-9。

表2-9　　　　　　　　四种布置方法比较

特征	产品原则布置	工艺原则布置	定位布置	成组技术布置
需求量	高	低	中等程度	很低
设备利用	高	低	中等程度	中等程度
自动化潜力	高	中等程度	高	中等程度
准备/换需求	高	中等程度	中等程度	高
柔性	低	高	中等程度	中等程度
设备种类	高度专业化	一般目的	中等专业化	中等专业化

2.3.2　服务型企业设施布置

（1）过程原则布置

过程原则布置适用于顾客需求差异化较大、顾客化程度较高的服务型企业。如医院里的急救病房,放射科、血液化验科、药房分别位于医院的特定区域,需要这些服务的病人必须分别走到提供相应服务的区域。

（2）对象原则布置

对象原则布置是按照服务对象原则布置,例如:自助餐流水线,各种食品（如热菜、冷菜、甜品、饮料等）按照特定的顺序放在不同的餐台上,顾客在沿自助餐流水线走动时,可以按照自己的喜好到相应的餐台上选取食品。

对象原则布置在金融企业、邮政企业、机场服务、快餐业等有着广泛应用,实现流水线作业,可以大大提高服务质量和服务效率等。

（3）定位布置

服务型企业采用定位布置的例子有:①汽车维修部（所有的流程如刹车维修、加油等汽车都固定在一个位置进行）。②医院的手术室（做手术的病人无法移动,需要固定在手术台上,医生、护士以及手术用的设施及器材围绕着病人布置）。③中式餐馆,顾客需要的所有不同的菜都按照桌位送到顾客面前（有时甚至需要在顾客面前的桌子上准备）。

2.4　产品设计和工艺选择

2.4.1　产品设计

（1）产品设计步骤

①确定产品设计流程:根据市场研究和客户需求,确定产品的定位,决定它的定价、销

售方式、受众和目标市场；根据产品定位，确定进度、资源分配、技术方案和项目管理等规划，明确功能要求，把握开发工作的重点；利用原型设计工具，按照产品需求进行设计，把设计理念变成可视的产品原型，使开发者对需求有更深的理解，加强沟通和设计思路的一致性（原型设计）；根据原型设计，编写代码，将功能实现后完成功能开发，写出的代码要完成功能的需求，符合团队预定的质量标准；根据原型设计和功能开发，进行功能检测，确保每个功能都能够正常运行。同时在检测过程中，要保证产品的正常安全运行；完成功能检测过程之后，进行系统性的产品测试，以确保和客户的要求保持一致，其测试过程涉及用户体验、系统可靠性和多种其他可能出现问题的测试；在众多产品测试过程中，确认产品符合要求之后，就可以进行产品发布，让用户能够正式使用。

②编制设计任务书：设计任务书亦称"计划任务书"或"设计计划任务书"，是确定建设项目、申报审批的基本文件。它是建设项目的建设大纲，批准后是编制初步设计等建设前期工作的主要依据。设计任务书审批之前，起到定项目、定方案的作用；审批后，确立了项目，并据以进行初步设计等建设前期工作。

③进行技术设计：技术设计的一般步骤包括收集信息、讨论分析、设计方案、实现方案、测试验证等。只有经过这些步骤，才能保证技术设计的正确性和可行性，从而开发出一个技术产品。

④工作图设计：工作图设计是根据技术设计绘制出全套工作图纸，包括总图、零件图、部件图、产品装配图、安装图；制定通用件、专用件、标准件、外购件、外协件明细表和原材料、特种材料明细表；编制产品说明书和使用维修保养说明书等。工作图是指导生产的图样，应按程式通过校对、复核，以保证正确、统一、完整。

作图也必须经审批以后才能投入生产。

（2）产品设计要求

①系列化：是指对同一类产品的结构形式和主要参数规格进行科学规划的一种标准化形式。系列化是标准化的高级形式。系列化通过对同类产品发展规律研究，预测市场需求，将产品的型式、尺寸等做出合理的安排和规划，其目的是使某一类产品系统的结构优化，功能达到最佳。产品系列化包括制定产品参数系列标准、编制系列型谱和开展系列设计三个方面的内容。

②标准化：是指在一定时期内，面向通用产品，采用共性条件，制定统一的标准和模式，开展的适用范围比较广泛的设计，适用于技术上成熟、经济上合理、市场容量充裕的产品设计。

③通用化：在不进行特别改造和特殊设计的情况下，考虑到可令所有人尽可能最大限度地使用的产品和环境上的设计。

（3）产品设计方法

①稳健设计：调整设计变量及控制其容差，使可控因素和不可控因素当与设计值发生变差时仍能保证产品质量的一种工程方法。换言之，若做出的设计即使在各种因素的干扰下，产品质量也是稳定的，或者用廉价的零部件能组装出质量上乘、性能稳定与可靠的产品，则认为该产品的设计是稳健的。

②模块设计:模具分解成小的部分叫作模块,设计这种模块的过程叫作模块设计。

③计算机辅助设计:利用计算机及其图形设备帮助设计人员进行设计工作,简称CAD(Computer Aided Design)。在工程和产品设计中,计算机可以帮助设计人员担负计算、信息存储和制图等项工作。在设计中通常要用计算机对不同方案进行大量的计算、分析和比较,以决定最优方案;各种设计信息,不论是数字的、文字的或图形的,都能存放在计算机的内存或外存里,并能快速地检索;设计人员通常用草图开始设计,将草图变为工作图的繁重工作可以交给计算机完成;利用计算机可以进行与图形的编辑、放大、缩小、平移和旋转等有关的图形数据加工工作。

④环保设计。

2.4.2 工艺的选择

(1)工艺类型

①转化工艺;

②制造工艺;

③装配工艺。

(2)工艺流程结构

①工艺专业化生产;

②批量生产;

③装配线生产;

④连续流程生产。

(3)产品-工艺矩阵(图2-6)

海斯(Robert H. Hayes)和惠尔莱特(Steven C. Wheelwright)在1979年提出了产品-工艺矩阵用以对产品和生产工艺结构进行具体分析。

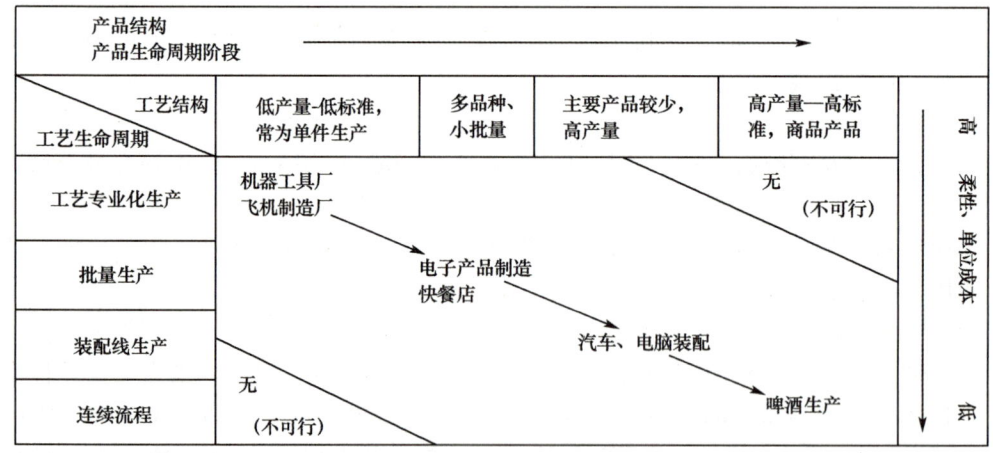

图2-6 产品-工艺矩阵

2.4.3 产品设计与制造工艺的结合

1. 制造设计的基本原则

基本思想:从制造角度出发实行产品设计基本原则,提高生产效率,保证生产效果。

基本原则的具体表现:使产品零部件数量尽量少;进行模块化设计;尽量使一种零件有多种用途;尽量使用标准件;尽量使操作简单化;使零件具有可替代性;尽量使装配流程简单化;使用可重复、易懂的工艺流程。

2. 装配设计

装配设计(Design for Assembly,DFA)是制造设计的一个重要工具。

DFA可以用来减少产品装配所需要零部件的数量和决定装配顺序;DFA提供了一种根据装配方法和所需装配时间来分类的通用零部件产品目录,这些产品目录可帮助设计者在不妨碍产品性能的情况下尽量选用易于装配的通用零部件;DFA给出了一些装配指导原则;DFA还包括一种装配评价方法,这种方法用点数评价装配中每一步操作的难易程度。

3. 故障树分析

故障树分析(Fault Tree Analysis,FTA)又叫作缺陷树分析。

磨煤机故障树的示例如图2-7所示:

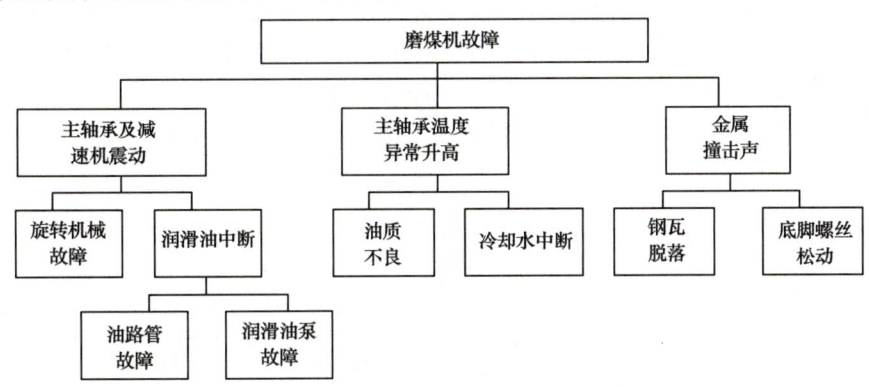

图2-7 磨煤机的故障树

4. 价值分析

价值分析(Value Analysis,VA)又叫作价值工程(Value Engineering,VE)。其基本思想是先定义产品的关键功能,再评价每个功能的价值以及为了获得该功能所需要的成本。运用这些数据,可得出"价值/成本"比值。在设计过程中不断通过提高价值或降低成本来提高这一比值。产品设计中的每一材料、每一部件以及制造过程的每一个操作步骤都可以进行价值分析。

该方法最早是在20世纪40年代由通用电气公司(General Electric,GE)提出,当时的主要目的是去除产品中不必要的功能和特性,以后发展成为一种产品设计的工具。

2.5 提高生产能力的途径

提高企业生产能力,意味着在不改变生产要素成分的条件下,仅通过改进生产组织和管理,提高劳动生产率,合理地利用设备来增加产量,降低成本,增加利润。企业在一定时期内,生产能力有一个客观限度,但随着管理、技术水平的提高,企业的生产能力也可以不断提高,下述几条可作为借鉴:

(1) 改善设备的时间利用

即为减少设备停工时间,充分利用制度工作时间,从设备停工的原因入手,找出症结,趋利避害。

(2) 增大设备的强度利用

即在单位时间内,最大限度地提高设备的利用程度,这表现在设备的高生产率或较低的台时消耗定额上。决定设备的强度利用因素有:产品及零部件的设计;设备本身的技术水平;工人操作设备的熟练程度。因此,优化产品及零部件的设计,改善设备的技术性能,提高工人的业务素质,无疑都会提高设备的强度的利用。

(3) 增加投入生产的设备数量

(4) 充分利用生产面积

另外,利用数学方法,给机器设备合理地分配任务,也可提高工段或小组的综合生产能力,达到优化之目的。在此,举例介绍一个提高生产能力的数学方法效率比法。

【例 2-5】 某机械厂的产品部件由 Ⅰ 和 Ⅱ 两个零件组成,这两个零件均可由 3 台机器加工,每台机器加工这两种零件的小时生产率见表 2-10,若产品的市场状态看好,要求按 1∶1 的比例成套出产,即在一定时间内两种零件的生产数量相同又多产。怎样安排生产作业计划?

表 2-10　　　　　　　加工生产率

	小时生产率/α		
	机器 1	机器 2	机器 3
零件 Ⅰ	30	60	60
零件 Ⅱ	60	90	50

解 若利用平均小时生产率的概念可得出公式: $\bar{\alpha} = \dfrac{2\alpha_Ⅰ \times \alpha_Ⅱ}{\alpha_Ⅰ + \alpha_Ⅱ}$,于是得出机器 1 加工 20 套;机器 2 加工 36 套;机器 3 加工 27 套,这样,3 台机器在 1 小时内共加工 83 套。有经验者认为不必这样费心思计算,只要看到机器 2 加工零件 Ⅰ 最佳,而机器 1 和 3 加工零件 Ⅰ 的数量之和为 90 套,恰与机器 2 加工零件 Ⅰ 的 90 套相等。这种"局部法"其实只是比"平均效率"的方法好罢了,因为最好的结果是 96 套,而不是 90 套。

这个计算方法称为"效率比"法。所谓效率比,是各机器加工两种不同的零件的优势比较,是机器自身的优势比较,而不是机器间的比较,于是优胜劣汰,选一个理想的方案。

3台机器加工零件Ⅰ和Ⅱ的效率比为：

$$k_1=\frac{\alpha_{\text{Ⅱ}}}{\alpha_{\text{Ⅰ}}}=\frac{60}{30}=2, K_2=\frac{90}{60}=\frac{3}{2}, k_3=\frac{50}{60}=\frac{5}{6}$$

这里，都用加工零件Ⅱ的效率比上加工零件Ⅰ的效率，通过计算，可见其结果为 $k_1>k_2>k_3$，k_1 大，说明加工零件Ⅱ好；逆向思维方式让我们很自然地想到 k_3 小，则说明加工零件Ⅰ好。于是1和3两台机器在1小时内分别完全加工Ⅱ和Ⅰ两种零件。那么，机器2怎样进行加工时间配置？由于机器2加工两种零件的效率不同，所以加工时间的分派亦不能等同。假设机器2加工零件Ⅰ的时间为 $X_{\text{Ⅰ}}$，机器2加工零件Ⅱ的时间为 $X_{\text{Ⅱ}}$。则 $X_{\text{Ⅰ}}+X_{\text{Ⅱ}}=1$，这是一个时间方程，还可以列出一个数量方程：$60\times1+60X_{\text{Ⅰ}}=60\times1+90X_{\text{Ⅱ}}$（因为要按1:1的比例成套生产），将此二方程联立，则：

$$\begin{cases} x_{\text{Ⅰ}}+x_{\text{Ⅱ}}=1 \\ 60\times1+60x_{\text{Ⅰ}}=60\times1+90x_{\text{Ⅱ}} \end{cases}$$

解得

$$\begin{cases} x_{\text{Ⅰ}}=0.6 \\ x_{\text{Ⅱ}}=0.4 \end{cases}$$

统筹安排的结果，使得生产两种零件各96件。当然，这种思维方式的形成，是基于数学的逻辑思考和对事物本质的认识。有许多类似的问题可以运用"效率比法"去求解。能否举一反三？学习过运筹学的读者还可以运用线性规划模型的单纯形法解出此题。

【**例 2-6**】 某厂装配车间在月末最后一天中尚有600件产品要求校试出厂，同时还要尽可能多地完成装配任务，有关资料见表2-11，如何安排才能保证完成600件产品校试工作，又使装配任务完成得最多？

表 2-11　　　　　　　　校试装配表

工作	效率/(件/人·天)	
	男工(10人)	女工(14人)
校试	75	50
装配	60	25

解 首先分别计算男女工劳作的效率比，分别为 $k_{\text{男}}=\frac{75}{60}=1.25$；$k_{\text{女}}=\frac{50}{25}=2$。因此，女工校试为好。现有额定任务600件，$\frac{600}{50}=12$人，只要12名女工校试，其余2名女工和全体男工(10人)共同完成装配任务，共完成 $60\times10+25\times2=650$ 件，即 12 名女工去校试即可完成任务，2名女工及10名男工共同装配650件。

【**练习5**】 某工厂的工人参加植树义务劳动，共有2 000棵树苗需栽植，并且有2 000个坑由上批参加劳动的人预先挖好，只要栽树即可。另外，还要尽可能多地挖坑，为下批植树任务做好准备。参加劳动的人员及劳动效率的资料见表2-12，怎样安排劳动任务，才能保证完成2 000棵树苗的栽植，又使坑挖得更多些？

表 2-12　　　　　劳动的人员及劳动效率

任务	效率/(棵(个)/人·天)	
	男工(40人)	女工(60人)
栽树	80	40
挖坑	40	10

习　题

1. 生产系统的设计要解决的基本问题是什么？

2. 如何理解生产能力的概念？为什么生产能力的设计要恰到好处？

3. 增加生产能力应考虑的因素是什么？

4. 选址要考虑的基本问题有哪些？

5. 设备布置的基本原则是什么？

6. 流水线生产有什么特征？有什么优点？

7. 什么是工艺原则布置？其特点有哪些？

8. 成组技术的主要内容有哪些？

9. 企业可以通过什么方式来调整生产能力？

10. 产品设计的经济性法则是什么？

11. 产品设计的基本要求应包含哪些方面？

12. 厂址选择的影响因素、原则分别有哪些？

13. 需求方按如下分数分配比例来评价本地的各供应商：产品质量占 40 分，价格占 35 分，合同完成率占 25 分。根据下表统计资料，从中选择出下期最合适的供应商。

供应商	收到的商品量	验收合格量	单价	合同完成
甲	2 000	1 920	89	98%
乙	2 400	2 200	86	92%
丙	600	480	93	95%
丁	1 000	900	90	100%

14. 已知：某公司只生产一种产品，2021 年销售收入为 1 000 万元，税前利润为 100 万元，变动成本率为 60%。要求：

(1) 计算该公司 2021 年的固定成本；

(2) 假定 2022 年该公司只追加 20 万元的广告费，其他条件均不变，试计算该年的固定成本；

(3) 计算 2022 年该公司保本额。

15. 某公司下属有甲、乙、丙三个工厂，分别向 A，B，C，D 四个销地提供产品，产量、需求量及工厂到销售地的运价(单位：元/吨)如下表所示，求使费用最少的最佳运输方案。

工厂 \ 销地	A	B	C	D	产量(吨)
甲	8	6	10	9	18
乙	9	12	13	7	18
丙	14	12	16	5	19
销量(吨)	16	15	7	17	55

16. 某厂有两种产品装配线,如图 2-8 所示,试进行流水线的平衡设计($r_1 = 10$ min/件,$r_2 = 20$ min/件)。

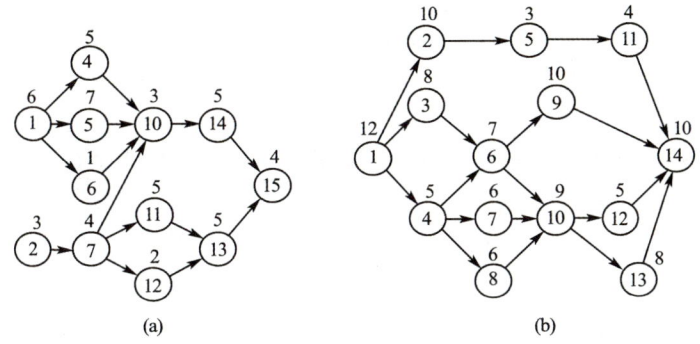

图 2-8 产品装配线

17. 某仓库一共有 1 000 吨 A 货物需要搬运到空地,这些 A 货物都需要搬到空地上,另外还要尽可能多地搬运 B 货物,使得仓库有更多的空间。现在有大车和小车两种搬运工具,两种工具的劳动效率如下表,怎么样安排这个搬运任务,才能保证完成 1 000 吨货物的搬运,又使得 B 货物搬运得更多些?

任务	效率/(吨/辆·小时)	
	小车(30 辆)	大车(20 辆)
搬运 A	20	40
搬运 B	5	20

案例

电容制造部的难题

R 公司电容制造部主要生产 M 系列电容,共有 100 多种规格,从包装形式上可分为纸带和塑料带两大类。自 1996 年初投产以来,由于编带作业采用了改进后的新工艺、公司操作人员不太熟悉设备操作性能等,经过两个多月的努力,仍未能达到月产量 1 亿的设计能力。公司总部对此非常不满,经常对电容制造部的有关部门提出指责。对此,电容制造部负责人尹先生十分苦恼。这一天,他又一次召集有关部门负责人开会,研究如何解决所面临的生产问题。

会上,大家列举了最近出现的各种问题,普遍反映加班实在太辛苦,有些操作人员已十分疲乏。会议进行到一半,负责对外联络业务的曲女士过来汇报说,刚才又接到总部打来的电话,对电容制造部未完成上个月的生产任务大为不满,严令这个月必须完成,否则将进一步追究各部门责任等。

这个消息立即引起了与会人员的不满,设备科长李先生首先按捺不住,愤愤地说:"这活儿没法干了,有本事就让他们自己来干,我就这点本事了。"这些天一直陪着李先生加班的车间监督申先生则息事宁人地说:"老李,你先坐下,别那么激动。"接着又转过头对尹先生说:"老李说得也有道理,现在,咱们部的工人加班加点成了家常便饭,可产量还是完不成。工人们已经尽了最大努力,产量完不成的责任看来不在我们,是不是跟总经理反映一下?"其他人也纷纷附和。会议的议题由分析车间内部问题转向讨论总部各部门的不配合上……

尹先生看着大家疲惫而又激动的神色,知道这些人说的都是实话,并且工作中也都尽了最大努力,但如何能达到设计生产能力,完成计划任务,又是不得不解决的难题。总部有些部门配合不力的确是个很大的问题,但关键问题估计还是在车间管理内部,那么,这个问题究竟出在哪儿呢?于是,尹先生不知不觉叹了一口气,随手拿起了会议记录,又仔细研究起来。

会议记录:

时间:2016年4月2日

地点:电容部会议室

参加人:

电容制造部门负责人尹科长;

生产管理科陈主任;

设备科李主任;

工程监督科申主任;

质管科周主任。

议题:如何提高编带月产量

发言记录:

陈:要完成月产量1亿的生产任务,根据理论计算,编带设备综合利用率必须达到55%以上。总部的设计能力是60%~65%。但现在我们的实际利用率只有40%多一点。上个月加了五天班,产量才达到7 000万。这个月要达到1亿,即使周六、周日全部加班,也只能达到9 000万。所以,现在的生产计划不符合生产实际状况,指导不了生产。现在只有两种选择。要么与总部联络,修改计划产量;要么改进作业方法,争取采用与总部一样的生产方法。

李:目前我们的编带操作方法与在总部学习时不太一样,总部采用的是大卷,即将十几万个电容编成一卷,而我们则是三四千个一卷的小卷,因此,我们的计划标准应该有所降低,不能采用日本标准,即60%~65%。另外,我们的设备变换太频繁,一台机器一个月要换2~3次不同类产品,每次都要调整1~2天,这样人为增加设备调整次数,结果使设备故障率大大增加,发挥不出高速编带机应有的效果(900个/秒),特别是塑料带,几乎每次调整后都要出现各种问题,而我们设备维修人员只有2人,根本打不开点儿。所以,我们现在整天只忙着修理设备,正常的维护保养根本无法进行,所以也就无法保证设备不出故障,换句话说,完不成计划的责任根源肯定不在我们身上。

申:有些操作人员素质太差,如张某某,同样的简单问题,上星期我已教育了她两次,但昨天又出现了同样的错误,结果我问她怎么回事,她却一点儿也不在乎,脸都不红一下。另外,李某某、王某某,也不好好干活,说一句能顶回两句。上个月周六加了几天班,好像是我求她们一样。这样的人最好是不要,或转到其他部门,我是管不了她们。一个班总共才5个人,有两个这样的,产量肯定上不来。长期下去,1个亿的计划估计是够呛。另外,编带操作人员整天站着干活,非常辛苦,和坐着干活的库房、检验人员相比,工资上没有什么区别,是不是可以增加些奖金刺激刺激?

周:有些操作员的素质实在是太差。转换产品规格时,需要将规格输入计算机。她们瞪眼儿就将"F"输成"H"。仅上个月就发现了三次,幸亏发现及时,否则损失就大了。若一旦发生索赔,公司信誉将受到严重影响。真不知当初入厂教育是怎么进行的。另外,最近6号编带机发现了两次混料事故(不同规格的电容混在一起)。我们经过初步调查,怀疑两个环节有问题:一个是零散数量回收时可能混入,另一个是机器清理时未打扫干净。我们正在做实验。按规定,混料以后必须查清原因,在这期间机器必须停止工作。所以今天6号编带机不能干活。如果保证不了质量,产量即使提高上去也得不偿失。

……

尹先生反复看了几遍之后,对大家说:"操作员素质不高是个大问题,我已向总经理做过汇报,人事部门正在研究处理方案。设备维修人员不足问题,限于人员定额,短期内估计增加不了。采用小卷是为了方便顾客使用,改回大卷也不太现实。现在关键是大家有没有新的想法和建议,怎么能提高产量?或怎么能向总部解释清楚?"

沉默了片刻,陈主任提出了一个建议,他说:"我觉得现在除了加强人员教育之外,唯一可行的办法是改进生产作业方法。由于我们生产的产品品种较多,而每个批量的数量较少,所以设备调整时间占用过多,设备利用率很低,产量也就无法提高。上个月我们将编带操作人员的辅助作业减去不少,产量有所提高,我们可以将这一思路继续改进,即加大生产批量,减少停机等待等非工作时间,这样就可以提高设备利用率。产量自然就可以上去了,在具体做法上,可以把编带生产工艺做如下调整",说着,他画出了如下草图:

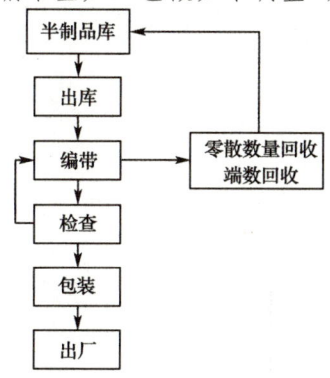

图2-9 现在的编带工艺

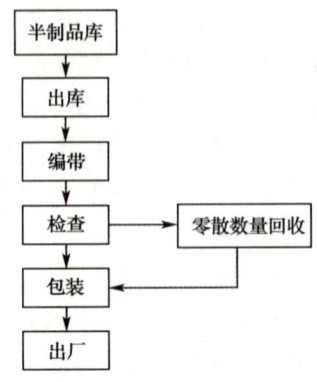

图 2-10 改进后的编带工艺

他解释道:"在现在的工艺流程中,半制品库中的电容以整袋形式出库,一袋数千至数十万不等,编带的批量是 256 000 个/批,多余的电容从机器中排出,作为半制品零散数量形式回收入库,等待再次出库编带。在这一过程中,编带机存在排料待工时间。如果将这部分时间改为工作时间,即将多余的电容继续编带,以合格品形式合批后再出厂,根据测算,每月可增产 1 500 万左右。如果这样做可行的话,每个月再加几天班,1 个亿的月计划就可完成。"

对这种看法,质管科周主任表示反对,意见是这样做会给零散数量合格品保管带来问题,因为管理人员只上白班,二、三班无人看管,因此保证不了成品出厂质量,工程监督中主任也表示怀疑,认为会加重二、三班操作人员的负担。只有设备科李主任认为这样有利于减少设备故障,增加生产能力……

正在大家热烈讨论之时,总务员送来了一份刚刚收到的传真,尹先生看过以后,非常高兴,对大家说:"有一个好消息,下周一,总部要派主管电容生产的课长来调查电容生产问题,今天的会议就到这儿吧,回头大家把今天的内容整理一下,准备下周一跟课长汇报。"

假如你是新派来的课长,你将如何解决电容制造部的难题?

第3章 生产战略

当今企业经营管理的一个新的重要发展趋势是实行战略管理。这里所谓的战略,是指企业为在今天的全球经济环境中谋求生存与长远发展而采取的长期目标、政策和措施计划,是企业为增强自己在世界范围的市场竞争中的竞争优势而制订的一种发展规划。目前,各国企业,特别是大企业都在积极开展战略管理或战略经营,用它来指导企业的经营与发展。可以说,今天企业之间的竞争已走上以战略制胜的新阶段。

企业战略的一个重要内容是生产战略,因为一个良好的生产系统就是企业最有力的战略竞争武器。如何按照企业的总战略来制定和实施生产战略,是保证企业战略贯彻和实现的关键。本章将首先简要说明企业战略的基本概念与作用,然后着重阐述生产战略的内容及其制定与实施问题。

3.1 企业战略的概念和组成

3.1.1 企业战略的概念

企业战略是企业为顺应环境变化,谋求并发展其竞争优势而制定的基本方针和计划,以及对其重要资源配置所做的谋划。所谓竞争优势是指企业在夺取市场方面超过其竞争对手的能力。在今天的市场环境下,竞争优势体现在以下几个方面:

(1) 低成本或低价格;
(2) 产品的质量与可靠性;
(3) 产品的上市与交付时间以及满意的服务;
(4) 以产品品种范围广泛、用户化和快速响应为特征的适应性;
(5) 产品与技术方面的创新。

上述几方面的能力都与生产系统的性能有关。这意味着企业应从两方面做出努力:对外要建立和发展自己的竞争优势;对内则要改善资源结构及其能力,以增强企业的竞争力和改善企业整体素质。

必须强调指出,在当前市场竞争中,时间的竞争已成为决定竞争优势的最重要的一项竞争要素。由于市场需求进一步细分化和趋于个性化,企业若能抢得先机,及早地了解到顾客的需求,并及早地推出满足这些需求的新的产品和服务,就能优先赢得顾客,开拓新的市场,同时也能获取高额的边际效益。因此,能否做到取得市场信息快、决策快、产品开发快、生产制造快、上市快、信息反馈快,最大限度地降低提供个性化产品的设计和生产成本(主要是时间成本),成为当前决定企业经营成败兴衰的关键。争取时间的激烈竞争迫使企业必须从企业外部寻求新的资源,并在最短时间内形成新的生产运作能力(包括技术、制造、销售能力),才能对变化的市场需求做出最快速的响应。同时,还要尽可能地与需求方建立直接的联系,实施细分化、本土化和个性化的开发、制造和销售策略。随着全球经济一体化的进程,这种争取时间的竞争推动企业走向生产经营的国际化、全球化,促使他们转向世界范围寻求合作伙伴,甚至与原来的竞争对手建立合作关系,以打开新的市场和适应本土化需求,于是企业间出现了又竞争又合作的新的竞争格局。在这种经营环境下,企业必须从国内外市场需求的全局与发展趋势出发,提出企业生产经营的发展目标和指导方针,以及开展内政外交的战略规划,即必须制定企业战略和从事战略经营,才能取得成功。

3.1.2 企业战略的作用

企业战略的作用可以归结为以下 4 点:

(1)促使企业重视对环境、机遇和风险的研究,从而把握未来的发展方向。这里涉及的不仅是要发展什么,还要考虑淘汰什么;在制定战略时,应将低效益的、过时的产品和服务,坚决予以砍掉。

(2)促使企业明确发展的主攻方向,合理配置和扩充资源,发挥总体效能。如选定企业的明星产品,将技术、资金等有关资源投向这些产品,以保证它们的发展,并通过它们的发展来带动企业的发展。

(3)有利于全面推进企业管理的科学化和现代化。企业战略的另一方面在于改善内部管理,进行组织机构的重组和人员素质的提高,以适应发展的需要。

(4)对于大企业或企业集团来说,企业战略将充分发挥大企业中宏观调控的管理职能,优化资源配置,发挥总体优势,取得全企业的协调发展。

正因为如此,企业战略及其管理已成为当今企业管理的核心。

3.1.3 企业战略的组成

企业战略是涉及企业各个职能领域发展的长期规划,内容很广,一般包括企业的经营战略、市场战略、财务战略、人力资源战略以及生产战略等。但与生产管理有关的战略主要是市场与销售战略、产品战略和生产战略。

1. 市场与销售战略

市场与销售战略用于确定企业应投入竞争的市场,或者说,确定其应从事的经营领域,并根据该类市场或经营领域的顾客需求,确定其产品和服务的特征,以及新产品引入市场的时机和范围。

2. 产品战略

产品战略是确定如何使企业的技术能力与市场需要相匹配,开发出价格上具有竞争力的产品和服务。与企业经营领域相匹配的产品战略有高新技术产品战略、专门化产品战略和成本最小化产品战略等。

3. 生产战略

生产战略是对生产资源转换成产品和服务的转换过程所提出的战略要求,例如,低成本/高交货能力战略、高品质/高适应性战略,或在这两个端点之间选择的适当组合,进而确定企业的资源需求,使产品和服务的转换过程能满足企业经营的需要。有必要强调的是,生产战略的目标不是提供具体的产品和服务,而是提供一套满足顾客需求的能力和支持竞争优势的能力。

3.2 企业的战略规划

战略规划是战略管理的第一步,也是最重要的一步。通过战略规划,将确定企业发展的战略目标、经营领域、产品方向以及资源的配置与发展规划。

3.2.1 战略目标与企业使命

为规划企业的长期发展,首先应制定出企业的发展目标。有两种发展目标:长期计划目标和企业战略目标。长期计划目标是对企业发展预期成果的表述,主要是一些计划指标,如产值、产量、利润、市场占有份额等的增长率以及产品质量水平、投资报酬率等方面的要求。企业战略目标则集中在如何建立和发展竞争优势上,它们是企业为赢得竞争优势而对经营领域和经营方式所做的战略性选择。例如,海尔集团在1999年提出"全面实施国际化战略",其目标是"使海尔成为国际知名品牌",其战略措施是实现"三个方向的转移",即"从国内市场向国外市场转移;从制造业向服务业转移;从直线职能性管理向业务流程再造的市场链转移"。

正确的企业战略目标来自正确的企业经营理念。所谓经营理念,是指导企业行动的价值观、根本方针和预期成长的方向,即经营目的。有了明确的经营理念才能制定出正确的战略。以往,企业常用所生产产品的获利能力作为自己的经营目的,而今天,顾客满意度和不断满足细分化的市场需求与顾客需求已成为生产企业和服务企业的主要经营目的,因为只有这样才会给企业带来长期的最大利益。一些经营成功的企业更进一步认识到,应使企业文化与当地的文化求得联系,并对社会进步做出应有的贡献,从而使企业的经营目的提高到一个新的更高的境界。

体现在经营理念中的承诺形成了企业的社会使命,即企业使命。借助这种使命性的方针目标,一方面指导企业的前进方向,一方面又能使全体员工和各级组织在经营目标、经营计划和经营政策上取得共识,动员员工为实现企业战略而共同努力。

企业使命还具有指导下属组织制定其作业决策的作用。它规定了日常决策应遵循的方针以及选择策略方案的范围。此外,它也有助于协调不同的目标要求,如成本、质量、服务、适应性和技术创新之间的主次关系,以及协调长期与短期目标之间的关系。

3.2.2 经营领域的选择

制定战略规划的核心是选择经营领域,它要为实现战略目标选择最有利的途径。经营领域选择适当,将会给企业带来广阔的发展前景和不断增长的经济效益,选择不当则会使企业陷入困境。对制造业来说,一般有三种典型的经营领域可以选择:技术创新型、用户化型和成本最小化型。

1. 技术创新型

这是一种由研究与开发驱动的,使企业在产品技术上居于领先地位的经营类型。这类企业成功的关键在于技术创新和引入新产品的能力。一旦有竞争者进入市场,发生成本或价格竞争,他们就放弃这个市场,转向别的产品市场,这是技术创新型企业市场策略的特点。因此,不断地向社会提供技术精良、设计先进的新产品是他们最重要的竞争手段。

2. 用户化型

直接面向用户,为用户的专门需要设计和制造产品(如港口机械、电站设备),或接受用户的设计进行产品制造的,属于用户化型。这类企业产品范围广泛,他们的竞争手段是适应产品需求变化的灵活性,包括产品产量和品种的变化。为此需具有很强的设计和制造能力。

3. 成本最小化型

从事大批量生产,并善于以低成本生产那些处于成熟期的产品的经营类型。该类企业通过高生产率和高能力利用率取得竞争优势,低价格与快速交货是其主要竞争手段。汽车、家电产品、个人计算机生产等属于这种类型。

在上述的典型类型之间,还存在一些过渡类型,如技术开拓型,那是既向社会推出新产品而又在产品的整个生命周期内都继续生产,即使发生价格竞争也不放弃市场的类型;成本最小化的用户化型,这些企业为个别用户生产小批量的成熟产品,如船舶制造,因此在这些产品的市场策略中价格竞争就成为一个重要因素。表 3-1 比较了不同经营领域取得成功的关键因素。

表 3-1　　　　不同经营领域成功的关键因素

经营领域	关键因素
1. 技术创新型	突出的产品研究开发和设计能力 高产品质量 不断引入新产品的能力
2. 技术开拓型	当产量达到很大时,能迅速降低价格 高度熟练的产品开发和设计能力 引入新产品的能力 高产品质量 大幅度降低成本的能力
3. 用户化型	优异的产品设计能力 高产品质量和可靠的质量保障 适应用户技术要求变化的灵活性
4. 成本最小化用户化型	低价格 成本最小化(不借助于大产量的利益) 按进度计划交货 产量和品种变化的灵活性
5. 成本最小化型	低价格 大产量低成本生产 快速交货

确定好经营领域也就决定了产品方向。与上述三个典型经营领域相对应的产品方向是高技术产品、专门化产品和低成本产品。它们分别代表了处于产品生命周期的不同阶段,即引入期、成长期和成熟期的产品类别。接着应研究如何使生产资源与之相适应,提出生产资源配置和发展的战略计划,这就是生产战略问题。

3.3 生产战略内涵

生产战略是发展企业生产能力的一套措施,它的任务是支持企业战略,以增强企业的竞争优势。制定生产战略需要做好一系列决策,包括生产类型的选择、生产能力发展规划、工艺技术的选择、人力资源利用、作业管理系统的选择以及纵向一体化等一系列问题的决策。

3.3.1 生产类型的选择

生产类型反映企业的工艺技术水平、生产组织方式和管理组织的特点,又在很大程度上决定了企业的技术经济效果。因此,如何选择好生产类型,使它适应企业战略的需要,是生产战略中一个最重要的决策。决定生产类型的依据是产品生产的重复程度和生产专业化程度,这就意味着应把它与产品的市场需求性质联系起来考虑。市场对产品的需求趋势表现为产品生命周期,因而产品所处的生命周期阶段应是选择生产类型的主要依据。

产品生命周期与其生产类型的相互影响关系可以用矩阵形式加以表示,这种矩阵被称为产品-工艺矩阵,如图3-1所示。由图可知,矩阵的各列代表产品成熟程度的演变,从左到右分别表示未定型产品、多品种的定型产品、标准化产品。所谓的未定型产品,是指用户的特殊订货,它们结构各不相同,而且产量很少;多品种定型产品则是指设计和工艺已稳定但有多种变型的产品系列,不过它们的产量仍较低;标准化产品往往都是需求量极大的,设计和工艺过程都已高度标准化的产品或日用品。显然,产品的这种成熟程度正反映了产品所处的生命周期阶段:从引入期、成长期到成熟期。各行代表工艺过程成熟程度的变化。从上到下,分别表示工艺流程未定型的作业车间,即单件小批生产方式,工艺比较稳定的间断生产线方式和工艺完全标准化的流水生产和连续生产等方式。

产品-工艺矩阵的对角线代表产品及其工艺,即生产类型的匹配关系。对于未定型产品来说,一种产品一个样,采用作业车间,即单件小批生产方式最有效。对多品种定型产品则采用成批生产类型最适当。少品种大产量产品应采用大量流水生产方式,最后,需求极大的日用品产品,如油品、纸张、食糖等都应利用高度标准化的资本密集的成套装置,即连续型工艺过程。任何企业根据他们的产品在生命周期中所处的阶段和所采用的生产类型,都能找到自己的位置,进而选择出最适当的生产类型,并随着市场与产品的发展,及时调整生产类型来适应新的产品与市场。从原则上讲,产品与生产类型应同时演进,如产品从引入期发展到成长期,生产类型也应从作业车间方式演进到成批生产方式。因此,产品-工艺矩阵中处于对角线上的位置代表了产品性质与工艺技术水平最适当的匹配关系。

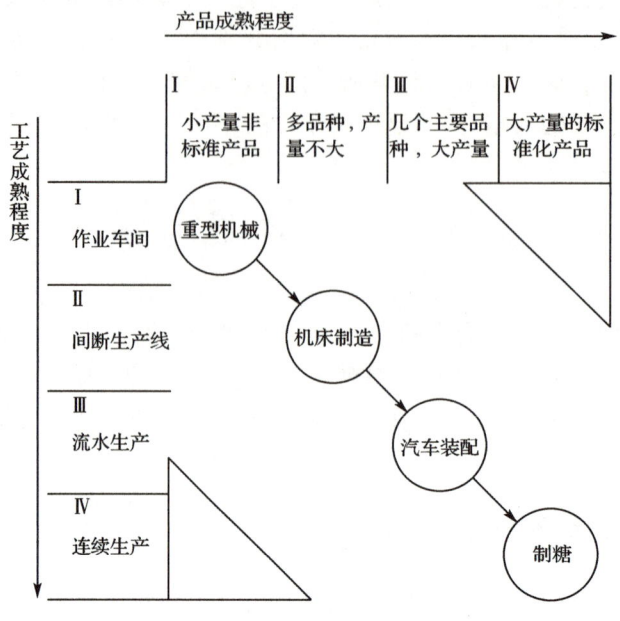

图 3-1 产品-工艺矩阵

但是,有时候有意地偏离对角线来发展产品或工艺,反而更能创造企业的经营特色。如技术创新型企业就有意选在对角线偏上的位置,在产品已趋成熟后仍保持在作业车间的生产方式上,以保证有很强的适应性;另有一些企业则在产品尚处在成长期时,就采用了先进的自动化程度很高的工艺技术进行生产,以便利用高效率和可靠质量的产品尽先抢占市场。日本的家电产品生产企业就是采取这种策略而取得成功的。也有这种情况,企业由于缺乏同时在两个方向上进行变革的力量,而不得不先集中力量对某一方面做出改变,稳定一段时间后再改变另一方面。因此,在实际情况下,产品和生产类型的变化关系常呈现出步进式的演变方式,如图3-2所示。

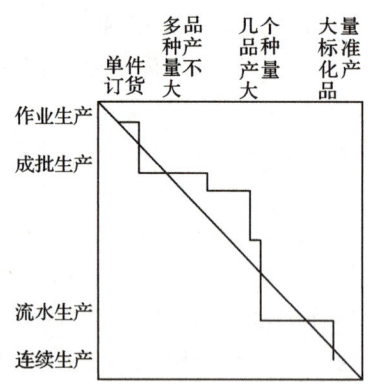

图 3-2 产品-工艺矩阵的变化形式

3.3.2 生产能力发展战略

生产能力是企业生产系统在一定时间期(一般指一年)内能够生产的产品产量。任何企业都要根据营业的发展和变化,去扩充和调整自己的生产能力,以满足不断增长的市场需求。在现代制造企业中,生产能力主要是依靠技术装备来提供的。购置和使用这些装备需要大量资金和其他资源,若有失误,将会造成极大的浪费,并使企业长期承受沉重负担。因此,如何扩大生产能力也是生产战略中的一项重要决策。这里应确定:增加多少生产能力、何时增加生产能力以及采用何种能力类型等问题。

一般地,市场需求增长表现为连续变化,如 10 年内平均每年增长 10%;而生产能力增长则由于设备能力的规格化而呈现出阶梯性,每扩建一次,能力增长往往大幅度超过原有能力,造成生产能力的过剩。这部分过剩的能力需要经过相当一个时间期才能由增长的需求所吸收,如图 3-3(a)和图 3-3(b)所示。而未来需求的增长又存在着很大的不确定性,即未来需求可能增长快,可能增长慢,也可能不增长,或负增长。一旦需求的增长比预期的少或发生停滞,这将使增长的生产能力长期过剩而严重影响企业的经营与经济效益。因此,在制订生产能力发展计划时所面临的问题是,如何使生产能力增长跟上市场需求发展,而又尽可能避免能力过剩带来的投资风险。下面举一简例来说明在生产能力发展规划中应考虑的问题。

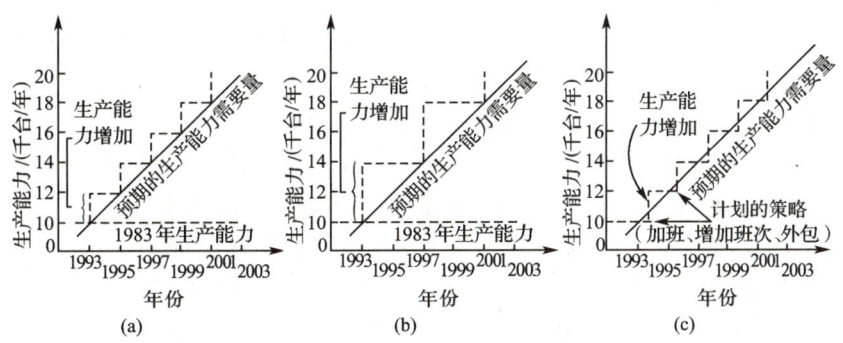

图 3-3 扩大生产能力的几种策略

设有某企业,预测未来十年的需求增长率为每年 10%,十年中总共将增长一倍,从年产 10 000 台增加到年产 20 000 台。为适应这种增长,他们考虑了三种扩大生产能力的方案,如图 3-3 所示。第一种方案按两年的增长量扩建,每两年扩建一次;第二种方案按五年的增长量扩建,十年内扩建两次;第三种方案是生产能力增长滞后于需求的增长,即等到需求已经增长之后再扩大生产能力。究竟采用何种方案,要权衡扩大生产能力的投资风险成本与不扩大能力可能失去市场的机会成本的损益利弊来做出选择。从第一种方案来说,生产能力增长幅度小,表明投资量也较少,投资风险不大,一旦需求趋势发生变化,或放慢或下降,造成的损失较小。但这样的小幅度增长意味着生产的工艺技术水平基本上保持现状,有可能会使企业在社会经济发展与技术进步的浪潮中失去竞争力,也就是说,将有丧失市场的风险,也会由于生产的效率和质量较低,成本较高,而带来较高的机会成本。第二种方案采取的是大幅度增长生产能力的策略。一般情况下,这时都要采用先进的工艺技术和生产组织方式,以取得生产规模的经济性,而这也将使企业获得较强的竞争力而赢得较高的市场份额。但它需要很大的投资,一旦需求趋势发生变化,会给企业带来很大的损失。第三种方案是当需求增长后,先不扩建生产能力,而是利用短期调节生产能力的办法,如加班加点、增加班次、委托外厂加工等措施来增加生产能力。等到需求肯定增长以后才进行扩建。这种方案风险最小,但生产成本也变得比第一种方案要高,使企业更缺乏竞争力,并将承担由于损失利润和市场所造成的很高的机会成本。究竟应采用何种方案,应根据产品需求的稳定性、产品的生命周期、不同方案的投资报酬率以及企业承受投资风险的程度等因素来做出选择。常用的生产能力发展决策方法有决策树法。(参考运筹学的有关内容)

在生产能力发展战略的决策中,除了要考虑是否应增加和如何增加生产能力之外,另一个重要决策是厂址选择的问题,即在何处设厂的问题。当然,扩大生产能力的一种办法是在原有的厂区扩建工厂。但这往往并不总是可行的。譬如说,没有足够的场地面积来扩建厂房,或由于当地的劳动力成本太高、资源缺乏等因素,使原有的厂址已不利于企业的发展。这样,必须考虑在其他地方建立新厂。

一般地说,厂址选择的考虑因素有:劳动力与公用设施(水、电、交通等)的来源是否有保证、气候地理条件是否良好、是否与原料和其他外购物资的产地相接近,以便节省运输费用、保证订购物资的及时交货,并减少它们的仓储库存;或是否与产品销售的市场地区相接近,以节省产品的运输成本,和有利于作好顾客服务;以及当地政府政策法规等。

应该强调的是,厂址选择是企业的一项重大的战略决策。因为,新厂建设需要大量的投资,一旦建成后,无法再做变动,若有失误,将给企业带来严重的后果。因此,它必须根据企业总战略的需要来确定,不能局限于对生产成本的考虑。当今的一些大企业都从保障企业营业的供应链上来研究和决策厂址问题。所谓保障营业的供应链,是指对从物料供应、工厂制造、地区仓储、零售门市到顾客的所有环节上的活动实行全面管理,使企业向最终消费者的产品流和信息流(各个环节之间的订单处理)畅通无阻,以达到在合理的成本下提供足够高的顾客服务水平。这样,在厂址选择中,应协调生产系统的目标与市场销售系统的目标,全面考虑资源因素、经济因素、环境因素和市场营销策略等因素的关系,才能做出适当的决策。

3.3.3　产品和工艺技术战略——培育和发展核心能力

当今时代,科学技术突飞猛进。层出不穷的新技术、新工艺、新材料,特别是以计算机技术为代表的信息技术正不断地改变着各行各业的产品与生产技术的面貌。这给制造企业带来了新的机遇,也带来了新的挑战和威胁。因此,在生产战略中必须考虑产品与工艺技术的改造和更新,使企业的产品能不断提高技术含量,引入新的功能,以适应新的市场需求。

产品的改造更新以及相应的生产技术的改造更新必须建立在已有的技术优势和经营优势的基础之上,它们应是企业资源积累的结果。这些技术优势和经营优势的基础蕴含在企业的核心能力之中。

所谓核心能力,是指为企业在特定经营中取得竞争能力和建立竞争优势提供基础的多方面技能、互补性资产和运行机制的有机融合。它不仅取决于企业拥有的技术系统,而且还有赖于他的管理系统,以及企业创造过程中的全部价值观。也就是说,企业在明确的企业使命、经营战略和产品发展方向指导下,有目标地培育和发展核心能力,并以核心能力为根基开发核心产品,再由核心产品繁殖出多种多样的最终产品,从而能在横向上和纵向上不断地扩张企业的产品生命周期,保证企业的持续发展。

以核心能力为基础开发产品,可以不断地减少新产品开发成本、时间和风险。它将给企业带来规模经济性和(品种)范围经济性的效益,因而保证了企业在行业中竞争的优势地位。

培育核心能力并不意味着企业要在研究与开发上超过竞争对手。它往往可以通过企业内部有组织的管理与外部的成功交易来获取。实践证明,核心能力是一种有组织的集体行为,它是通过协调企业内部各个生产经营单位的生产技能,并集合多种技术流来形成的;也可以通过购买专利、技术合作、人才交流以及战略联盟等方式而取得核心能力。后者往往是一种更有效的办法。例如,大连机车车辆厂在掌握内燃机制造的核心能力的基础上,通过策略联盟的方式,利用德国西门子公司的交流逆变技术,研制成我国的交直交传动内燃机车,并在此基础上,不断进行技术开发,研发成功"和谐号"动车机车。

因此,产品和工艺技术战略的关键就是培育和发展核心能力,以核心能力为出发点,发展企业的产品和生产技术,不断延伸企业生命周期曲线,来保证企业的持续发展。

3.3.4 生产作业管理决策

日常的生产作业管理同样具有战略意义。海尔集团盘活兼并企业的经验是又一个日常管理发挥战略作用的明证。其共兼并了18家企业,是兼并一个盘活一个。海尔对这些企业,没增加一分钱的投入,没有换一台设备,也没有换人,主要注入了企业管理模式、企业文化和观念,就使原本处于瘫痪状态的企业被激活了。海尔把自己在日常作业管理中的成熟经验和管理模式,如"日清日高"管理法、质量管理零缺陷法等带到了那些企业,使其管理实现质的提升,从而不但使其摆脱困境,而且迅速成为优势企业。海尔集团靠无形资产盘活有形资产的兼并战略,正是作业管理发挥战略作用的成功。

另外,随着计算机技术的广泛应用,在生产管理领域也出现了多种计算机辅助管理软件,如MRPⅡ系统。如何引进或开发,如何实施这些计算机辅助管理系统,也像上述的新管理体制一样,需要在全企业范围努力才能取得成功。因此,一些重大的作业管理措施也应作为一项战略措施加以计划和实施。

3.3.5 供应生产一体化

这项战略决策是指制造企业对物料供应的控制程度。以机械产品为例,它包括原材料制造、毛坯制造、零件制造、部件装配、总成装配等阶段;进一步还可延伸到辅机制造、机组(机器系统)总成、安装、服务等。对一个具体企业来说,零部件是自制还是外购;是只生产主机还是生产包括主机与辅机在内的成套机器系统;哪些阶段由企业直接控制,哪些阶段通过其他方式,如长期合同、委托加工、联合经营等加以间接控制等等,就是供应生产一体化的决策。这方面的决策同样将极大地影响到产品生产的周期时间、质量、成本以及变化产品品种的适应性。

企业在供应生产一体化方面的范围和深度的选择同样与产品生命周期有关。一般地说,处于引入期的产品,设计、工艺都没有定型,除了本企业,其他企业都提供不了所需要的零部件或辅机。这时,一体化的范围应大些。相反,处于成熟期的产品,设计、工艺定型,需求量大,就应缩小一体化的范围,尽可能地组织专业化协作化生产,把本企业的生产资源与能力集中到代表核心能力的关键部件制造或关键业务上,以减轻企业的资金负担,缩短产品开发制造周期,以取得产品在低成本、高质量、早上市等方面的竞争优势。

3.4 服务战略内涵

对从事服务业的企业来说,同样有一个如何改善和提高服务的运作以适应企业经营战略的问题,于是,也需要制定服务的运作战略,下面简称为服务战略。

服务企业的服务战略,在组成的要素上与制造企业的生产战略基本类似,也包括服务类型的选择、服务能力的扩大、先进技术的应用、服务运作的管理以及供应与服务的一体化等方面。但是,由于提供服务的方式与制造企业的产品生产很不相同,尤其在规模效益上存在着极大的区别,因此,在进行上述的战略决策中有着不同的决策思想和优化目标。

3.4.1 服务类型的选择

在第1章中曾讨论过服务系统的两种基本类型:高接触系统和低接触系统,前者是通过与顾客的直接接触提供服务的,后者则是顾客不参与或很少参与处理过程的服务活动。这两种系统的选择也取决于所提供的服务"产品"的特性。若以满足个性化需求为主的服务项目,如单点菜肴的餐厅应选择高接触系统;而大众化的快餐店应选择低接触系统,以适应快餐营业的快捷、方便、低成本的经营战略。

3.4.2 服务能力的扩大

服务系统的能力扩大有着与生产系统完全不同的考虑。生产系统主要通过扩大现有生产系统的设施规模来提高生产能力,在满足增长需求的同时提高生产规模经济性。而服务系统由于不能利用库存来调节满足需求的能力,因此,它的设施能提供多大的服务量就决定了该系统满足需求的能力。当需求增长时,不能简单地采取扩大设施能力的办法。若按需求高峰来设置能力,可能会在低需求时段内造成能力过剩,而使企业负担过高的固定成本。当然,设施能力过低则又将会由于提供服务不足而丧失顾客。这时候,可推出一些新的服务项目来充分利用现有系统能力,以提高服务量。如麦当劳快餐店推出早餐服务来提高设施的利用率;航空公司为满足增长的客运需要,采取增加航班数或航线数的措施来改善对旅客的服务,这往往比购买大型客机来替换现有飞机的载客量更能增加客运量。另外,在新的地址设店来扩大服务能力也常要比扩大现有设施的能力更为有利。对某些服务企业来说,如超市、餐厅、银行等增加设施地址,选好设施地址,经常是扩大能力的关键性的战略决策。

3.4.3 先进技术的应用

今天的许多服务过程正在走向顾客自我服务的新型方式,它们常常应用计算机系统来替换传统的人与人之间的交互业务往来。例如,在银行内设置自动柜员机供顾客选用会大大方便顾客的取款与查询服务。又例如,移动通信技术的广泛应用,改变了人们的生活方式,手机支付大大方便了购物过程。因此,在设计服务系统时,应根据交付服务的需要确定应用怎样的技术水平的技术设施,是机械化的、自动化的,或是计算机化的设施系统,来改进和提高服务业务。

3.4.4 服务运作的管理

在许多服务企业中,顾客对所提供服务是否感到满意的最关键的因素是排队等待问题,当然,还有服务质量的问题。而服务运作活动则直接影响着顾客的排队等待的时间和服务质量。如何加强服务运作管理往往是服务战略中的一个关键决策,甚至关系到企业的长期发展。举例来说,超市和廉价商店的经理们应能够分别在营业高峰期与低峰期调配人员,让一些仓库后勤人员在需要时辅助商场的出纳工作,以减少顾客的排队时间。

3.4.5 供应与服务一体化

及时和高效的物资供应代表了服务企业满足需求的能力。对许多服务企业来说,这同样是一个重要的战略决策。例如,一些超市连锁店都拥有自己的物资配销中心,以控制和保证物资供应。一些大型的快餐公司可能要确定是建立自己的饲养场,还是依靠外部的供应商来供应所需物资。

3.5 生产战略的制定和实施

3.5.1 生产战略的制定

生产战略的制定过程可以说明如下:

(1)按市场增长、产品战略和竞争环境来明确企业应确定的目标。例如,是以增加市场份额,还是保持现有的市场占有率为目标;企业应面向产品创新,还是保持较稳定的产品系列等。

(2)通过对关键产品、市场和制造特征的分析,确定战略制造单位,以便分出相似的产品组。

(3) 根据关键的市场成功因素,制定企业的战略使命。
　　(4) 制定出有关技术、纵向一体化和作业控制政策的指导方针,以支持战略制造单位。
　　(5) 通过界定现有的资源、所应用的工艺技术以及管理组织与管理理念,以确定现有的生产基础。
　　(6) 确定衡量内外绩效的指标,如生产能力、资源利用率、运作成本、获利能力、产出量、生产率、质量、信用度和适应性等。
　　(7) 对生产基础与战略使命做出比较,以确定差距和改进的方案。
　　(8) 对每个方案的成本、收益、风险以及它们对长期竞争优势的影响进行评估,最后制定出综合的战略。

3.5.2　生产战略的实施

　　对生产战略实施的管理基本上与管理其他工程项目一样,都需要制订行动计划,分派决策责任并建立协调和控制机制,以保证工作的顺利完成。有一种很有用的工具适合于划分战略实施的责任分工,即责任分派表,见表 3-2。它是由某家电产品生产企业制造部门制作的,用来作为实施"准时生产制"的基础。表中所用代号的含义如下:Z——有决策权;C——有咨询权;I——受通知方。

表 3-2　　　　　　责任分派表

活动项目	制造部门	生产控制	质量控制	工业工程	计算中心	制造工程	设计工程	销售部门	培训	采购部门	成本会计	设备维修
车间组织	Z	C	C					I		I		
设备布置	C	C	Z		C			I		I		
平滑作业计划	C	Z			C			C		C	C	
在制品计划	C	Z								I		C
维修计划	Z		Z				C			C		
供应商质量	C	Z								C	I	
供应商交货	Z	C	I	C	I	C				I	I	I
拉式系统设计	C	Z	C	C		C						
物料搬运	C	Z			C					I		
MRP 接口	Z					C						
设备试验	C	Z								I		
接受部门	C	Z			C				Z	C		
成本核算	C	C							Z			
工长培训												
工人培训												

　　在明确了各自的责任之后,就可以应用工程项目的计划方法如"关键路线法(CPM)"来制订出执行计划。
　　生产战略是现代生产管理的最重要的一项职能,对企业发展战略和竞争战略的实施起着极其重要的支撑作用。而实施生产战略往往需要巨大的投资,因而又将对企业的长期效益产生重大的影响。因此,生产战略的制定和实施应是生产管理职能,以至企业经营的关键决策,必须经过缜密的研究,做出正确的方案。另外,对生产战略的各组成部分,应视为一个整体,不能孤立考虑,应根据企业已有的条件和目标,对它们做出协调,安排它们之间的轻重缓急,以形成最大的生产优势,来保证企业的发展和成功。

习　题

1. 说明企业战略的概念。
2. 简要解释企业战略的三个组成部分。
3. 研究一个大企业的成功经验,讨论他们所采取的战略方针,并说明企业战略对增强企业竞争优势所起的作用。
4. 具体说明战略目标与一般的长期目标有何不同。
5. 何谓企业使命?它在制定和实施企业战略中起什么作用?
6. 制造业的经营领域可分成几种?决定每种领域竞争优势的因素有哪些?
7. 何谓产品-工艺矩阵?结合产品-工艺矩阵说明依据产品生命周期选择生产类型的原理。
8. 制定生产能力发展规划可采取哪些策略?试讨论各种策略的利弊。
9. 厂址选择影响到企业哪些方面的利害关系?应如何做好厂址选择的决策?
10. 何谓企业的核心能力?它对企业的发展具有怎样的重要作用?
11. 何谓供应生产一体化?如何确定具体企业的一体化范围?
12. 说明制定企业生产战略的步骤和实施办法。

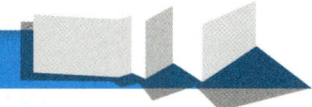

案　例

H 电子公司

H电子公司主管生产的副总经理李先生正为瓦房店分厂的问题所困扰。那里的事情使他如此大伤脑筋,以致他都感到奇怪,晚上怎么没有做关于那个厂的噩梦。

H电子公司的总部设在大连经济技术开发区。它虽然是一家不大的公司,但营业发展很快。主要产品是为数据处理设备配套的专用电子部件。它有三个分厂:一分厂在金州,生产民用产品;二分厂在松树镇,生产军工产品;三分厂在瓦房店,生产一、二两个分厂所需要的电器部件和印刷电路板。

正如李先生所看到的那样,瓦房店分厂已成为一、二两个分厂激烈争夺的战场:每个分厂都想从瓦厂优先得到自己的电器部件和印刷电路板。这些部件都是产品的关键部分,一旦供应不上,就会使该分厂的生产线中断,打乱生产计划。因此,为保证它们的需要,每个分厂都冒报它们的需要量,而且都想尽快地得到它们。除了交货问题外,军工分厂还常为产品质量问题与瓦厂争吵。这是可以理解的。军工产品品种多,批量少,却要求达到高度精密的技术条件,对瓦厂来说是有困难的。民用分厂在这方面倒没有多大问题。

在交货和质量问题上发生冲突是这些厂之间的常事。而每年最大的争端是在费用的分摊上。金州分厂和松树分厂都独立出产品,因此多实行了承包经济责任制。它们的留成和奖金是与利润挂钩的。瓦厂没有最终产品,只计算成本,没有利润任务,故没有实行与利润挂钩的承包制。由于产品中的材料成本占的比重很大,所以每个分厂都想压低那些零部件的转移成本。一到研究瓦厂间接费用时,一、二两厂互相推脱,都想尽量压给对方。每次开这样的会时,会上的激昂情绪几乎达到白热化。

李先生很同情瓦厂的管理部门。他们经常处在交叉火力点上。而且,正是瓦厂的一些老厂长和老技职人员把工厂管理得平稳而有秩序。但这些人中的一大部分都快退休了,年轻干部中还没有人能管理这个厂。李先生知道,一些能干的年轻干部都不愿意到瓦厂去。一则瓦厂是矛盾的焦点;二则产品分厂是提干的"快车"。他自己是从民用分厂提拔上来的,他的前任是从军品分厂提升上来的。因此,年轻干部自然都把瓦厂视为"火坑"。

李先生也曾想过把瓦厂撤掉,将零部件生产划给两个产品分厂。但他迟迟下不了这个决心。他知道,这样做会损失生产规模的经济性,而且会削弱这方面的技术力量。李先生正在设想其他的解决办法,以便更好地组织生产,而同时能减轻他处理瓦厂与两个分厂之间纠纷的负担。瓦厂的职工目前占全公司职工人数的1/4,却耗费了他和他的办公室人员一半以上的精力。他想有必要对瓦厂加强指导,应经常地帮助他们做好需求预测、生产计划和库存控制等方面的工作。

你能为李副总经理提出什么建议吗?

第4章 生产技术准备组织

4.1 生产技术准备工作的概念、意义和内容

4.1.1 生产技术准备工作的概念和意义

生产技术准备工作就是企业在开发和设计新产品,改造和整顿老产品,采用新技术和改变生产组织时所进行的一系列的生产技术上的准备工作。

生产技术准备工作具有十分重要的战略意义。一个企业向市场提供什么样的产品,这些产品在市场中处于怎样的位置,体现了企业的经营领域,因而决定了企业的生存成长、获利能力和未来的发展方向。优良的产品设计及工艺技术能使企业生产的产品性能精良、可靠,外表美观,使用方便,有力地吸引用户,赢得市场,从而使企业取得十分有利的竞争优势。同时,生产技术准备工作又对产品生产过程起着决定性作用。产品生产的效率、材料利用、质量保证以及生产秩序等都直接取决于产品及工艺技术的设计。德国工程师协会曾经对一些企业做过调查,以了解产品的设计开发、生产准备与加工、原材料与外购件的购买、管理销售等四部分工作的成本(工时)对产品成本的影响,调查的结果如图 4-1 所示。

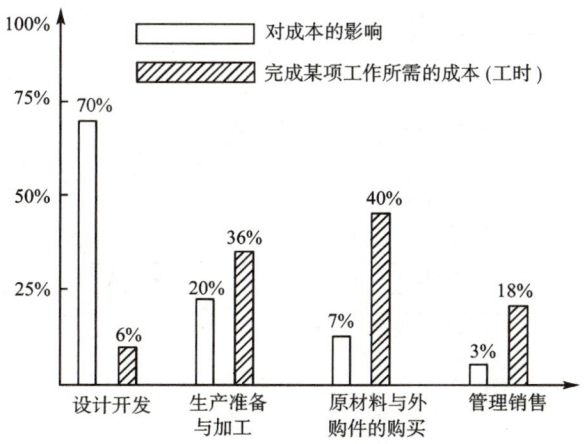

图 4-1 产品中各项成本的比例

由图 4-1 可知,虽然产品的设计开发成本在生产中的成本只占 6%,但它们对产品总成本的影响却达到 70%。其原因就在于,产品的设计开发阶段决定了产品的工作原理、零件的数量、结构、尺寸和材料选用等对加工方法和产品使用都有重大影响,因而它对产品的总成本造成了巨大的影响。

在当今产品更新速度加快,产品生命周期大大缩短的形势下,加强和加快技术准备工作显得尤其重要。有资料表明,对一些产品更新快的行业,如电子产品行业,一种产品如果晚上市半年,就会使企业减少 35% 利益。

因此,企业必须十分重视生产技术准备工作,在生产技术准备工作中注意引进新的技术成果,进行技术创新,采用先进的产品开发方法和手段,缩短生产技术准备周期,把它作为最重要的手段之一来增强企业的竞争能力。

4.1.2 生产技术准备工作的内容

企业的生产技术准备工作,一般包括以下内容:
(1)新产品的开发与设计和老产品结构性能的改进。
(2)新产品制造工艺的设计和老产品制造工艺的改进。
(3)工艺装备的设计和制造。
(4)原材料外购件外协件的准备。
(5)新产品的试制和鉴定。

4.2 产品开发与设计

产品开发与设计是生产技术准备工作的第一步。它包括创意、筛选与经济分析、产品设计、试制和改进等几个步骤。图 4-2 表示了产品的开发与设计过程。在这个过程中,通过市场调研顾客的需求是其中的一个重要部分,它可以提供新的产品创意,也能对老产品不断进行改进,以延长产品的生命周期。

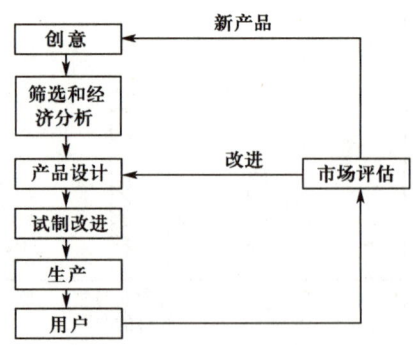

图 4-2 产品的开发与设计过程

4.2.1 创　意

产品创意可来自不同的渠道：有来自企业外部的，如用户或销售代理商等；有来自企业内部的，如企业的技术人员、公司经理、生产人员等。但不论来自哪种渠道，它们大体上可归为两类：一类是受市场驱动，一类是受技术驱动。

市场是产品创意的主要源泉。产品开发首先应了解消费者的需求，如果闭门造车地开发产品，不考虑人们的需求，这种产品将毫无用处。因此，新产品开发必须根据来自市场的信息，以市场为导向来开发满足消费者需求和需要的新产品。

新技术的发展对产品创意有着极为重要的影响。20 世纪 70 年代以来出现的半导体、微芯片、微处理器技术给电子工业带来了革命性的发展，创造了许多全新的产品。但要以技术为导向开发新产品，要求企业必须有自己的研究开发力量，或与大学、研究机构有密切的合作关系，才能把科学技术成果转化为有商业价值的产品。同时，研究开发需要巨大的资金投入。但应该指出，研究开发也存在着很大的风险，开发项目的成功率往往在 10%～20%。不过，成功项目的收益能远远超过失败项目的投资损失，因而仍能给企业带来极大的利益。

4.2.2 筛选和经济分析

筛选的目的是从众多的产品创意中挑选出有可能成功的项目，以避免产生过高的开发成本。在筛选过程中，通常采用三项标准：生产标准、销售标准和财务标准。

(1) 生产标准。包括技术可行性、利用现有设施和经验、生产能力和原料供应的可能性、有无专利或其他法律问题等。

(2) 销售标准。包括上市能力、预期的销售增长可能、对现有产品的影响以及竞争力等。

(3) 财务标准。包括投资需求、投资回报率、对企业总获利能力的贡献大小以及预计的现金流等。

为了按照上述标准对产品创意项目进行评价，通常采用一套评价标准系统对项目评分来进行比较。这种评价标准系统将每一项标准细化为若干条属性，每一项属性再分成几个档次，进一步定出各档次的分值，所分配的分值反映了该档次的相对优劣性。

表 4-1 是这套评价标准系统的部分示例。利用这种评价系统对产品创意项目进行评分，根据它们得分的高低就可选出适当的产品创意了。

表 4-1　　产品创意评分表示例

评价准则	分级	分值
生产标准		
1. 产品开发时间	小于 6 个月	+2
	6 个月到 1 年	+1
	1～2 年	-1
	大于 2 年	-2
2. 材料	企业内可解决	+2
	企业外可解决	+1
	企业内可解决的材料有限	-1
	企业外可解决的材料有限	-2
3. 设备	可利用现有设备	+2
	需要一些新设备	+1
	大多数需新设备	-1
	新的生产设施	-2
市场标准		
4. 需求趋势	新市场	+2
	正在成长	+1
	稳定	-1
	衰减	-2
5. 竞争	没有	+2
	一两个竞争者	+1
	几个竞争者	-1
	许多竞争者	-2
财务标准		
6. 投资回报率	大于 30%	+2
	25%～30%	+1
	20%～25%	-1
	小于 20%	-2
7. 资本费用	低	+2
	中等	+1
	高	-1
	特高	-2

产品创意项目的评分法只是一种粗略评价,要具体地确定出它们的获利性和投资回报率等经济效果,还需要进行经济分析。为此,首先,应进行需求预测,确定未来的需求量和需求发展趋势;其次,应估计出产品的售价及有关的成本。利用这些资料进行经济分析的方法主要有盈亏平衡法。下面举例说明如何应用盈亏平衡法对产品项目进行经济分析。

【例 4-1】 某公司预测到一种新产品的年销售量可达 4 000 个单位。公司的工程和财务部门估计该产品的生产成本如下:

单位可变成本:

制造成本　　　　　　　　　　　　　　　　　　　　55 元

销售和管理成本　　　　　　　　　　　　　　　　　　5 元

合计　　　　　　　　　　　　　　　　　　　　　60 元

固定成本：
　　制造占用　　　　　　　　　　　　　　350 000 元
　　销售和管理占用　　　　　　　　　　　100 000 元
　　合计　　　　　　　　　　　　　　　　450 000 元

该产品在市场上的价格是 100～250 元。为了尽可能提高市场占有份额，公司定价为 150 元。令 N 代表总销售量，则该产品的总成本可估计为

$$TC = 450\ 000 + 60N$$

当价格定为 150 元时，一年的总销售额为

$$R = 150N$$

则临界产量应为

$$N = 450\ 000/(150 - 60) = 5\ 000$$

按一年销售 4 000 个单位计算，只需 1 年 3 个月就能达到临界产量。由于该产品的寿命期相当长，因此，这项投资是很有利的。

4.2.3　产品设计

产品设计过程包括：将产品创意的构思转化为产品的具体结构、尺寸和零部件组成，确定产品及其零部件、材料的技术要求以及完成全部的工作图纸。在这个阶段中，一般分为编制技术任务书、技术设计和工作图设计等几个工作步骤。

1. 编制技术任务书

编制技术任务书的目的在于阐明产品设计的理由和必要性，确定产品的选型，初步确定产品的规格、总体布局和结构。技术任务书的内容包括：产品用途、使用范围、使用性能与结构分析、产品型号、尺寸、技术规范和标准系列表等；还包括产品的工作原理图、传动图、电器原理图和技术经济指标等。

技术任务书确定了产品设计的原则，是以后各阶段设计的依据。技术任务书编制好以后应经上级部门审核，在得到批准之后才能开始下一阶段的设计。

2. 技术设计

技术设计是产品的定型阶段。它将对产品进行全面的技术规划，确定零部件结构、尺寸、配合关系以及技术条件等。技术设计是产品设计工作中最重要的一个阶段，产品结构的合理性、工艺性、经济性、适用性、可靠性等，都取决于这一设计阶段。

技术设计的内容包括：绘制产品总图、部件装配图、主要零件图、传动系统图等；编制零部件明细表、确定加工和装配的技术条件、产品的精度标准、质量控制及检验方法、确定产品技术经济指标；编制外购件、外协件、特殊用料明细表等。对于某些必须经过试验的新结构、新工艺、新材料和新原理，还需做出试验记录和结论。

技术设计应经过企业总工程师审批，然后转入下一个设计阶段。若为用户订购非标准产品，还应征求用户意见，取得用户的同意。

3. 工作图设计

工作图设计是根据技术设计绘制出全套工作图纸，包括总图、零件图、部件图、产品装

配图、安装图;制定通用件、专用件、标准件、外购件、外协件明细表和原材料、特种材料明细表;编制产品说明书和使用维修保养说明书等。工作图是指导生产的图样,应按程序通过校对、复核,以保证正确、统一、完整。工作图也必须经审批以后才能投入生产。

4.2.4 缩短产品开发设计周期的途径

在本章的开始曾经指出,今天的产品成熟过程越来越快,为保持企业在市场上的竞争优势,必须加快新产品开发设计过程,缩短新产品开发设计的周期。但实际资料表明,许多企业的设计开发周期往往很长,一般要占到总生产周期的60%,因而成为企业生产经营的"瓶颈"。如何大力缩短设计开发周期已成为当今制造企业的一项重要课题。目前已有不少方法可用来缩短新产品的开发设计时间,下面介绍几种主要的方法。

1. 提高产品"三化"程度,扩大产品结构继承性

产品"三化"是指产品系列化、零部件的通用化和标准化。产品系列化是对使用条件相同、设计依据相同和结构与功能相同的产品,将其基本尺寸和参数按一定的规律编排,建立产品系列型谱,以减少产品品种,简化设计。零部件通用化是在产品系列化的基础上,在不同型号的产品之间扩大通用的零部件。这样,可以大大减少零部件的品种数而减少大量的产品设计工作量,相应地又可减少如编制工艺规程、设计制造专用工装等工艺准备的工作量,因而能极大地缩短它们的生产技术准备周期。零部件品种数的减少还能使它们的制造批量扩大,这既提高了生产熟练程度,也提高了生产效率,并保证了质量。零部件标准化则是按国家标准生产零部件,或进一步扩大通用零部件的应用范围,将它们转为工厂标准,从而更多地减少设计和加工制造的工作量,缩短生产技术准备周期。

2. 产品结构模块化设计

产品结构模块化是另一种简化设计、减少零部件种数的设计合理化措施。它是将产品部件按功能特征分解成相对独立的功能单元,并使它们的接口(结合要素形状、尺寸)标准化,使它们成为可以互换、可按不同用途加以选用组合的标准模块。这些模块的不同组合,或模块与其他部件的组合就能构成各种变型产品,以满足不同的订货需要。

上述两种措施都是通过扩大产品结构的继承性来简化设计,提高设计工作效率,缩短设计周期;同时,由于大量利用已有的、设计和工艺都已成熟的零部件,因而能提高产品设计的质量。这些都将给产品的设计、制造、使用和维修等带来显著的经济效益。

3. 计算机辅助设计(CAD)

产品的开发设计,从总体上讲,是一种创新过程,但它却包含大量繁琐的重复性劳动,如查表、计算、绘图、制表等。这些工作若能用计算机代替人力来做,必将大大减轻设计人员的劳动,提高他们的工作效率,使他们可把主要精力用于创造性的工作。因此,应用计算机辅助产品设计工作是客观发展的必然趋势。随着计算机技术的飞速发展,已经有许多计算机辅助设计软件系统被开发出来,包括绘图软件、工程分析软件和适用于各种产品技术领域的专用设计软件。

一个典型的CAD系统包括一个交互的计算机图形系统及文件数据库和图形库,并通过计算机网络系统将个人使用的工作站连接成统一的网络系统,起到信息共享和实时交换信息的作用,即能调用已有的设计图纸或其他人正在设计的图纸,解决各部分互相配合,以及扩大已有设计继承性问题。新的 CAD 软件还提供了计算机模拟功能,可直接在计算机上对产品的运行性能、装配结构等进行试验和选优。这样,应用 CAD 系统不仅可大大提高设计工作的效率,缩短设计周期,而且能大大地提高设计的质量,从根本上改变产品设计工作的面貌。

4. 并行工程

并行工程是一种新的设计概念。它提出了一套将产品开发从传统的串行过程改变为平行过程的系统化设计方法。传统的产品开发过程是分阶段进行的。开始阶段,只由设计工程师开发和设计产品样品,然后转给制造工程师制定生产的工艺方法,进行试制,生产供应人员准备材料配件和组织生产,最后由销售人员负责产品销售。这种串行过程存在很多问题。首先,整个开发周期很长;其次,在产品设计阶段对生产实际往往缺乏考虑,而引起许多返工,结果浪费了大量开发成本和时间,甚至给以后的生产带来沉重负担;最后,所开发的产品可能并不是适合市场需要的最佳设计,而不得不重新开发。

并行工程提出,在开发设计产品的同时,同步地设计产品生命周期的有关过程,力求使产品开发人员在设计阶段就考虑到整个生命周期的所有因素,包括设计、分析、制造、装配、检验、维护、可靠性和成本等。并行工程的具体做法是,在产品开发初期,组织多种职能协同工作的项目组,使有关人员从一开始就获得对新产品的要求和需求信息,积极研究涉及本部门的工作业务,并将所需要求提供给设计人员,使许多问题在开发早期就得到解决,从而保证了设计的质量,避免了大量的返工浪费。并行工程克服了原来的部门分割、流程中断、部门之间互不通气、消极等待的状况,把分阶段顺序进行的过程变为并行进行的过程,使产品开发不再是产品设计一个部门的工作,而是所有对产品开发具有重要影响的部门都参与的集体工作。

实现并行工程的技术手段是利用产品模型,在计算机上进行仿真,产生软样品。通过各种职能人员对软样品的分析和评估来改进设计。并行工程的另一个对传统设计方法的改革是"逆向工程"。它从市场调研开始,充分了解顾客的要求和爱好,并分析解剖其他工厂产品的结构性能,找出设计开发的突破点,还从生产线上的工人那里征求意见,了解问题,然后才开始设计。

4.3 生产工艺准备

产品设计是解决生产什么样产品的问题,而生产工艺则是解决产品如何制造的问题。生产工艺准备工作的内容包括:对产品设计的工艺性进行分析和审查、拟订工艺方案、编制工艺文件、设计制造工艺装备与专用设备、确定产品质量控制与技术检验方法及调整生产线等。

生产工艺准备工作的根本任务是:根据产品设计的要求,采用先进的工艺技术,保证产品的加工制造符合高效率、高质量、低消耗、安全和环保的要求,使产品达到预定的质量标准。

4.3.1 产品的工艺性分析和审查

对产品设计进行工艺性分析和审查,指的是从工艺角度检查产品结构的合理性、可加工性,以便使所设计的产品符合本企业的制造条件,并力求达到最好的经济效益。

产品设计工艺性分析和审查的主要内容是:

(1)技术要求的经济合理性,例如,机械加工的精度、表面粗糙度是否适当。

(2)结构关系是否合理,即零部件的继承性如何,结构的规格化与标准化程度如何。应尽量提高已有零部件在新产品中的比例。

(3)材料选择是否经济合理,加工性能是否良好。

(4)在本厂现有设备上能否加工制造,有没有条件采用高效率的先进工艺和先进生产组织方式。

(5)工艺装备系数是否合理,能否充分利用现有的工艺装备和标准工具。

4.3.2 拟订工艺方案

为了保证工艺准备的质量和合理性,需要先拟订出工艺方案。工艺方案是工艺设计和准备的指导文件,是工艺准备工作的纲。它将指出产品制造的技术关键及其解决方法,并规定了工艺工作应遵循的基本原则。工艺方案的主要内容有:

(1)规定新产品试制及过渡到成批或大量大批生产后应达到的生产指标,如质量、生产率、材料利用率等。

(2)规定工艺制定的原则,例如,是采用专用设备还是采用通用设备、工序是集中还是分散等。

(3)规定工艺装备的设计原则及工艺装备系数。

(4)提出工艺关键的解决方案及有关的试验研究问题。

(5)工艺路线的安排及生产组织形式的确定。

(6)工艺方案的经济分析。

(7)工艺准备工作量的估计和工作进度的计划。

拟订工艺方案的依据是产品设计的性质(创新设计或仿制、系列产品或非标准产品、专用产品或通用产品)、产品的生产特点、生产规模或生产类型等因素。

对工艺方案的经济分析也可采用盈亏平衡分析法(参见第 4.2.2 节)。不过在分析工艺方案时利用的是成本与产量之间的变化关系,根据不同方案在不同产量下的成本高低来决定采用何种方案更有利。图 4-3 表明了不同方案的成本与产量的变化关系,图中,两条变化线的交点就是临界产量。

计算式如下:

$$临界产量 N^* = \frac{F_1 - F_2}{V_2 - V_1} \qquad (4-1)$$

当生产的产量大于临界产量时采用固定成本较高的,一般也是技术较先进的方案更有利,因为该种方案的总成本较低;反之,若产量小于临界产量时,则应采用固定成本较低的方案。下面举一例来加以说明。

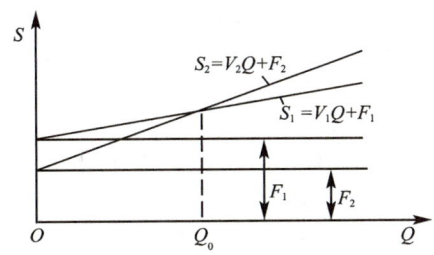

图 4-3 应用于工艺方案的盈亏分析图

【例 4-2】 假定有两个工艺方案供选择,一是用手工操作,一是用自动机床操作。两种方案的有关成本资料如下:

	手工	自动机床
年固定成本 （元）	15 000	80 000
单位可变成本 （元）	82	58
其中：材料 （元）	35	35
人工 （元）	35	13
其他 （元）	12	10

两种方案的总成本可计算如下:

手工操作的总成本 $S_1 = 15\,000 + 82N$

自动机床的总成本 $S_2 = 80\,000 + 58N$

则两种方案总成本相等时的产量,即临界产量为

$$N^* = \frac{80\,000 - 15\,000}{82 - 58} = 2\,708$$

因此,若产量大于 2 708 个单位时,应采用自动机床方案加工;若小于 2 708 个单位时,则应采用手工操作方案。

4.3.3 制定工艺文件、编制工艺规程

工艺文件的内容包括:工艺规程、工艺装备图、工时定额与原材料消耗定额等。其中,最主要的是工艺规程。它是具体指导工人进行加工制造的操作文件。工艺规程的主要内容为:产品及其各部分的制造方法和顺序、设备的选择、切削规范的选择、工艺装备的确定、劳动量及工作物等级的确定、设备调整方法、产品装配与零件加工的技术条件等。

工艺规程的形式有四种:工艺过程卡片(工艺路线卡)、工艺卡片、工序卡片和工艺守则。此外,还有调整卡片和检查卡片等辅助文件。

1. 工艺过程卡片

工艺过程卡片是按零件编制的。它规定工件制造过程中的路线、经过的车间,各道工序的名称,加工方法,采用的设备、工装、工时定额等。它比较概略,适用于单件小批生产与新产品试制的场合。

2. 工艺卡片

工艺卡片是为零件加工制造的工艺阶段(车间)编制的,例如,铸工、锻工、机械加工、

装配工艺卡片等。它以工步为单位进行编制,包括切削用量及加工草图。它适用于成批生产类型的所有零件,以及单件小批生产的重要零件的生产。

3. 工序卡片

这是按零件加工的每一道工序编制的一种工艺文件。它的内容包括:每一工序的详细操作、操作方法和要求等。它适用于大量生产的全部零件和成批生产的重要零件。在单件小批生产中,一些特别重要的工序也需要编制工序卡片。

4. 工艺守则(操作规程)

它规定操作的要领及其注意事项。一般是根据同类工艺操作制定的,不受工厂具体生产条件的限制。通常只对关键工序制定工艺守则。

工艺守则是安排生产作业计划、生产调度、质量控制、原材料与工具供应、生产组织和劳动组织的基础资料,因此是十分重要的生产指导文件。

4.3.4 工艺装备的设计和制造

工艺装备是制造产品所用的各种刀具、量具、模具、夹具、辅助工具的总称。使用工艺装备的程度高,对保证产品质量、提高劳动生产率、改善劳动条件具有重要作用。

工艺装备按其使用范围,可分为标准、通用和专用三种类型。标准工装和通用工装可应用于范围广泛的产品零部件的加工制造。它们一般由专业厂家制造,生产企业根据需要进行购买与配置。专用工装则都是根据具体产品的专门需要,由生产企业自行设计制造。

工艺装备设计制造的工作量很大。在成批和大量大批生产条件下,往往占工艺准备总工作量的 50%~80%,而且花费的成本也很高,在机器制造业中,工艺装备的费用平均占产品成本的 10%~15%。因此,在设计和制造专用工装时,应处理好保证质量、提高生产效率和降低产品成本三者之间的关系。为解决这个问题,通常是通过工艺装备系数来控制工艺装备的合理数量。

所谓工艺装备系数,就是专用工装种数与专用零件种数的比值,它代表了工艺装备水平的高低。工艺装备系数过大,将使工艺装备准备工作量过大,准备周期延长,成本增高;如果太小,则不能满足生产的需要,无法保证加工质量和提高生产效率。因此,需合理确定工艺装备系数。一般地,产品越精密、越复杂、产量越大,则工艺装备系数也越大;反之,可以小些。表 4-2 列举了各种生产类型的工艺装备系数的参考数据。

表 4-2 各种生产类型的工艺装备系数

工装名称	工艺装备系数			
	单件	小批	成批	大批
夹具	0.18~0.20	0.20~0.30	0.40~0.80	1.00~2.70
量具	0.09~0.20	0.20~0.35	0.35~0.40	0.40~1.50
切削工具	0.04~0.08	0.15~0.25	0.25~0.30	0.30~0.90
辅助工具	0.02~0.05	0.05~0.10	0.10~0.20	0.20~0.80
模具	—	—	0.10~0.20	0.20~0.50
总工装系数	0.23~0.53	0.60~1.00	1.20~1.90	2.10~6.40

4.3.5 加快工艺准备的进度

在新产品的生产技术准备工作中,工艺准备的工作量和周期时间占有很大的比重,一般在单件生产中占 20%～30%,在成批生产中占 45%～50%,在大批大量生产中占 60%～70%。因此,加速生产工艺准备,对缩短整个生产技术准备周期,减少生产技术准备成本,具有重要意义。

为加快工艺准备工作,可采取以下若干措施:

1. 工艺规程典型化,编制成组工艺规程

将零件按其工艺特点分组。将具有相同或相似工艺路线的零件归成一组,即相似零件族。从每个零件族中选出代表零件,并考虑该族的共同特点,编制典型工艺规程,其他零件也按典型工艺规程或稍加修改进行加工。工艺规程典型化可大大缩短编制工艺规程的时间,同时,又为制定概略的时间定额和工装规格化创造了条件。

2. 工艺装备的标准化、规格化

为加快工艺装备的准备进度,应尽可能使工艺装备的结构、型式、尺寸达到标准化、规格化,以减少工艺装备种类及其零部件的种数。同时,还要提高工艺装备的继承性,充分利用原有工艺装备或采用万能组合夹具来生产新产品。

3. 采用计算机辅助制造技术

计算机辅助制造技术包括:数控加工、加工中心、工业机器人和柔性制造系统的应用。这些技术都是利用更换计算机程序来自动地变换机床的控制过程或机器人的运动过程,以完成不同零部件的加工过程。这种变换除了改变机床的运动路线之外,还包括按加工循环自动更换刀具,转换工位来完成不同工序和不同表面的加工。这样,使工艺准备工作主要集中在编制计算机程序上,节省了大量时间,如编制工艺文件、设计制造工装等的准备时间。即使是计算机程序编制工作,也可以利用计算机模拟加工过程技术来自动生成工件的加工程序,而节省编程时间,并提高工艺设计质量。

采用计算机辅助制造技术的意义不仅在于加快了工艺准备的进度,更重要的还在于增强了生产系统的适应能力,提高了多品种小批量生产的经济性。

4.4 新产品的试制和鉴定

新开发的产品,经过图样设计和工艺准备之后,就转入试制和鉴定阶段。在此阶段中检验产品设计的正确性和加工工艺的可行性,并通过试制的检验,及时发现和解决设计中的问题,进一步改进设计和工艺,避免在正式投产后可能发生的人力、物力、财力和时间上的浪费。

4.4.1 新产品试制

新产品试制一般分为样品试制和小批试制两个阶段。样品试制的主要目的是：考核产品的设计质量、产品结构与性能及其主要工艺。通过试制找出缺陷，对设计图纸做必要的修改，使设计基本定型。样品试制的工艺准备应力求简单，工艺规程采取工艺过程卡，尽可能使用通用工装加工零部件，只在对质量有特殊要求的工序上才使用专用工装。

小批试制的目的是：检验产品设计的工艺性，验证全部工艺文件和工艺装备，考查它们是否能保证产品质量及预期的生产率。通过小批试制掌握新产品的生产工艺，完成从试制到正式生产的过渡。

4.4.2 新产品鉴定

样品试制和小批试制后，都要进行新产品鉴定，对它们从技术上和经济上做出全面评价。样品鉴定的主要内容包括：

(1) 检查产品设计的完整性，以及样品是否符合经批准的技术任务书。
(2) 检查样品精度是否符合设计的精度标准。
(3) 检查外观质量。
(4) 检查零件的制造质量、装配质量、磨损情况和材料选用情况。
(5) 检查空转试验和负荷试验情况。
(6) 对样品的结果、性能、工艺性、可靠性（包括寿命和安全）、经济性等做出总评价。

小批试制的主要内容除上述部分内容外，还需检查工艺文件的完整性、正确性、统一性以及工艺规程为生产服务的验证情况，以确定工艺准备工作的完整性。

新产品的鉴定，应组织专门的鉴定委员会进行。

4.5 生产技术准备计划的编制与实施

生产技术准备工作内容多而复杂，必须加以统筹安排，通过编制生产技术准备计划，把设计、工艺、试制、鉴定等各阶段工作，落实到有关科室、车间和外协单位，保证在规定期限内完成各项工作。

4.5.1 生产技术准备计划的种类

生产技术准备计划有三种形式。

1. 生产技术准备的综合计划

生产技术准备综合计划规定了企业在计划期内（一般为年度）发展新产品、改进老产品的准备工作的总工作量,有关部门分工协作关系和工作进度。编制此种计划的依据有:国家下达的试制任务、用户的订货合同、企业新产品发展规划、技术改造措施计划、设计与工艺试验研究计划、年度生产计划以及生产技术准备周期和劳动量等资料。该计划的内容和形式见表4-3。

表4-3 生产技术准备综合进度计划

产品名称	准备工作项目	执行部门	进度（1月~12月）
甲产品	产品设计	设计科	
	样品试制工艺准备	工艺科等	
	样品试制	试制车间	
	小批试制工艺准备	工艺科	
	制造工艺装备	工具车间	
	小批试制	加工装配车间	
	小批鉴定	鉴定委员会	
	成批生产准备		
乙产品	⋮		

2. 分产品生产技术准备计划

这项工作是以生产技术准备综合计划为基础,分产品分月分旬进行编制。它的具体内容包括产品的开发程序、每种产品的全部技术准备工作项目、工作量、执行单位及其工作进度。该计划将每种产品的技术准备工作具体落实到有关科室与车间。

3. 科室生产技术准备计划

该计划以年度生产技术准备的综合计划和分产品生产技术准备计划为基础,由有关科室从上述计划中选出自己所承担的技术准备项目进行编制。计划中规定了工作项目、执行人员、工作进度。通过该计划,可将各项技术准备工作具体落实到人,以保证计划的完成。

4.5.2 生产技术准备计划的编制

上述的年度综合计划和分产品生产技术准备计划,通常由厂部生产技术准备室负责编制。科室计划由各部门负责编制。编制生产技术准备计划应遵循若干原则:

(1)按反工艺顺序安排计划,即为保证交货期的要求,应从交货期开始,反推上去,确定各项工作的起始与完成时间,并与年度生产计划和短期生产作业计划相协调。

(2)对各项工作要统筹安排,综合平衡,合理安排和配备技术力量,使各阶段的各项准备工作互相衔接。

(3)在保证重点产品的前提下,对试制产品进行合理搭配,以保证生产能力的充分利用,避免产生忙闲不均现象。

(4)切实安排工艺装备的生产加工和原材料的供应工作。

4.5.3 生产技术准备计划的实施

生产技术准备计划编制完成后,即成为全厂生产技术财务计划的重要组成部分,必须组织有关科室和车间,通力合作,认真地贯彻实施。厂部和各级部门要随时检查计划执行情况,发现问题及时调整,只有这样才能保证按计划完成各项工作。检查的方式可采取日常报表、书面汇报及会议检查等形式。作为一种多专业多工种的任务项目,它们的实施最好采取项目组的形式,即将有关开发项目的各种专业人员组织在一个工作组内,由他们独立地进行工作,承担技术和经济责任。这样既易于保证开发的质量,又能加快开发进度。这是目前组织技术工作最有效的组织形式。

习 题

1. 讨论生产技术准备工作对增强企业竞争力和提高经济效益的重要意义。
2. 说明生产技术准备工作的内容。
3. 讨论产品开发中产生创意的渠道。
4. 应从哪几方面评价新产品的不同方案?如何对它们进行筛选?
5. 产品设计应分哪几个阶段进行?说明每个阶段的基本工作内容。
6. 讨论缩短产品开发设计周期的意义和可采取的主要措施。
7. 什么是产品设计的"三化"工作?为什么要实行"三化"?
8. 什么是模块化设计?它能给产品设计带来怎样的好处?
9. 什么是并行工程?说明它的工作方法和可能提供的利益。
10. 说明工艺准备工作的主要内容。
11. 什么是产品的工艺性分析?应从哪些方面对产品的工艺性进行评价?
12. 说明制定工艺方案在工艺准备中的重要性及其主要内容。
13. 比较三种工艺规程的特点和应用场合。
14. 什么是工艺装备系数?如何选择工艺装备系数?
15. 如何加快工艺准备工作的进度?
16. 在新产品试制阶段,为什么必须坚持先样品试制,后小批试制的工作步骤?
17. 生产技术准备计划有哪几种形式?制订生产技术准备计划应遵循哪些原则?
18. 某公司计划从三种新产品中先选择一种投入批量生产。有关三种产品的评价资料已经确定,见表4-4。

表 4-4

评价准则	最低分	最高分	产品 A	产品 B	产品 C
产品开发	−5	+5	4	0	4
市场销售	−10	+10	2	9	8
财务	−20	+20	16	14	17
			22	23	29

(1) 试确定三种准则的相对重要性。

(2) 能否利用总分进行筛选？若不能用总分筛选，应如何对它们进行评价？

(3) 请选出应先投产的新产品，并说明你的理由。

19. 生产一种新产品有两种工艺方案可供选择：

方案 A(自制)的固定成本为 200 000 元，单件可变成本估计为 15 元；

方案 B(外购)的固定成本为 48 000 元，单件购价为 16 元，另加单件装配成本为 5 元。

(1) 若产品的单价为 25 元，做出该产品两个工艺方案的盈亏平衡图。

(2) 若预计该产品的销售量为 18 000 件，应选哪个方案为宜？

(3) 若产量未定，试确定：在何种产量下应选择何种方案最为有利？

20. 加工某种零件有两种方案可供选择。第一种方案的设备与工具购置成本为 3 000 元，材料与工时的单件成本为 20 元。第二种方案技术比较先进，设备与工具购置成本为 14 000 元，而材料与工时的单件成本为 10 元。试确定：在何种产量下应选择哪个方案有利？

第 5 章　生产计划工作

生产计划工作是生产管理的首要环节，它要为未来的时间期（计划期）规定生产活动的目标和任务，包括应生产的产品品种、产量和时间进度，要指导企业的生产工作按经营目标的要求进行。

现代工业产品的生产过程极其复杂，在其内部有着细致的劳动分工，需要由多个专业生产部门和职能部门进行协作，才能完成产品生产；它又要与企业外部的许多单位取得协作，由他们供应各种物资，以满足生产过程的需要。显然，要组织如此复杂的生产活动，必须有周密而统一的计划来指导和控制各种活动，使它们之间协调配合，才能保证产品生产的顺利进行。

生产计划工作又是企业取得长远发展的重要手段。在当今的社会经济环境中，企业成功与发展的根本途径在于抓住在社会经济和科学技术发展中出现的需求和机会。而要把这种机会转化成有效益的生产行动，需要有相当长的提前期。这就要求企业必须提前做出规划和计划，及时进行研究开发、资源准备和组织生产，才能抓住机遇，赢得时间而取得成功。因此，生产计划工作既关系到企业当前的生产经营，又关系到企业未来的发展。

此外，产品生产活动构成了企业生产经营活动的主体，企业中大多数的其他职能，如工程技术、劳动人事、物资供应、市场营销、财务成本等职能领域都要围绕产品生产开展工作，或与它密切相关，它们都要依据生产计划来编制自己的专业计划。因此，生产计划工作是企业管理中最重要的一项职能，对有效组织企业的生产与管理，保证企业经营的成功与发展都具有十分重要的作用。

5.1　工业企业生产计划体系

在一定规模的工业企业中，生产计划工作由一系列不同类别的计划所组成。这些计划按计划期的长短分为长期、中期、短期计划三个层次。它们之间相互联系，协调配合，构成企业生产计划工作的总体系。图 5-1 表示这三层计划的组成以及各种计划之间的联系。

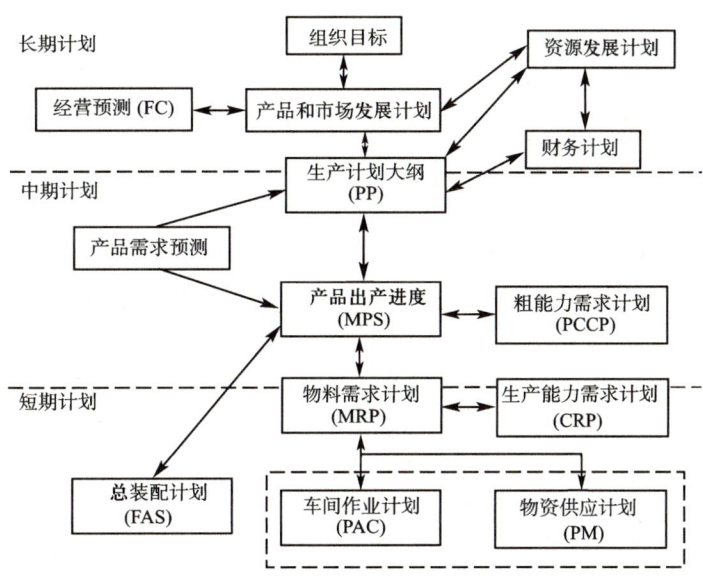

图 5-1 工业生产计划体系

5.1.1 长期计划

长期计划的计划期长度一般为 3~5 年,也可长达 10 年。它是企业在生产、技术、财务等方面重大问题的规划,提出了企业的长远发展目标以及为实现目标所制订的战略计划。它包括产品与市场发展计划、资源发展计划即生产战略计划和财务计划等几种计划。制订长期计划,首先要结合对经济、技术、政治环境的分析,做出营业发展的预测,确定企业的发展总目标,如在总产量、总产值、利润、质量、品种等方面的增长速度和应达到的水平。战略计划则要确定企业的经营方向和经营领域、产品门类和系列、体现竞争战略的产品质量和价格水平,以及市场渗透战略,这些就是产品与市场发展战略。接着,制订资源发展计划。它要确定为实现企业发展目标和战略计划所需要增加的生产资源和相应的生产方式的变革,以及生产能力发展的规划。长期计划中的财务计划将从资金需要量和投资回报等方面对以上各种计划的可行性和经济有利性进行分析,使这些计划在财务上是可行的,并且是有效益的。

5.1.2 中期计划

中期计划的时间期一般为一年,或更长一些时间,它就是通常的年度生产计划。中期计划主要包括两种计划:生产计划大纲和产品出产进度计划。

生产计划大纲规定企业在计划年度内的生产目标。它用一系列指标来表示,以规定企业在品种、质量、产量和产值等方面应达到的水平。其中,产品品种指标是企业在计划年度内生产的产品品名和品种数,它反映了企业在品种方面满足社会需求的能力。在当今的市场环境条件下,增加新产品的品种数已成为企业开拓市场、增强竞争力的主要手段。生产的产品品种数,特别是新产品品种数的目标的制定对促进企业的进步发展有重要作用。产品质量指标是指企业在计划年度内提高产品质量方面应达到的水平。其中又分为产品品级指标和生产过程工作质量指标,如铸造废品率、机械加工废品率等。它反映了产品能够满足用户使用要求的程度,又是企业的技术、生产和管理水平的综合反映。产量指标是指计划年度内应当出产的合格产品的数量,它包括成品和供销售的半成品的产量两种。产品产量指标反映企业向社会提供的商品数量,代表了企业的生产规模;同时,它又是企业进行产供销平衡,计算实物劳动生产率、产值、原材料消耗、成本和利润等指标的基础,因此是企业组织生产活动的重要依据。产值指标是用货币表示的产品的价值量指标。由于它能较确切、较综合地反映企业的生产总成果,并使生产成果具有了可比性,因此在各项计划指标中显示出它的特殊意义,成为计算劳动生产率、资金利用率和生产发展速度等许多重要指标的主要依据。产值指标可进一步分为商品产值、总产值和净产值三种。商品产值是指可供销售的产品和工业性劳务价值,它表明了企业在计划年度内预期的销售收入,应按现行价格计算。总产值是以货币表示的企业在计划年度内应完成的工业生产总量,除商品产值外,还包括外单位来料加工产品的材料价值和企业的在制品、自制工具、模型等期末与期初结存量差额的价值。总产值代表企业在一定时期内生产发展的规模和水平,一般用以反映企业的生产发展速度和比较不同企业的经营成果,故应按不变价格计算,以消除产品价格变动的影响。净产值是总产值扣除外购物资消耗价值后的产值。它反映真正由企业自身所创造的生产成果。

生产计划大纲的编制依据是对产品需求的预测,以及长期计划对当年提出的任务要求。它的作用是通过总量指标来核算检查全年的生产能力能否满足需要,以便对任务与能力进行平衡,并使达到平衡的计划保证应有的经济效益。

产品出产进度计划是将生产计划大纲具体化为按产品品种规格来规定的年度分月的产量计划。这种计划一般每隔半年编制一次,也可以按更短的时间周期进行滚动更新。制订出产品出产进度计划之后,仍需进行生产能力的核算平衡,以保证计划达到可行性。但在这一层上,生产能力核算和平衡都是粗略的,只分车间,或按设备大组(大类)的总台时与人员工种的总工时去检查和校核生产能力,故属于粗能力需求计划。当然,在检查生产能力的同时,也要检查其他资源的供应能力,如原材料、能源、外购配件、运输等的供需平衡情况。

5.1.3 短期计划

短期计划的计划期长度在六个月以下,一般为月或跨月计划,它包括物料需求计划、生产能力需求计划、总装配计划以及在这些计划实施过程中的车间内的作业进度计划与控制工作。

物料需求计划是将产品出产计划分解为构成产品的各种物料的需要数量和需要时间的计划,以及这些物料投入生产或提出采购申请的时间计划。总装配计划就是最终成品的短期出产进度计划。生产能力需求计划即通常所说的设备负荷计划。它根据零件的工艺路线和工时定额,来预计各工作中心(设备组)在各时间周期中应提供的生产能力数量,然后经过与实有能力的平衡,编制出车间的作业进度计划。车间内的作业计划工作中包括作业分派、调度和生产进度的监控与统计工作。对外购的物料则编制物资供应计划,并对其实施进行控制。

表 5-1 列举了上述三类计划的主要特点。从该表可以看出,由于所面临的环境因素不同,各类计划有各自不同的任务、管理层次、计划方式和要处理的问题,即决策变量。长期计划要处理的是企业的发展与外部环境的关系问题,因此要由企业的高层领导负责。主要任务是确定发展的总目标和如何为实现总目标获取所需的资源。这类计划所面临的都是不确定性因素,只能规定出一些非常概略的指标作为指导。它要做的决策都是关系企业长远利益而又需巨大投资的重大的战略性问题,故这类计划又称战略层计划。中期计划要处理的是将已知的或预测的市场需求细化为企业的生产指标和产品任务计划。它们应由企业主管生产的部门负责。其主要任务是如何有效地利用现有资源,最大限度地满足市场需求并取得最佳的经济效益。这类问题中也有相当一部分是不确定的因素,如未来一年中的市场需求,故仍包含一部分概略性指标(生产计划大纲)。它们要做的决策是如何适应需求的变动,以安排好生产能力的利用问题,这里可以调节的生产能力因素有工厂工作时间、劳动力数量、库存水平、外包量和每月的产量水平,即生产速率等。短期计划所处理的问题基本上是纯属企业内部的作业管理问题。这时,生产的任务、能力和物资供应都是确定而已知的,计划工作的任务是要将设备和人力最适当地配置给各项已投产的任务项目,以保证上层计划的实现。因此要求它们制订出详细的时间进度计划。在计划中要做好生产的品种、批量、顺序和时间进度的决策,也要做好设备与人力负荷的决策。它们是作业层的计划。

表 5-1　　　　　　　　各类计划的不同特点

特点	长期(战略层)	中期(管理层)	短期(作业层)
计划层总任务	制定总目标及获取所需的资源	有效利用现有资源,满足市场需求	最适当地配置生产能力,执行厂级计划
管理层次	高层	中层	基层
时间期	3～5 年或更长	1 年～1.5 年	小于 6 个月
详细程度	非常概略	概略	具体、详细
不确定性程度	高	中	低
决策变量	产品线 工厂规模 设备选择 供应渠道 劳工培训 生产与库存管理系统类型选择	工厂工作时间 劳动力数量 库存水平 外包量 生产速率	生产品种 生产数量 生产顺序 何处生产 何时生产 物料库存控制方式

5.2　生产能力的计算和调节

在生产计划的制订工作中,关键是做好生产任务与生产能力之间的平衡。因此,应明确生产能力的含义、生产能力的计量方法以及调节生产能力的因素等问题。

5.2.1　生产能力的基本概念

工业企业的生产能力可定义为：企业的生产性固定资产在一定时期内，在正常的技术组织条件下，经过综合平衡后所能生产一定种类产品的产出量。生产能力的这个定义包含几个重要的概念：首先，企业的生产能力是由其机器设备（固定资产）的产出量所决定的。这是因为现代企业的生产过程主要是借助机器设备来完成的，而且设备的产出量比较稳定，能较确定地代表生产能力。其次，按一定时间期，一般为一年内所能生产的产品产量代表生产能力。再次，企业生产能力是指在现有的技术组织条件下所能达到的产出量，所谓技术组织条件主要包括产品的技术要求与产品组合、设备类型（通用或专用设备）以及劳动力熟练程度与劳动组织形式等方面的条件，这些条件若发生变化，生产能力也将发生变化。最后，企业生产能力是生产过程各个阶段各个环节的生产能力经过综合平衡后所能达到的产出量。这意味着企业的生产能力由最薄弱环节，即瓶颈的产出量所决定，要提高企业的生产能力，主要应提高瓶颈工序的生产能力。

从管理角度考虑，生产能力可分为两种：理论生产能力和标定生产能力。理论生产能力是指不考虑设备计划修理、设备故障或其他原因造成的停工等的损失所达到的产出量，即生产系统在现有条件下可能达到的最大产出量。标定生产能力则是按实际出产效率计算的生产能力，它考虑生产效率、设备故障、出现废品、返修等生产损失，因此通常比理论生产能力要小。在不增加设备或班次的情况下，理论生产能力是不能增加或修正的。相反，标定生产能力常可通过改善作业的措施，如改进工作方法、减少调整时间，或加强设备维护、减少设备检修时间等来改进和提高。

生产能力的计量方法可以分为两种。一种是按单位时间出产产品的实物量来计量。如年产多少台、多少吨或月产多少台、多少吨等。若为多品种生产企业，当产品的结构、工艺很相似时，用代表产品的产量表示企业的生产能力；若产品品种的特征差别较大，则用较综合性的产量指标，如总重量、总功率（如拖拉机厂用产品总马力数、变压器厂用总千伏安数）表示生产能力。

另一种计量方法是按投入量计量。例如，不少工厂的标定生产能力常用全年可用的设备台时数、人工工时数来计量。不过，这种计量方法不能说明生产系统所生产的确切产品与产量，因此，不能确切衡量生产能力，也不能用它来对不同企业的能力进行对比比较。但是，在服务性企业中，用资源投入量表示生产能力比产出量更有意义，因为在服务活动中，满足需求的能力主要依靠可提供的资源量。例如，医院的床位数、餐馆的座位数就代表了可以提供给需求的服务量。

5.2.2　生产能力的计算

1. 理论生产能力的计算

根据上述概念，理论生产能力主要由生产中的设备数量、设备的有效工作时间和设备的生产效率所决定。它的计算公式为

$$P = F_e S g = \frac{F_e S}{t} \tag{5-1}$$

式中　P——设备组的生产能力；

　　　S——设备组的设备数量；

　　　g——设备产量定额；

　　　t——设备台时定额；

　　　F_e——设备全年有效工作时间（小时）。

$$F_e = F_y H (1-\theta)$$

式中　F_y——设备全年制度工作日；

　　　H——每日的制度工作小时数；

　　　θ——设备计划修理的停工率。

对于按生产面积计算的生产能力，式(5-1)可变为

$$P = A g$$

式中　A——生产面积；

　　　g——单位生产面积的平均产量。

如果计算流水线的生产能力，则应按流水线的节拍（相邻两件相同制品出产的时间间隔）计算：

$$P = \frac{F_e}{r}$$

式中　r——流水线节拍。

2. 标定生产能力的计算

标定生产能力是根据企业现有的生产水平，求出现时的有效生产能力。企业现有的生产水平受多种因素的影响，如设备的效率、工人的技术熟练程度和劳动积极性、管理工作的效率等。在确定标定生产能力时，可按下式计算：

$$P_a = P k_1 k_2 k_3 \tag{5-2}$$

式中　P_a——标定生产能力；

　　　k_1——定额完成率，$k_1 = \dfrac{实际的单位台时产量}{产量定额}$ 或 $k_1 = \dfrac{产品台时定额}{实际单台产品工时}$；

　　　k_2——工时利用率，$k_2 = \dfrac{实际利用的生产工时}{制度工作时间}$；

　　　k_3——合格品率，$k_3 = 1 - 废品率$。

下面举例说明标定生产能力的计算过程。

【**例 5-1**】　设某车床组有 10 台车床，两班制工作，全年制度工作日按 250 天计算。平均的工时利用率为 90%。在计划年度内该车床组生产 A,B,C,D 4 种结构不同、工艺不相似的产品零件。这些产品的单位台时定额和定额完成率以及年产量见表 5-2。

表 5-2　　　　　　　　　设备组生产能力计算过程表

产品名称	计划产量	产量比重	单位产品台时定额	定额完成率	计划用台时定额	各产品综合台时消耗	设备组生产能力（台/年）
①	②	③=②/∑②	④	⑤	⑥=④/⑤	⑦=∑(⑥×③)	⑧
A	100	0.25	200	1.20	167	41.75+60 +30.8+7.5 ≈140	(250×15.5× 0.9×10)/140 ≈250
B	80	0.20	270	0.90	300		
C	160	0.40	100	1.30	77		
D	60	0.15	40	0.80	50		
合计	400	1.00					

表 5-2 列出了计算该车床组生产能力的计算过程。即先算出每种产品的产量比重，再将它们的台时定额完成率折算成计划用的生产率定额。然后结合产量比重计算出各产品综合的台时消耗，最后以综合台时消耗除以车床组的全年的年实有工作时间，得到以综合台时计算的产量，即是标定的生产能力。本例中没有废品率的资料，故未做合格品能力的修正。

以上说明的是一个设备组生产能力的计算。对于包含多种不同设备组的车间，需在各设备组生产能力的基础上进行综合平衡，确定出车间的生产能力。同样，在各车间生产能力综合平衡的基础上确定出企业的生产能力。

从生产能力的特性可以看出，生产系统（设备组、车间乃至企业）的生产能力受到多种因素的影响，因而是动态变化的。正是这种动态变化的特性，使人们能够利用或控制它的影响因素而对生产能力进行调节，使它适应生产任务变化的需要。

5.2.3　生产能力调节因素

企业能够对生产能力加以调节控制的因素很多。从计划的观点看，可将这些因素按获得能力的时间长短，分为长期、中期和短期三类。

1. 长期因素

获得生产能力的时间在一年以上的都可归入长期因素。它们包括：建设新厂、扩建旧厂、购置安装大型成套设备、进行技术改造等。这些措施都能从根本上改变生产系统的状况，大幅度地提高生产能力，但同时也需要大量的资金投入。应用这些因素属于战略性决策。

2. 中期因素

在半年到一年之内对生产能力发生影响的因素为中期因素。如采用新的工艺装备、添置一些可随时买到的通用设备，或对设备进行小规模的改造或革新；增加工人，以及将某些生产任务委托给其他工厂生产等，其中也包括利用库存来调节生产的作用。这些因素是在现有生产设施条件下所做的局部扩充。它们属于中层管理的决策。一般在年度生产计划的制订与实施中加以考虑。

3. 短期因素

在当月以内就能对生产能力产生影响的属于短期因素。这类因素很多,如:

(1) 加班加点;
(2) 临时增加工人,增开班次;
(3) 采取措施降低废品率;
(4) 改善原材料质量;
(5) 改善设备维修制度,这能减少设备故障时间,提高设备利用率而提高生产能力;
(6) 采用适当的工资奖励制度,激发工人的劳动积极性,在短时间内提高生产率;
(7) 合理选择批量。批量选择的不同会影响设备调整时间的变化。合理选择批量能减少不必要的设备调整时间,而提高设备利用率,即提高了设备的生产能力。

生产能力的短期调节因素是对现有生产设施利用的改善,都属于作业层的决策。

5.2.4 学习曲线

工厂的生产能力是不断变动的。不但在增加设备和人员后会产生新的生产能力,即使不增加设备和人员,当工人提高了熟练程度后,也能提高生产能力。而且,实践证明,这种生产能力的提高存在着某种规律性,在积累了一定的资料后,可相当精确地对以后生产的改进程度做出估计。这种规律被称为学习曲线。

学习曲线现象最早是 20 世纪 20 年代在美国一家飞机装配工厂被认识到的。该厂的研究表明,生产第四架飞机的人工工时数比第二架所花的时间减少了 20% 左右,第八架又只花费了第四架工时的 80%,第十六架又是第八架的 80% 等。把这种变化过程表示成图形,可得到如图 5-2 所示的曲线。由图可知,当产量每翻一番时,即从 x 台增至 $2x$ 台时,第 $2x$ 台的单台工时下降到第 x 台的 80%。而且,曲线在开始阶段下降很快,以后逐渐变得平坦。人们把这种现象称为 80% 学习曲线,又称经验曲线。以后,在其他产业中,如汽车、石油化工、半导体、合成橡胶、人造纤维织物等都发现了类似的现象。尽管不同产品的工时或成本的下降速率不同,但每当累计产量增加一倍时,产品工时或成本按同样的百分比有规律递减的现象却是相似的。

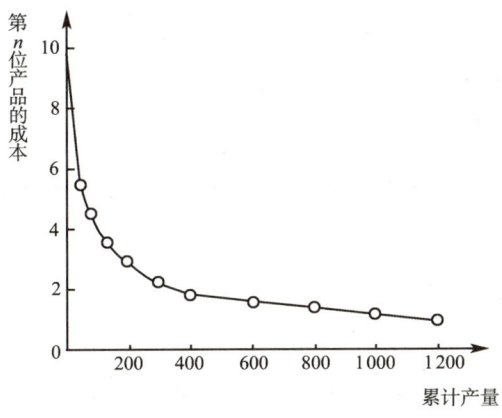

图 5-2 学习曲线

学习曲线现象主要是由于人们提高了熟练程度之后而产生的。如果生产过程都由机器来完成就不存在学习曲线现象了。因此,学习曲线的变化率取决于机器工作与人工工作的比例。实践表明,当人工工作时间与机器工作时间的比例为 3∶1(人工占总生产工时的 3/4)时,学习曲线的(工时改善)变化率,简称学习率,估计为 80% 比较适当;当该比值为 1∶3 时,常设为 90%;当两者基本接近时,则取 85% 为宜。

学习曲线现象给生产计划工作提供了一个重要的分析工具。可利用它来估计未来的劳动力需要量和生产能力,估计成本和编制预算,制订计划和安排作业进度。

学习曲线的学习率可利用相同或相似产品的历史资料来估计。当产品的工艺过程与相似产品的工艺过程相同时,就可利用相似产品的学习率来计划该产品的改善速率。若产品不尽相似,则在利用历史资料时要考虑产品设计、生产产量、使用工艺装备以及订货批量等差别,对其加以调整。

为了利用学习曲线进行定量分析,需要将它表述为数学解析式。按上述的学习曲线现象所反映的规律,它的变化符合负指数函数关系:

$$Y_x = Kx^{-b} \tag{5-3}$$

式中　Y_x——生产第 x 台产品的直接人工工时;

　　　　x——生产的台数;

　　　　K——生产第一台产品的直接人工工时;

　　　　b——幂指数,$b = \dfrac{-\log p}{\log 2}$;

　　　　p——学习率。

例如,对 80% 学习曲线的幂指数 b 值为

$$b = \frac{-\log 0.8}{\log 2} = \frac{-(-0.223)}{0.693} = 0.322$$

表 5-3 列出了常见的学习率下 b 的计算值。

表 5-3　　各种学习率下的幂指数值

学习率	50	60	70	80	90
幂指数 b	1.0	0.737	0.515	0.322	0.152

【例 5-2】　已知生产第一台产品的工时为 10 000 小时,学习率为 80%,求第 8 台产品的工时。

解　　　$Y_8 = 10\,000(8)^{-0.322} = \dfrac{10\,000}{1.953\,5} = 5\,120$

即生产第 8 台产品的工时为 5 120 小时。

有时,在生产某产品的开始阶段,由于多种因素的干扰,取不到确切的反映学习曲线效应的数据。经过一段时间的生产,生产状况渐趋于稳定,才开始收集资料。这时,需利用部分历史资料来估计学习率。下面,介绍在这种情况下估计学习率的方法。

设只收集到 x_1 和 x_2 两种产量的人工工时,则可得

$$Y_{x_1} = K x_1^{-b}$$
$$Y_{x_2} = K x_2^{-b}$$

将两式相除,得

$$\frac{Y_{x_2}}{Y_{x_1}} = \left(\frac{x_2}{x_1}\right)^{-b}$$

或

$$b = \frac{-\log\left(\dfrac{Y_{x_2}}{Y_{x_1}}\right)}{\log\left(\dfrac{x_2}{x_1}\right)}$$

再从 $b = \dfrac{-\log p}{\log 2}$ 即 $p = 2^{-b}$ 求得 p。

【例 5-3】 已知生产第 10 台产品的成本为 3 000 元,生产第 30 台的成本为 2 000 元,求该产品的学习率。

解 由已知条件可得

$$Y_{10} = K(10)^{-b} = 3\,000$$
$$Y_{30} = K(30)^{-b} = 2\,000$$

故

$$\frac{Y_{30}}{Y_{10}} = \frac{2\,000}{3\,000} = \left(\frac{30}{10}\right)^{-b}$$

$$0.67 = 3^{-b}$$

$$b = \frac{-\log(0.67)}{\log 3} = \frac{0.174}{0.477} = 0.365$$

$$p = 2^{-b} = 2^{-0.365} = 0.78$$

故该产品的学习率为 78%。

我们也可以利用学习曲线来估计一批产品的生产周期。一批产品的生产周期是根据这批产品的生产总工时推算出来的。在学习曲线下的产品总工时 H_m 是每台产品生产工时之和:

$$H_m = K(1 + 2^{-b} + 3^{-b} + \cdots + m^{-b})$$

当产量足够大时,可假设 H_m 为连续函数,于是

$$H_m = \int_1^m K x^{-b} \mathrm{d}x = \frac{K}{1-b}(m^{1-b} - 1) \tag{5-4}$$

【例 5-4】 已知生产第 1 台产品所花费的工时为 3 500 小时,学习率为 90%,并给定每周的生产能力 480 小时。问:生产 50 台的生产周期需多少周?

解 计算生产 50 台产品的总工时

$$H_{50} = \frac{3\,500}{1 - 0.152}(50^{1-0.152} - 1) = 108\,997$$

生产 50 台产品所需周数

$$T_{50} = \frac{H_{50}}{480} = \frac{108\,997}{480} = 227 \text{ 周}$$

学习曲线现象告诉我们,生产中永远有潜力可挖。但对于管理者来说,应该认识到,沿着学习曲线改进生产的过程不会自动发生。它不仅是工人个人改进生产的结果,而且是整个企业自觉努力的结果。在持续生产一种产品的过程中,企业总是要努力改进生产方法、改进产品设计、实施标准化、采用新工具、改善车间平面布置以及改进管理工作,从而取得学习曲线的效果。不过,学习曲线原理主要适用于新产品,或具有很大改进潜力的生产过程,作为企业则应采取奖励或激励的措施,鼓励和引导员工来改进生产,促进学习曲线的实现。

必须指出:(1)学习曲线的代价是生产系统的刚性化,它会使生产系统缺乏适应变化和更新产品的能力。因此,只有当产品定型、需求增长时,才可能也有必要利用学习曲线来促进各部门不断提高生产效率。(2)学习曲线的效率提升只是理论上的理想状态,在企业实践中,学习效率会越来越低,甚至停滞。

5.3 年度生产计划的制订

5.3.1 年度生产计划的制订步骤

编制年度生产计划,一般分三个层次进行。第一个层次是测算总产量指标,第二个层次是测算分品种产量指标,这两层工作属于编制生产计划大纲的工作;最后一层是安排产品的出产进度,编制产品出产进度计划。整个工作的流程如图5-3所示。

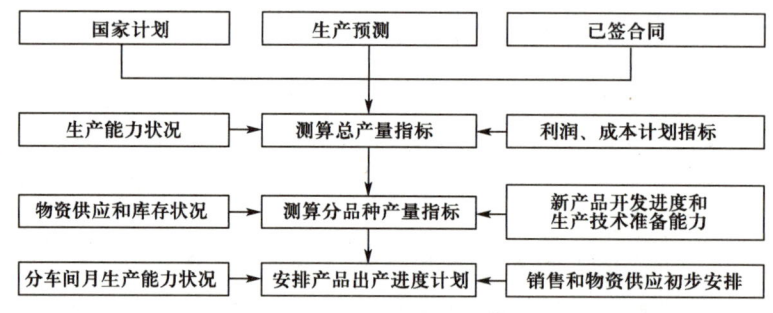

图5-3 生产计划指标拟订的流程图

测算总产量指标需要取得三方面资料。首先,最主要的是计划年度内产品需求的资料,这包括产品未来需求的预测、已签订合同的用户订货以及国家下达的计划任务。在这个阶段,产品需求以总产量表示,即按代表产品或按产品族估计的全年分季分月产量。其中也需将供销售的半成品和各计划周期(季、月)的库存储备量都考虑进去。在确定了总产量指标后,应对它们能否实现预期的利润目标进行核算检查,若未实现利润目标,则应修改计划或提出新的计划成本(目标成本)来加以保证。这时可采用盈亏分析法进行分析计算。另外,还需检查企业的生产能力能否满足计划产量。若在现有资源条件下生产能力不能满足需求,则应制订出调节生产能力的计划。

测算分品种产量指标就是确定一个合理而有利的产品品种构成方案,以期在总产量指标控制数的范围内达到品种产量搭配的最佳化。这时,首先应考虑增加的品种以及新品种产量。为此,在拟订这项指标时应检查新产品开发的进度和有关的生产技术准备能力情况。当然,更多的是考虑已有合同的用户订货和市场需求。分品种产量的需求预测往往利用历史资料来做。例如,小轿车不同型号与不同颜色的需要量可从历年销售量资料中它们所占的百分比做出估计,然后再考虑生产能力和物资供应能力条件。制定总产量和分品种产量指标时的生产能力平衡核算,是按全年生产能力的总量计算的,而且主要是检查关键设备(瓶颈)的能力是否能满足需要。测算品种产量常用线性规划法。

编制出年度生产计划大纲之后,需进一步将全年的产品总量或产品族产量任务按具体的产品品种、规格、型号分配到各季、各月中去,形成年度的产品出产进度计划,以便具体指导企业的生产活动。因此,这层计划强调的是现实可行。编制计划时应充分考虑销售计划的安排和物料供应能力;同时,要对所需要的生产能力较细地进行平衡核算,做到分车间甚至分设备大组和分月地核算检查它们所提供的生产能力能否满足计划任务的需要。

年度计划的品种产量测算涉及线性规划法的建模及其分析计算,它们的内容在其他课程已有详细介绍,故在本章中主要讨论总产量指标和产品出产进度计划的编制问题。

5.3.2 滚动计划

随着市场经济体制的确立和发展,工业企业生产任务中不确定部分所占的比重越来越大。往往在制订生产计划时,具体落实的任务项目不足,只能靠预测数安排计划,可是一旦接到订货,交货期又十分紧迫。何况,市场需求又总在变动,年初估计的某些需求到年中就可能变化,出现其他新的需求。这些情况要求企业必须加强经营管理,采用有效的计划方法提高生产计划的应变能力。近年来,我国企业引进了滚动计划、弹性计划、分层计划等新的计划方法,取得了一定的效果。其中,滚动计划法用得比较广泛,下面简要介绍这种方法。

所谓滚动计划,是把计划期分成若干时间间隔(年、季、月),即滚动间隔期。最近的时间间隔中的计划为实施计划,内容订得比较具体详细,以后各段间隔期内的计划为预安排计划,订得逐渐简略。随着计划的执行,在下一个滚动间隔期开始,根据企业外部和内部条件的变化,对以后几个间隔期的计划进行修订或调整,并把计划期向后延伸,产生出新的实施计划和预安排计划。如此重复安排,把静态固定计划变成动态跟踪计划。图5-4是年度内季、月、旬滚动计划示意图。

编制滚动计划,要求选择适当的滚动,期和计划期。滚动期就是修订计划的间隔时间。它通常等于执行计划的时间期限。例如,年度计划以季为执行计划期,每隔一个季度修订一次计划,即滚动期为季。计划期长度为计划所包括的时间长度。例如 5 年、1 年、2 个季度、3 个月等。对于年度生产计划来说,可以等于 1 年或长于 1 年的时间,随产品的生产技术准备周期和产品生产周期而定。有足够长的计划期有利于做好生产技术准备,保证所需的材料、毛坯与外购配件等按时供应,但计划期长,编制计划的难度相应增加,故应考虑需要和可能,选择合适的计划期。

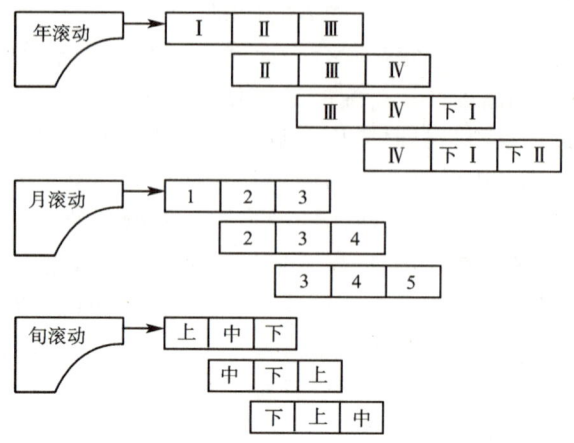

图 5-4 滚动计划示意图

5.3.3 盈亏平衡分析法在生产计划工作中的应用

测算总产量指标时,常用的定量分析方法是盈亏平衡分析法。这种方法能在成本形态分析的基础上找出成本、利润与产(销)量变化之间的依存关系,故又称量本利分析法。它可为经营决策提供简明而又十分有价值的数据。总产量指标测算时所要研究的一些基本问题,例如,产量达多少正好保本,按预测的产量可获利多少,要实现预定的利润目标应达到多大的产量水平,在预计的产量下若开工不足,即生产能力有余时会发生多大亏损,或盈利的最大值达多少,这时应采取怎样的生产策略增加盈利等,都可以通过盈亏平衡分析法得到答案。

成本、利润与产量之间的变化关系可用图 5-5 所示的图解方式,即盈亏平衡图表示。由图 5-5 可知,利润与总收益、产量及各项成本之间的关系的数学表达式为

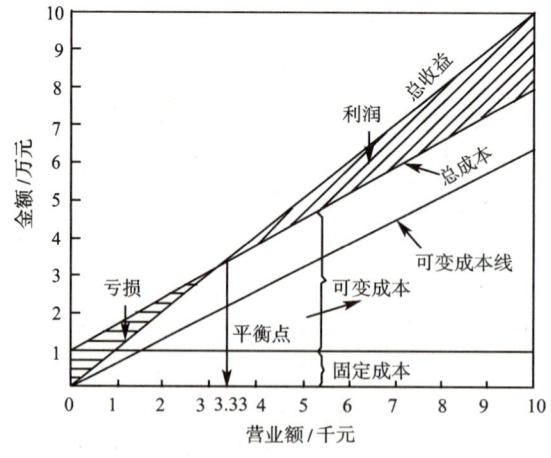

图 5-5 盈亏平衡图

$$E = R - F - VN = PN - F - VN$$
$$= (P-V)N - F \tag{5-5}$$

式中 E——利润；
F——固定成本；
V——单件可变成本；
R——总收益；
N——产量；
P——产品单价。

式(5-5)中有一个重要参数($P-V$)，即单价减去单件可变成本为单件毛利。它与产(销)量的乘积被称为毛益贡献。它的作用是首先用于补偿固定成本，在补偿完固定成本后，剩余的销售额转为利润。

借助盈亏平衡分析中的量、本、利之间的定量关系，可对总产量指标测算中的许多问题做出分析。下面通过一个示例加以说明。

【例 5-5】 某生产企业的会计记录中有关某项产品的成本资料如下：

制造成本(单件)
    原料   20 元
    直接人工   8 元
间接成本
    固定   70 000 元
    可变(单件)   6 元
销售成本与杂项开支
    固定   30 000 元
    可变(单件)   6 元
单件售价   60 元

(1)若给定利润目标为 60 000 元，求其应达到的产量水平。

为求已知利润下的产量，应将式(5-5)转化成如下的形式：

$$N = \frac{F+E}{P-V} \tag{5-6}$$

因为 $F = 70\,000 + 30\,000 = 100\,000$
                         $V = 20 + 8 + 6 + 6 = 40$
                         $P = 60$

故 $N = \dfrac{100\,000 + 60\,000}{60 - 40} = 8\,000$

(2)若预测到下一计划年度的需求量仅有 6 000 个单位，求该产量下的利润。

产量 $N = 6\,000$，将有关数据代入式(5-5)

得 $E = (60 - 40) \times 6\,000 - 100\,000 = 20\,000$

(3)若需求量只有 6 000 个单位，而企业仍希望取得 60 000 元的利润，当销售价格不能动时，必须通过降低可变成本来实现利润指标。求在给定产量、利润和单价时的单件可变成本。

为求出已知利润下的单件可变成本,应将式(5-5)改换成如下的形式:

$$V=P-\frac{F+E}{N} \tag{5-7}$$

故

$$V=60-\frac{100\,000+60\,000}{6\,000}=60-26.7=33.3$$

若例中的销售价格允许有一定的弹性,则可通过变动价格来实现利润指标。满足给定利润的价格计算公式为

$$P=V+\frac{F+E}{N} \tag{5-8}$$

当产量为 6 000,利润额要求达到 60 000 元,可变成本不变时

$$P=40+\frac{100\,000+60\,000}{6\,000}=40+26.7=66.7$$

(4) 若预测到计划年度的需求量,按此产量检查所订计划指标实现利润的可靠性。

为检查计划指标对实现利润目标是否可靠,一般利用安全边际率检查,安全边际率的计算公式如下:

$$G=\frac{N-N^*}{N} \tag{5-9}$$

式中　G——安全边际率;

N^*——盈亏平衡产量,或称临界产量。

临界产量就是利润等于零时的产量,它的计算公式为

$$N^*=\frac{F}{P-V} \tag{5-10}$$

判别计划是否可靠的标准是:安全边际率 G 在 30% 或以上时,计划安全;当 G 在 25%~30% 时,计划比较安全;在 15%~25% 时,计划已不太安全;在 10%~15% 时,要加以警惕;在 10% 以下时属于危险,应采取措施修订计划。

现仍以上例的数据说明安全边际率的应用。

【例 5-6】 计算产量为 6 000 时的安全边际率。

为求安全边际率,需先计算临界产量 N^*:

$$N^*=\frac{100\,000}{60-40}=5\,000$$

得

$$G=\frac{6\,000-5\,000}{6\,000}=0.167$$

故此计划方案不太安全。

对于多品种生产的企业来说,临界产量无法直接求到,这时应通过临界产值来计算安全边际率。临界产值是指利润为零时的产值,它的求解与临界产量相似,为单位产值的毛益贡献与固定成本相除。单位产值的毛益贡献称为毛益贡献率,它的计算公式如下:

$$毛益贡献率\ m=\frac{P-V}{P}=1-\frac{V}{P}$$

也可写成 $1-\dfrac{VN}{PN}$，其中，VN 即为总可变成本，PN 为总产值。对于多品种生产企业，总产值与总成本的数据比较容易取得，故应用后一个式子计算比较方便。于是，临界产值的计算公式为

$$临界产值 Z^* = \dfrac{F}{1-\dfrac{VN}{PN}} \tag{5-11}$$

【例 5-7】 某纺织企业生产化纤和纯棉两大类织物，经营状况一直很好。去年 12 月份的销售收入达 1 800 万元，变动成本 1 200 万元，固定成本 210 万元。但今年以来，由于国家政策要求压锭减产，生产量与销售量都急剧下滑。到 4 月份，销售收入已降为 900 万元，变动成本达 660 万元。试用安全边际率对企业的经营状况做出分析。

(1) 计算去年 12 月份的安全边际率。为此，应求出该月份的临界产值。

$$Z^* = \dfrac{210}{1-\dfrac{1\,200}{1\,800}} = 630 \text{ 万元}$$

则去年 12 月份的安全边际率为

$$G = \dfrac{1\,800-630}{1\,800} = 0.65 = 65\%$$

(2) 计算今年 4 月份的安全边际率。该月份的临界产值为

$$Z^* = \dfrac{210}{1-\dfrac{660}{900}} = \dfrac{210}{1-0.73} = 777$$

$$G = \dfrac{900-777}{900} = 0.136 = 13.6\%$$

计算得到的安全边际率告诉我们，去年的经营状况是很好的，而今年 4 月份的经营状况已经跌落到不安全的区域。应及早采取措施，调整产品结构，扭转经营滑坡的趋势。

5.4 需求变动的生产计划方法

当需求存在季节性变动时，制订生产计划应考虑如何避免发生缺货或造成过多的库存。制订这种类型的生产计划需要设法调节生产能力，使它们与变动的产品需求相适应。根据本章 5.2 节的讨论，在中期计划阶段，可以调节生产能力的因素有改变工作时间以变化生产速率，改变劳动力数量，利用库存和委托外厂加工等。但是，不论采用何种因素，都需要额外花费成本。因此，在编制有需求变动的生产计划时，一方面应考虑为各计划周期(季、月)配置满足产品需求的生产能力，另一方面又要考虑使调节生产能力所花费的成本尽可能少。

5.4.1 适应需求变动的基本策略

有四种适应需求变动的调节生产能力的措施:变化各计划周期(季、月)的生产产量、变化劳动力数量、利用库存平滑产出量以及转移需求等。应该选择哪些措施取决于企业的政策、环境限制条件以及成本要素。这些措施与有关的成本要素列于表5-4中。

表 5-4　生产能力调节的措施与成本

调节生产能力措施		成本要素
计划周期产量的调节	加班加点 减少工作时间 委托外厂加工	加班工资 机会成本损失 车间经费
变化劳动力	增雇人员 减聘人员	培训成本 失业保险成本
库存平滑	储备库存 容许缺货	保管成本 欠交订货与商誉损失
转移需求	价格政策 广告促销	减少边际利润 广告成本

1. 变化计划周期产量

在不变动现有生产条件的情况下,增减产量的通用办法是变化工作时间,如在需求高峰时期加班加点,在需求低谷期减少开工时间等。但这将会由于支付额外的工资而增加了生产成本。另外,也可采取委托外厂加工的办法来调节生产能力,外包生产对某些机械业企业比较有效。这类企业都有制造大部分零部件的生产能力,在需求高峰时,将零部件转包给外厂加工;在需求较低时则由企业自行加工,以充分利用本企业的生产能力。

2. 变化劳动力数量

劳动力数量的变化通常是通过增聘与解聘来完成的。但增加新劳力会花费较高的培训成本;而解聘劳力则会引起严重的劳工问题,会使员工产生不安全感,并需支付更高的失业保险金。因此,这种办法的应用范围比较有限,只在那些不需要高熟练劳力的部门,如装配部门,采用这种办法对成本利用比较有效。另外,服务企业一般都采用变化劳动力的办法调节生产能力,因为其他办法都是用不上的。

3. 利用库存平滑产量

库存是储存的生产能力。建立库存能使生产保持稳定,让生产按均匀不变的速率进行。当需求变小时,过剩的产量进入库存;当需求达到高峰时,利用库存补充生产能力。但这种策略将造成很高的库存成本。

4. 转移需求

除采取以上策略外,还可采用一些销售策略来影响需求,以平衡生产能力。例如,通过调整价格、加强广告宣传来增加需求低谷期的销售量。

将上述四种调节能力的措施结合起来运用,形成满足变动需求的不同计划策略。有两种典型的计划策略:跟踪策略和均匀策略。

(1) 跟踪策略

所谓跟踪策略,就是完全随需求的变化来变动计划的产量。在需求处于低水平时期内,降低计划的产量;需求增长时则相应地提高产量。显然,这种策略会使库存保管成本和缺货成本很低。但是会有相当大的与调节生产能力有关的成本,如加班、外包加工、增聘或解聘工人等措施所发生的成本。

(2) 均匀策略

均匀策略与跟踪策略正好相反,它保持每月的产量均匀不变。这时,劳动力数量保持不变,而用补充库存或消耗库存来满足变动的需求。因此,这种策略将避免变化生产能力的成本,但会造成较高的库存保管成本。

以上是两种极端的计划策略。它们都只利用了局部的生产能力调节因素,因而可能会造成较高的成本支出。实际制订计划时,往往采用折中这两种策略的混合策略。例如,不是月月(或季季)都调整产率(变动劳动力数量),而只在适当的时候调整一次,既减少调整产量水平的成本,而又不过多地发生库存保管成本,这样有可能找到一个总成本最低的计划方案。

5.4.2 调节生产能力的成本计算

如前所述,制订需求变动下的生产计划要解决的问题是,在给定的产品需求情况下,如何利用各种生产能力因素满足各时间期的需求量,而又使调节能力所花费的成本最少。因此,成本在生产计划决策中是主要考虑的一项因素。

表 5-4 列举了与调节生产能力有关的成本要素。归结起来,一类是变化库存的成本,包括库存保管成本和缺货成本,它们都与库存量或缺货量成正比变化;一类是变化生产能力的成本,其中,增加或减少劳动力的成本属于固定成本,加班成本、外包成本等属于可变成本。除此以外,在实施生产计划时还有生产成本,如调整设备的成本、制造产品的加工成本等,前者为固定成本,后者为可变成本。不过,当我们用增量成本计算调节生产能力的成本时,可以把生产成本排除在外,不用计入不同生产计划方案的成本之中。下面以一示例说明生产计划方案的成本计算。

【例 5-8】 某企业对下一计划年度 4 个季度的需求量做出预测,见表 5-5。该企业现有的产量水平(正常班产量)为每季度 55 单位产量,期初库存量为零。有关的成本资料是:相邻季度之间产量变化的成本(主要是增减劳动力的成本)为每变动一单位产量 500 元。产品的库存保管成本为每单位产品保管一个季度 800 元。另外,不论在各季度中如何变化劳动力数量,到年度末要求仍恢复到原来的季度产量 55 单位产品的劳力水平。

表 5-5　某企业的需求预测

季度	需求量
1	20
2	30
3	50
4	60
总计	160

现假设按均匀策略制订计划。按这种策略,每季度的产量保持不变,故取全年总产量 4 个季度的平均数,即把 40 单位产量定为每季度的计划产量。产量超过需求部分存入库存,产量满足不了需求的部分则由库存给予补充。其库存变化情况如图 5-6 所示。图中曲线①代表累计的需求量,曲线②代表累计的产量。两者之差值就是库存量,即两条曲线所包含的面积 K。该计划方案的成本计算列于表 5-6 中。

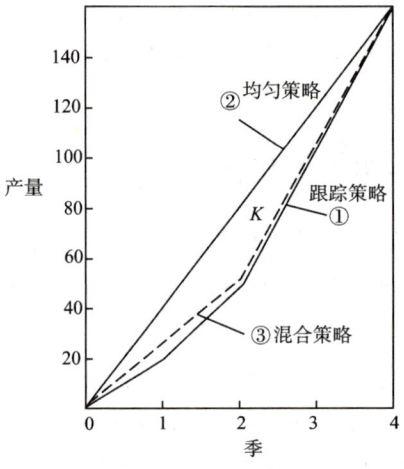

图 5-6　三种计划方案的比较

表 5-6　均匀策略计划方案成本计算表

季	需求量	累计需求	季度产量	累计产量	季末库存量	库存成本	增劳力成本	减劳力成本
1	20	20	40	40	20	16 000		7 500
2	30	50	40	80	30	24 000		
3	50	100	40	120	20	16 000		
4	60	160	40	160	0			
5							7 500	
合计						56 000	7 500	7 500

5.4.3 生产计划的定量决策方法

面对某种需求预测资料,可以设想许多种调节生产能力的方案。由于不同方案会引起多种成本要素同时发生变化,因此很难直接估计出它们对总成本的影响,为此需要利用一些数学工具来辅助对不同方案进行评价,以便找到最佳的,即总成本最低的计划方案,其中最常用的是线性规划法。不过,在生产计划决策分析中应用的线性规划模式与一般的模式有些区别,一般模式为单时期决策,而计划制订需要的是多时期决策。

生产计划问题包含若干个时间周期(季、月)。制订计划就是要为每个计划周期选择适当的生产能力调节因素和它们的调节量。但各时间周期的能力因素之间是相互联系的,联系相邻时间周期能力变化关系的变量是每周期期末库存量。这就构成了多时期线性规划的模式。

令 R_t 为周期 t 的需求量,P_t 为该周期的计划产量,I_t 为周期 t 的期末库存量。则在供需相等的约束下,它们之间保持如下的关系:

$$I_{t-1} + P_t = R_t + I_t$$

或

$$I_{t-1} + P_t - I_t = R_t \tag{5-12}$$

借用例 5-8 的数据,可得

$$P_1 - I_1 = 20$$
$$I_1 + P_2 - I_2 = 30$$
$$I_2 + P_3 - I_3 = 50$$
$$I_3 + P_4 - I_4 = 60$$

从上列的方程可知,第一季度与第二季度的约束条件式中都有 I_1,即通过 I_1 将两个季度的供需关系联系起来。同理,以后的几个季度中,I_2,I_3 也起着同样的作用。

根据多时期线性规划模式的原理,即可构筑需求变动生产计划问题的模式。如前所述,问题的目标是使总成本最少,故问题的目标函数为

$$\min Z = (C_P P_t + C_q Q_t + C_I I_t + C_S S_t + C_U U_t + C_D D_t) \quad (t = 1, 2 \cdots m)$$

式中　P_t——期 t 正常班产量;

Q_t——期 t 加班产量;

I_t——期 t 期末库存量;

S_t——期 t 外包产量;

U_t——从期 $(t-1)$ 到期 t,由于增加劳动力而增加的(正常班)产量;

D_t——从期 $(t-1)$ 到期 t,由于减少劳动力而减少的(正常班)产量;

C_P——正常班生产单位产量的成本;

C_q——加班生产单位产量的成本;

C_I——单位产品库存一个周期的保管成本;

C_S——外包生产单位产量的成本;

C_U——正常班产量水平提高一个单位产量的成本;

C_D——正常班产量水平减少一个单位产量的成本。

问题的约束条件:

(1) 供需平衡的约束

$$I_{t-1}+P_t+Q_t+S_t-I_t=R_t$$

(2) 改变产量水平的约束

$$U_t=P_t-P_{t-1}$$
$$D_t=P_{t-1}-P_t$$

为压缩约束方程式的数目,可将上列的两个相互排斥的约束条件合并成一个约束方程

$$U_t-D_t=2(P_t-P_{t-1})$$

此外,还有各种生产能力要素最大产量的约束,包括正常班最大产量、加班产量、外包生产量以及每周期末应储备的安全库存量的约束为

$$P_t=F_t W_P$$
$$Q_t=F_t W_q$$
$$S_t=A_t$$
$$I_t=B_t$$

式中 F_t——期 t 内的制度工作日;

W_P——正常班的日产量定额;

W_q——加班的最大日产量;

A_t——期 t 内外包的最大产量;

B_t——期 t 末的安全储备量。

【例 5-9】 将例 5-8 的问题用线性规划模式求解。

问题的目标函数为

$$\min Z = 800I_1+800I_2+800I_3+500U_1+500U_2+500U_3+500U_4+$$
$$500D_1+500D_2+500D_3+500D_4+500U_5+500D_5$$

约束条件有

$$-I_1+P_1=20$$
$$I_1-I_2+P_2=30$$
$$I_2-I_3+P_3=50$$
$$I_3-P_4=60$$
$$U_1-D_1-P_1=-55$$
$$U_2-D_2+P_1-P_2=0$$
$$U_3-D_3+P_2-P_3=0$$
$$U_4-D_4+P_3-P_4=0$$
$$U_5-D_5+P_4=0$$

用计算机软件求解该问题,得到的最佳结果见表 5-7。

表 5-7　　　　　　　　　　生产计划问题线性规划模式

```
                                    END
                              LP OPTIMUM FOUND
                          OBJECTIVE FUNCTION VALUE
        (1)                    38 000.000
     VARIABLE              VALUE          REDUCED COST
       I₁                 5.000 000         0.000 000
       I₂                 0.000 000       700.000 000
       I₃                 0.000 000         0.000 000
       U₁                30.000 000     1 000.000 000
       U₂                 0.000 000       100.000 000
       U₃                30.000 000         0.000 000
       U₄                 0.000 000         0.000 000
       D₁                30.000 000         0.000 000
       D₂                 0.000 000       900.000 000
       D₃                 0.000 000     1 000.000 000
       D₄                 0.000 000     1 000.000 000
       P₁                25.000 000         0.000 000
       P₂                25.000 000         0.000 000
       P₃                55.000 000         0.000 000
       D₅                 0.000 000       800.000 000
       U₅                 0.000 000       200.000 000
       P₄                55.000 000         0.000 000
      ROW                 SLACK           DUAL PRICES
       (2)                0.000 000       900.000 000
       (3)                0.000 000       100.000 000
       (4)                0.000 000         0.000 000
       (5)                0.000 000      -800.000 000
       (6)                0.000 000       500.000 000
       (7)                0.000 000      -400.000 000
       (8)                0.000 000      -500.000 000
       (9)                0.000 000      -500.000 000
      (10)                0.000 000       300.000 000
```

由表 5-7 可知,第一、二季度的产量应为 25 单位,第三、四季度产量应为 55 单位,这时的总成本最少,为 38 000 元。

5.5　产品出产进度计划的制订

生产计划大纲只代表企业在计划年度内应生产的产出总量目标,要把它付诸实施,必须进一步将总量计划分解为具体产品的出产计划,即分别按产品的品种、型号、规格编制它们在各季各月的产量任务,这就是产品出产进度计划。有了产品出产进度计划,企业才能保证销售计划,并依据它进行物料、劳力和设备的准备,制订出这些资源的供应和准备计划。因此,它是生产计划工作的一项重要内容。

5.5.1 产品出产进度计划的编制原则

编制产品出产进度计划应遵循以下原则:

(1)各种产品的出产时间和数量,应首先保证满足已有的订货合同的要求。在安排产品的顺序上,要分清轻重缓急;如先安排国家重点工程、重点客户订货、出口产品等任务,再安排其他的一般任务。

(2)多品种生产企业,要做到产品品种的合理搭配。尽量减少各计划周期(季、月)的生产品种;要使各车间在各周期的设备和人力的负荷比较均衡。

(3)新产品试制任务应在全年内均匀分摊,避免生产技术准备工作忙闲不均。

(4)要使原材料、外购件、外协件的供应时间和数量与产品出产进度计划的安排协调一致。

(5)要注意跨年度计划之间的衔接。如安排年初出产的产品时,应根据上一年度的产品在制情况,而对第4季度则要考虑为下一年度的产品出产做好准备。

5.5.2 产品出产进度计划的编制步骤

产品出产进度计划的编制可分成以下几个步骤进行:

1. 产品需求资料的准备

产品需求是产品出产进度计划的主要依据,因此,编制工作的第一步是准备产品需求资料。不同生产类型的企业,需求资料的来源往往不同。对大批量生产企业,一般根据历史资料产生未来的产品需求量;对单件小批生产类型的企业,则根据积攒的用户订货,或通过走访用户所预计的订货量来确定产品需求量;对成批生产企业则从用户订货与预测两方面来确定需求量。

2. 制订产品出产进度计划草案

产品出产进度计划是一种指导生产用的计划,不是销售用的计划,故在编制计划时应考虑以下问题:

(1)现有库存量能满足的部分,不列入计划;

(2)选择适当的批量和间隔期,以保证生产的经济性;

(3)检查负荷量是否存在急剧的波动性,是否超过或低于实有的生产能力;

(4)某些需求过于笼统,应将它们具体化为产品的品种、型号和规格。

对于大批量生产企业,一般将产量均匀地安排到各季各月,以便与流水生产方式相适应。对于成批生产企业,要着重考虑产品品种的合理搭配:对于产量较大、需求变动较小的产品可分配到全年的各季各月生产;对于产量较小的产品,尽量集中在某段时间内生产。当然,这种安排以不违反交货期要求为准则。对于单件小批生产,主要根据订货合同规定的数量和期限,适当兼顾其他方面的要求,如同类型产品集中安排,新产品与生产难度大的老产品错开安排等。

3. 检查生产能力能否满足需要

产品出产进度计划的生产能力单位主要是以生产车间,如铸造车间、机械加工车间;或设备大组,如大件加工、齿轮加工、部件装配、总成装配;或以全车间的车工加工、钳工加工等能力为核算单位,按这样能力单位分配产品生产任务,并进行任务量与实有生产能力量的核算平衡。因此,需先计算产品任务在各能力单位的负荷分布。这种负荷计算分两步进行:首先按产品结构层次分解出每层物料(部件、零件、毛坯等)包含的项目和它们的计划交库时间;再按零部件的工艺路线和劳动定额资料计算它们在各能力组的负荷量;然后分时间周期(月)汇总成负荷分布图。图 5-7 是负荷分布图的示例。将各种产品的负荷分布图叠加起来,就可得到整个计划的生产能力需要量分布图。图 5-8 是这种分布图的一个示例。从生产能力需要量分布图可以清楚地看出,哪些时期负荷过重,哪些时期负荷不足,进而对它们的进度时间或能力单位进行调整,以得到一个合理可行的计划。

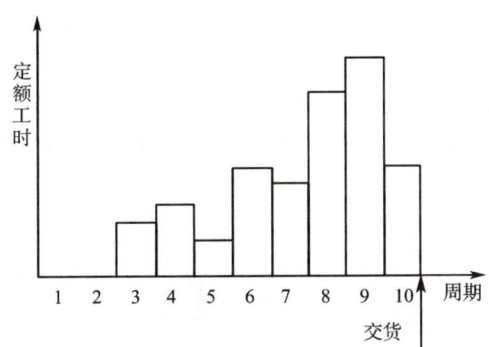

图 5-7　产品负荷分布图

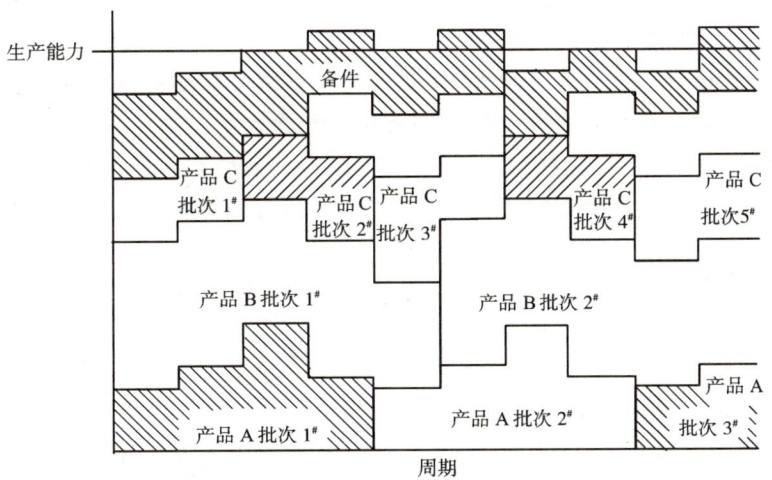

图 5-8　生产能力需要量分布图

5.5.3 服务系统的生产能力计划问题

服务系统与生产系统的最大区别是生产与消费同时进行,因此在服务系统中无法利用库存来调节能力。它们只能通过短期调节措施来安排能力计划,以适应变动的需求。服务企业调节生产能力的最常用办法是雇用零工或季节工。快餐店就是利用大量的零工来使生产能力适应需求变化的。其次是变动班次来调节能力,如医院、餐馆、银行和许多其他服务企业都利用变化的工作班制来安排员工工作,以使生产能力适应一天内或一周内波动的需求。

其他的办法还有:把某些业务转移到空闲时间做。例如,旅馆的出纳员白天办理旅客的登记和结账业务,晚上准备账单或其他文件工作;对员工进行多面手培训,使他们可以从事不同的工作来提高生产能力的适应性,如超市的员工在顾客高峰时间都到收款台帮忙,空闲时间到货架或库房从事货品上架和进库工作。

最后一种办法是共享生产能力。例如,一个地区的几家医院共同分享一个血库或其他昂贵的专用医疗设备。

总之,服务企业同样需要做好生产能力管理及其计划安排工作。虽然调节的方法与制造企业有所不同,但他们的目的都是相同的,即以低成本来维护服务的水平,以满足企业的战略目标。

习 题

1. 说明企业生产计划体系的组成以及各组成部分之间的联系。
2. 讨论长期计划、中期计划、短期计划的作用、特点和各自要做好的决策问题。
3. 制订生产计划时,主要需处理好什么问题?
4. 简述生产计划指标的制订步骤,在制订过程中需做好哪些方面的综合平衡?
5. 什么是毛益贡献?它在盈亏平衡分析中起什么作用?
6. 什么是安全边际率?如何利用它来判断生产计划的可靠性?
7. 影响生产能力的因素有哪些?制订中期计划时,如何利用生产能力的调节因素来满足变动的产品需求?
8. 说明学习曲线的概念,以及它在计划工作中的用途。
9. 说明滚动计划的工作原理及其优点。
10. 比较两种计划策略的特点及其成本要素。
11. 在编制产品出产进度计划时,应遵循哪些原则?
12. 讨论服务企业生产能力计划的特点与可用的生产能力调节措施。
13. 设某企业的全年产量为 5 000 台。有关的成本与价格资料如下:
    固定成本 3 000 元/年 单台可变成本 0.5 元/台
    产品售价 1.0 元/台

求:(1)在现行产量下预期的利润或亏损为多少?

(2)若固定成本降至2 000元,对利润有何影响?

(3)若固定成本不变,单台可变成本增加到0.75元,产量应达到多少才能保证获利1 000元?

14. 设某工厂目前产量为年产4 000台。单位产品售价175元,可全部卖出。工厂的年固定成本为30万元,全部可变成本为36万元。据销售部门预测,若售价降低10%,销量可增加25%,但由于现有生产能力所限,增加产量会增加可变成本10%(发生在增加的产量部分),并增加固定成本5%,试决定:何种产量有利?

15. 一家体育用品公司接受了一项订制5艘赛艇的任务。建造第一艘艇的人工工时为6 000小时。若该公司的学习率为90%,问:完成全部订货需多少工时?

16. 某制造厂被委托在4个月(16周)内提供16套某种特殊产品的任务。该产品的定价为30 000元/台。生产第一台花费了1 000小时。虽然第二台只花费了750小时,但厂家仍担心是否能按期完成任务,能否有利可图? 他们想知道:

(1)该订货能否在第16周按期交货?

(2)若每周可用的劳力工时为500小时,为完成订货劳力是否够用?

(3)该订货的获利性如何?

假设每台产品的材料成本为22 000元,每小时的人工成本为10元,每周的车间经费为2 000元。试应用学习曲线原理为该厂做出分析。

17. 生产微波炉的某企业,对下一计划年度的需求做出的预测以及其他有关资料见表5-8。

表 5-8

季度	需求量/千台	各种可利用生产能力的最大产量/千台		
		正常生产	加班生产	外包生产
1	80	80	15	10
2	70	60	10	10
3	100	70	15	5
4	90	80	20	10

该产品的期初库存为10 000台,要求到期末保持库存30 000台。各种能力成本为

正常班生产=50元/台, 加班生产=75元/台

外包生产=130元/台, 库存成本=5元/台·季

此外,季度产量水平每增加1 000台的变化劳力成本为1 200元,每减少1 000台的变化劳力成本为1 800元。期初的生产能力为9万台/季。试为该企业制订保证成本最低的生产计划方案。

18. 某企业生产两种产品。有关的生产能力与利润资料见表5-9。

表 5-9

	产品 1	产品 2	工时
单台利润/元	30.0	15.0	
劳动定额/(小时/单台)			
部门 A	1.00	0.35	100
部门 B	0.30	0.20	36
部门 C	0.20	0.50	50

（1）拟定一个解决上述问题的线性规划模型，并求出两种产品应生产的产量。

（2）假设 3 个部门可利用加班的工时分别为 10 小时、6 小时和 8 小时；加班工时的成本分别为 18 元、22.5 元和 12 元。试构筑一个利用加班生产的线性规划模型，并确定在该种情况下的最佳产量、所需要的各部门的加班工时以及新的利润额。

第6章　物料需求计划

物料需求计划是指在产品生产中对构成产品的各种物料的需求量与需求时间所做的计划。在企业的生产计划体系中,它属于作业层的计划决策。

工业企业的产品大都结构复杂,而且品种繁多,编制它们的物料需求计划是十分复杂、繁重而又困难的工作,它一直是生产管理工作中的一个瓶颈。计算机技术在企业管理领域的广泛应用,推动生产计划管理工作走上了计算机化的道路。20世纪六七十年代以来,开发出了许多适用于机械和电子类产品的计算机辅助生产作业计划与控制系统。这类系统早期主要用来解决物料需求的计划问题,故它们统称为物料需求计划系统,简称MRP(Material Requirements Planning)系统。该系统利用计算机处理信息的强大功能,能将产品生产计划自动地分解为零部件和毛坯材料的需求计划,而且当情况发生变化时,还能根据新需求的轻重缓急调整和更新计划。这样,MRP计划系统极大地提高了计划的准确性和可靠性,真正起到了指导生产实际的作用。本章将系统地介绍MRP系统的工作原理、系统组成及其功能、更新方式,以及有关的系统实施问题。最后,简要介绍MRP系统的发展历程和它的新一代系统,即制造资源计划系统(MRPII)和企业资源计划系统(ERP)。

6.1　物料需求计划的基本原理

物料需求计划最初是为控制生产库存而研制开发的一种管理技术。所谓生产库存,是指为保证及时供应产品生产所需用的物料而设置的库存。这些物料包括部件、零件、外购件、标准件等构成产品的所有物品,以及为零部件制造所用的各种毛坯与材料等。这些物料的需求来自对产品的需求,是与产品需求相关联的相关性需求。这与面向市场与用户需求的产品或备用物品不同,后者的需求独立发生,属于独立性需求。物料需求计划技术就是建立在对相关性需求物料进行订货与控制基础上的一套计划与控制原理。

6.1.1　独立需求和相关需求

在制造企业中,存在着两种库存:一种是面向销售需要的产品库存,一种是面向生产需要的半成品与外购件库存。第一种库存货品的需求来自客户的订货,它们都是独立发生的,与其他物品的需求无关,被称为独立性需求。对这类货品一般采用订货点法来控制其订货的数量与时间。后一种库存物品的需求来自产品的生产计划,对它们的需求数量与需求时间取决于产品的产量与交货期,因此,它们的需求是与产品的需求相关联的,故称为相关性需求。

长期以来,制造企业对库存物资,不论是产品库存,还是生产库存,所采用的都是订货点法的库存控制政策。而订货点法是在客户众多、需求随机发生的假设条件下,按照平均需要量所设定的储备量,即订货点来控制进货的一种库存控制方法。该法要求当库存量消耗到订货点时,提出订货,以此来控制补充库存的订货时间,其订货量也是按照平均需求量计算的固定订货批量。这种批量的确定主要考虑的是使库存成本达到最低的经济性要求。

但是,对于半成品和外购件等与产品需求相关的物料,应满足的不是产品的平均需要量,而是每个时间周期(月、周)内的计划需要量。这些需要量由计划所规定,是已知的、确定的,而且周期性地轮番发生,呈现为离散型需求。因此,作为构成产品的物料的需要量也都是确定且已知的,并能根据产品的结构关系直接从产品需要量的计算中得到。如一辆汽车有 4 只车轮,一只车轮有一个轮胎、5 套螺栓和螺帽,则生产 100 辆汽车就需要 400 只车轮、400 只轮胎、2 000 套螺栓和螺帽。这时,若仍用订货点法控制库存,会产生过多的、经常性的库存储备量。图 6-1 说明了订货点法控制下的库存变化。

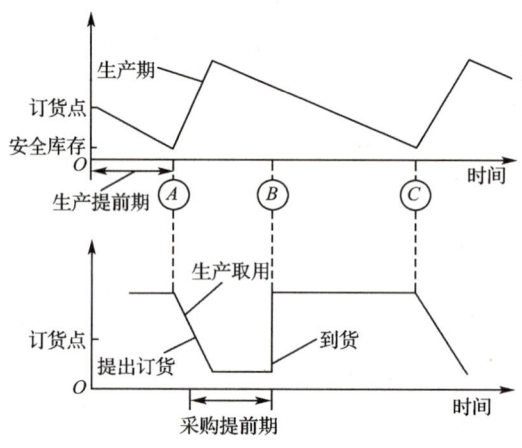

图 6-1 订货点法控制下的库存变化

图 6-1 中,上部为最终产品的库存变化,它符合独立性需求的特点,故需求过程可假设为连续变化。图的下部为其需用的某种部件的库存变化,采用订货点法控制。由图可见,产品从 A 点开始进行生产,这时从部件库取出部件,当达到设定的订货点储备量时,提出订货,订货经过一个供应期在 B 点到达。可是,下次的产品生产要从 C 点开始,在这之前并不需要这些部件,结果,在 B 到 C 的这段时间内部件一直滞留在库中,造成物料与资金的积压。此外,订货点法所设定的经济订货批量往往并不能满足生产批量的需要,可能多于生产所需的数量,而进一步造成积压;也可能少于需要的数量,以致引起缺货而影响产品生产。如果我们能根据产品对其需用物料的需要量确定订货批量,并从产品生产时间 C 出发向前反推一个供应周期提出订货,就能消除这种不必要的库存。图 6-2 就表示了直接按产品的需要数量和需要时间供应部件的库存变化。显然,在这种订货政策的控制下,部件库存的水平有了显著的降低。

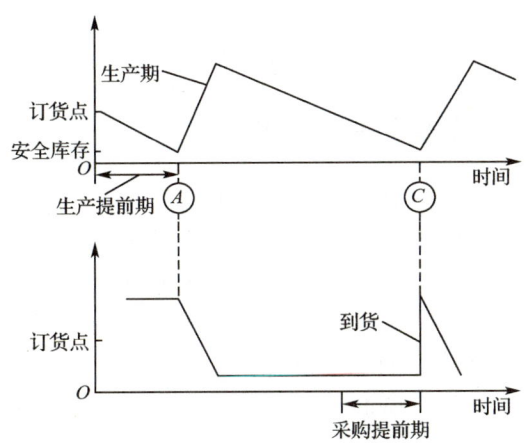

图 6-2　产品生产计划控制下的库存变化

相关性需求概念的提出,为生产库存的控制奠定了理论基础。不过,如果要由计划人员来编制这样的计划,对每一种物料项目都从产品需要量来推算它们的需要量和需要时间,那是十分繁杂的,是人力所无法胜任的。因此,只有应用计算机系统来辅助计划工作,才有可能使之成为现实。

6.1.2　MRP 系统的工作原理

MRP 系统就是针对相关性需求的特点开发的生产计划与库存控制的计算机软件系统。它依据相关性需求的一系列假设:物料需求确定且已知;需求分时间段(周)成批发生;呈现为离散型;要求服务水平(按期供货的程度)达到 100% 等。在这些假设条件下,利用物料需求之间的相关关系,即产品结构中物料的从属与数量关系,来确定它们的需要量与需要时间,及其投产或采购的批量与进度日程的计划。

经过对物料需求计划过程的科学总结,人们归纳出了一套严密的计划逻辑,称为"制造业的方程式"。它们可用如下的一组问题加以表述:

(1) 要生产什么?
(2) 要用到什么?
(3) 已经有了什么?
(4) 还缺什么?什么时候下达订单?

第一个问题指的是产品的需求,也就是它们的出产计划,应由销售合同或产品出产计划来提供答案;第二个问题是关于产品结构的问题,应由描述产品结构的资料来回答;第三个问题指的是对现有库存量的查询,要求提供库存中现有多少物料能满足计划的需求量;最后一个问题是物料需求计划的编制问题,它说明应充分利用库存物料来满足计划需求,当库存不够满足需求的情况下,对不足的部分制订需求计划,包括提出订单的时间计划。

从上述的 MRP 工作原理可以看出,它要求在保证生产需要的前提下,最大限度地降低库存。这里，MRP提出了自己的指导思想，即只在需要的时候，向需要的部门，按需要的数量，提供所需要的物料。它既要防止物料供应滞后于对它们的需求，也要防止物料过早地出产和进货，以免增加库存，造成物资和资金的积压浪费。

6.1.3 满足相关性需求的功能设置

为满足上述的相关性需求，MRP系统应设置以下的计划与控制功能：

(1) 向生产和供应部门提供准确和完整的物料清单，包括它们的需要期限。

(2) 充分利用库存来满足生产需要，最大限度地降低库存。

(3) 能对物料项目做出优先顺序的安排，提出每一时间段应予优先处理的项目，以保证生产活动始终按产品出产计划的要求进行。

(4) 动态跟踪计划的实施。根据生产的实际进度、生产能力，以及厂级计划的变化，更新物料需求计划。

6.1.4 物料需求计划系统的工作目标

任何一个系统总有自己的工作目标。结合相关性需求的特点和改善企业生产经营的需要，人们对MRP系统提出了以下的目标：

(1) 最大限度地保证订货任务按期完成。

(2) 提高库存管理的服务水平，最大限度地降低库存量，包括中间库存和在制品库存，以减少在库存上的资金积压。

(3) 提高计划的可靠性，实现均衡生产。

(4) 集成管理职能，提高管理效率。

6.2 物料需求计划系统的组成

6.2.1 物料需求计划系统的基本组成

依据上述的制造业方程式，一个MRP系统应由四个部分组成：产品出产计划的编制、产品结构资料的提供、物料库存量资料的提供、物料需求计划的生成等。图6-3表示了MRP系统的组成。

如图6-3所示，组成MRP系统的分别为主生产计划即产品出产计划的编制子系统、产品结构资料的组织和维护子系统、库存账务的数据登记和维护子系统以及物料需求计划编制子系统等。前三个子系统用来回答"要生产什么""要用到什么"和"已经有了什么"的问题，它们是MRP生成子系统的输入，利用这三方面的数据资料由计划生成子系统编制物料需求计划，即做出对"还缺什么，何时下达订单"的回答。最后，输出MRP的计划文件及其他派生报告。下面对MRP系统各子系统的功能分别加以讨论。

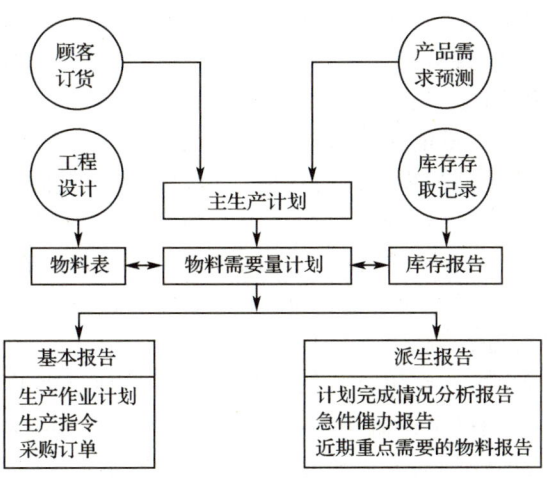

图 6-3　MRP 系统的基本组成

6.2.2　主生产计划子系统

主生产计划是按产品的品种、型号、规格规定它们在每一时间周期内出产数量和出产时间的计划。它是外部需求与内部制造之间的接口，MRP 系统所产生的各种计划都要依据主生产计划来制订，它在 MRP 系统中起着"主控"的作用，故称为主生产计划。

从形式上看，主生产计划与产品出产进度计划很相似，但实际上两者之间有原则性的区别。首先，产品出产进度计划中的产品需求主要是年初的估计数，而主生产计划大都是确定要投产的实际订货。其次，产品出产进度计划的计划期为一年，或跨年度计划；主生产计划的计划期在一年之内，只要能覆盖产品中最长的生产周期，以便有足够的时间安排好产品物料的生产与供应活动就可以了，而且它的计划周期为周，不是月，因此主生产计划制订得比较细，有利于均衡地组织生产。最后，产品出产进度计划的产品项目为最终成品，而主生产计划的产品项目可以与最终成品不同，它们可以产品中某个结构层次的物料项目作为计划对象。图 6-4 表示了几种在主生产计划中可以选用的计划对象。

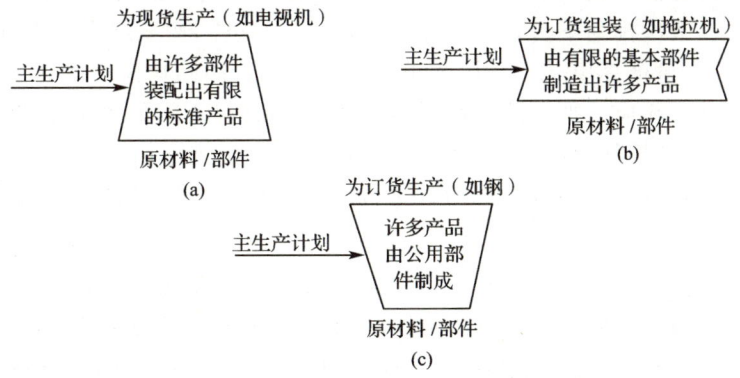

图 6-4　主生产计划的产品项目

第一种情况为现货生产。这类产品都是流通领域直接销售的产品。这时的计划对象通常是产品结构的顶层，即其最终产品，如图 6-4(a)所示。它们的需求量往往是根据市场的反馈信息或预测做出估计。当产品系列下有若干种具体品种时，可根据销售统计资料中每种产品需求量占总需求量的比例来确定它们的需求量。如电子挂钟分为大众型、功能型和艺术型三种，每种类型的需求量可用它们所占总销售量的百分比来计算。

第二种情况为订货组装。它的最终产品由有限几种公用部件组装而成，产品结构显示为"X"形。这时，往往把计划对象取在"X"的腰部，即把公用部件作为主生产计划的产品项目，如图 6-4(b)所示。而最终产品是在接到了用户订货，确定了具体的型号规格后再加以安排，编制为总装配计划。

第三种情况为订货生产。它用有限的坯料制造出品种繁多的最终产品，产品结构表现为"V"形或"T"形。如钢材生产就属于这类的订货生产。同一种钢号的钢坯可轧制出规格繁多的钢材。这时的计划对象应放在按钢号区分的钢坯上，即"V"形的底层。

主生产计划的编制方法与产品出产进度计划相似，也是利用有关需求与生产能力的资料初排计划，然后进行粗略的负荷能力平衡，最后排定产品的分周产量计划。在制订出主生产计划后，应尽量少做变动。为此，在 MRP 系统中常为它设置一个时间"栅栏"，进入"栅栏"的产品任务将由系统保护，不允许再做变动。

6.2.3　产品结构资料维护子系统

产品结构资料说明一个产品内各种物料构成关系的信息。它的内容有：产品中所有零部件和毛坯材料的品种、单台份数量以及它们之间的隶属结合关系。描述产品结构的方法有两种：产品结构树和物料单。

1. 产品结构树

产品结构树把产品中零部件构成关系表示成树状图，图 6-5 是产品结构树的一个示例。图中的产品圆珠笔由笔杆和笔芯组成，笔杆又由杆身、杆尾和中间垫环组成，笔芯又可进一步分解为芯杆和油墨，如此分解下去，直到所需的原材料或外购件。上下相邻两层物料为母子项关系，子项物料的需要量是根据母项物料的需要量确定的。为了标识这种层次从属关系，将它们分别归成几个层级。习惯上，将最终产品定为 0 层，与它相邻的下一层物料属 1 层，依次排列下去，编为 2、3、4…n 层。这样，按照层号的次序由上而下，就能根据母项的需要量推算出其下一层子项的需要量。产品结构树中的每个方框表示物料的完成状态，它含有相应的加工或采购过程。如果将它们之间的连线延伸成物料的加工周期或采购周期，在时间坐标上以产品的完工期为起点倒排它们的进度日程，则可以得到各物料项的出产与投产日期，或订购与到货日期的计划表，即形成物料需求计划。

2. 物料单

为便于计算机识别产品结构，需要将图解方式的产品结构树转换成计算机可读的数据文件，这就是物料单。表 6-1 是上述圆珠笔的物料单格式，称为多级物料单。另一种形式是单级物料单，即每份物料单只表示一项物料与其直接相邻的子项物料之间的关系。单级物料单能使物料单的维护工作比较灵活，任何物料项的变动只需改动一张物料单，而不影响产品的其他物料单。单级物料单尤其能适应产品结构模块化的需要。产品结构模

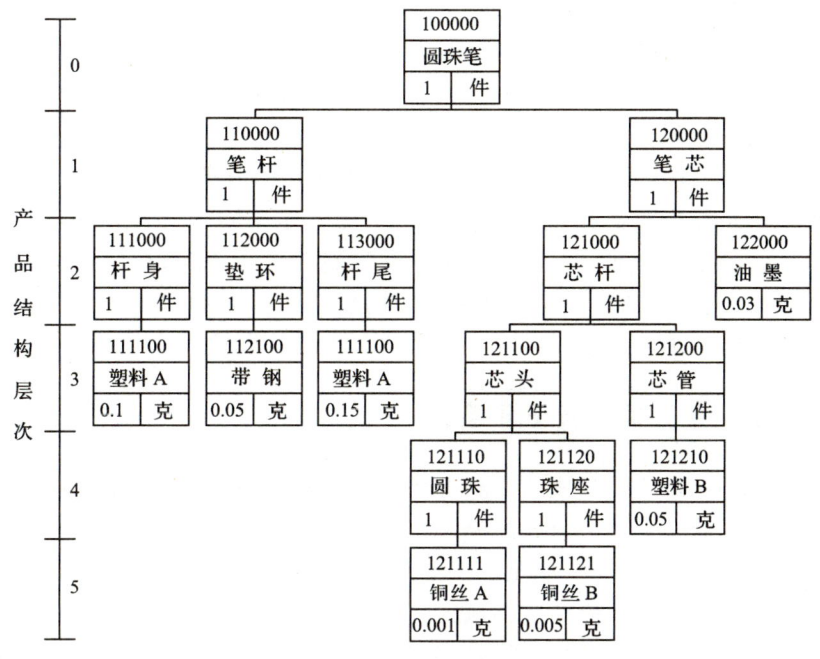

图 6-5 圆珠笔产品结构树

块化之后,按产品结构的模块建立物料单,将来通过调用不同模块的单级物料单,或在某些物料单上做些物料项的加减处理,就能构成各种变型产品。

表 6-1　　　　　圆珠笔的物料单　　　　　物料号:100000
物料名称:圆珠笔

层次	物料号	物料名称	单位	数量	类型	成品率	ABC 码	累计提前期
1	110000	笔杆	件	1	M	1.0	A	9.0
.2	111000	杆身	件	1	M	1.0	A	3.5
..3	111100	塑料 A	克	0.1	B	0.9	B	2.0
.2	112000	垫环	件	1	M	1.0	A	6.0
..3	112100	带钢	克	0.05	B	0.8	B	2.5
.2	113000	杆尾	件	1	M	1.0	A	5.0
..3	111100	塑料 A	克	0.15	B	0.9	B	2.5
1	120000	笔芯	件	1	M	1.0	B	8.5
.2	121000	芯杆	件	1	M	1.0	C	7.5
..3	121100	芯头	件	1	M	1.0	C	6.5
...4	121110	圆珠	件	1	M	0.8	C	5.0
....5	121111	铜丝 A	克	0.001	B	0.8	C	4.0
...4	121120	珠座	件	1	M	0.9	C	5.5
....5	121121	铜丝 B	克	0.005	B	0.9	C	3.5
..3	121200	芯管	件	1	M	0.9	C	4.5
...4	121210	塑料 B	克	0.05	B	0.9	C	3.0
.2	122000	油墨	克	0.03	B	0.9	C	2.5

注:类型栏中"M"为自制件,"B"为外购件。

物料需求计划中产品结构的分层要符合实际的加工装配过程。有些在设计上属于组装件,而实际上不单独装配,也不设库存的,就将它们与所在部件合在一起,不作为一层处理;又如,一种零件的几种状态,如铸锻毛坯同加工后的零件,或加工后的零件同经过不同表面处理(镀铬、发蓝)的同一零件应看作不同的物料,给予不同的识别码。一般地,在 MRP 的计划过程中以有无库存环节作为划分结构层次的依据。

物料单是联系和沟通企业各项业务的纽带,是运行 MRPⅡ 系统的主要文件。凡用到产品物料数据的各个业务部门都要依据统一的物料单进行工作,如生产计划、物资供应、成本核算、设计工艺以及销售等部门都要利用物料单来计划和组织各自的业务活动。正是物料单的应用体现了企业信息系统的数据共享和信息集成。

6.2.4 库存账务资料维护子系统

这里的库存主要指的是半成品库和毛坯库等中间库存。MRP 系统把库存控制作为生产作业计划工作的一个有机组成部分。在确定物料需要量时,它要把物料的库存量考虑进来,根据它们的剩余或短缺情况计算生产量或采购量。MRP 系统要求其库存管理子系统建立和维护好物料出入库和结存量的数据资料。这种数据资料可分为两类:一类是固定数据,又称主数据,包括物料的代码、名称、材质、单价、供应来源(自制或外购)、供应提前期、批量政策、保险储备量、库存类别(按资金占用量划分的 ABC 分类)等。这类数据说明物料的基本特征,在一定时期内不会变动。另一类是变动数据,它们有物料的现有库存量、最小储备量、最大储备量、预留库存量、预计到货量等。这些数据随时间推移而变动,需要经常加以维护,即要根据最近的出入库数字和报废报失等情况,及时进行账目更新,保持账物卡一致。

库存数据的准确性对 MRP 系统的成功运行有着极为重要的作用。它的准确度是衡量 MRP 系统实施绩效的一项重要指标。因此,必须建立专门的管理制度并严格执行,做好数据的记录和维护更新工作。

6.2.5 物料需求计划生成子系统

物料需求计划生成子系统是 MRP 系统的核心部分。它利用上述三个子系统提供的资料产生出正式的物料需求计划。这个计划过程按产品结构层次由上而下地逐层进行。先从产品层开始,由产品出产计划,即由主生产计划推算出部件的需求计划,再由部件计划算出零件的需求计划等。在每层的计算中,都要先查询这一层物料的可用库存量。库存量足够的,由库存满足所需的物料;库存量不足的,其不足部分则转为该生产或采购的任务量。物料的需要时间就是其母项的投产时间,它们的投入时间则按生产周期从它的需要时间反推得到。有关 MRP 的计划过程将在下一节中具体讨论。

正式的物料需求计划格式见表 6-2,它是分物料项编制的计划表。物料需求计划的计划周期与主生产计划相同,也取为一周。而计划期长度一般应等于或大于产品的最长生产周期。生成 MRP 计划之后,即可编制生产指令单和采购指令单。除了这些基本输出外,还可根据需要产生各种辅助报告,如生产绩效分析报告、缺件表、近期关键任务表等。

表 6-2　　　　　　　　　　　物料需求计划的标准格式
计划员 5B　　　　　　　　04/82 森林绿型的需求计划
4905056　　　　　　　　　　　　　　　　　　　　　　　　　　　类别:CD-16
已有:1681　　　　　安全储备:700　　　　最小:100　　　　单价:2.65
已分配:0　　　　　　批量:284　　　　　　最大:1500
提前期:25(天)

	03/23	03/30	04/06	04/13	04/20	04/27	05/04	05/11	05/18
独立需求	0	0	0	0	0	0	0	0	0
总需求	0	276	130	78	176	204	313	227	289
已做订单	0	0	0	0	0	0	0	0	0
净需求							276		
计划接收	0	0	0	0	0	0	1 000		
计划订单	0	1 000	0	0	1 000	0	0		
余额	981	625	495	417	41	37	−276	−553	−762

6.3　物料需求计划的计算方法

6.3.1　物料需求计划的计算项目

任何计划都包含两种基本的决策变量,即数量和时间期限,物料需求计划也不例外。具体地说,物料需求计划中共有 6 个计划项目。

(1) 总需要量

总需要量或称毛需要量。它是指为满足母项物料的生产而要求该物料提供的数量。这种需要量是分时间周期(周)提出的,用 $G_j(t)$ 代表总需要量,其中,j 代表物料号,t 代表周期号。必须说明的是,总需要量来自该项物料的直接母项,而不是按最终成品对它的需要量。零层物料,即产品的总需要量就是主生产计划的产品产量。

(2) 计划到货量

这是已经投产或已经订购的,预计可在计划周期内到货入库的物料数量。该项变量用 $S_j(t)$ 表示。

(3) 可用库存量

即在满足总需要量后尚有剩余,可供下个周期使用的存货量。习惯上,用周期末的库存量代表,以 $H_j(t)$ 表示。每期的可用库存量按下式计算:

$$H_j(t) = H_j(t-1) + S_j(t) - G_j(t) - A_j(t) \tag{6-1}$$

式中,$A_j(t)$ 为已预留给其他产品使用的数量,即预留库存量。

(4) 净需要量

当可用库存量不够满足该期总需要量时,其短缺部分就转为净需要量,以 $N_j(t)$ 代表。因此

$$N_j(t) = -H_j(t)$$

或

$$N_j(t) = G_j(t) - H_j(t-1) - S_j(t) \tag{6-2}$$

当计算结果为负数时,则 $N_j(t)$ 取为零。

(5) 计划订货量

即向生产部门或供应部门下达的订货任务量。一般地说,净需要量就是计划订货量。但在实际生产或供应时,需考虑它们的经济性和计划周期等因素对净需要量加以调整。有关调整批量的规则将在下一节具体介绍。按批量规则将净需要量调整成的生产批量或采购批量就是计划订货量,用 $P_j(t)$ 代表。其中 t 是预定的交货时间。

(6) 计划投入量

计划投入量是指投入生产或提出采购的数量。用 $R_j(t')$ 代表。它在数量上一般等于计划订货量,只是将时间从订货量的交货时间反推一个提前期,以得到投入的时间。

$$R_j(t') = P_j(t-L) \tag{6-3}$$

式中,L 为该项物料的制造提前期或采购提前期。

这里的提前期是指物料在所处的生产阶段中所需要的制造周期,如部件的提前期是部件装配的生产周期,零件的提前期则是它的机械加工的生产周期。

6.3.2 批量调整

MRP 计划中每项物料的订货量都是为了满足其母项物料的需要,即要保证物料之间的相关关系。这个特点对批量的确定提出了必要的基本条件或基本假设。归结起来,满足这种相关性需求的批量确定方法应遵循下列假设:

(1) 在计划期内,各时间周期的物料需要量确定和已知,而且必须满足。

(2) 订货批量可以而且只能覆盖一个或几个周期的需要量。不能把一个周期内的需要量拆开,再分成几批去订货。

(3) 满足当期需求的批量直接发送用户,不入库储存,因此不发生保管成本。

下面介绍在 MRP 系统中常用的批量规则。

1. 固定订货量法

这种方法为物料的订货规定一个固定的订货批量,每次订购或生产这种物料时都按这个批量订货,其数量可凭经验以及某些生产条件决定。如考虑生产设备的可利用能力、工模具的寿命、仓库的可用面积等。固定批量又常取成最小批量,即规定成物料的最小订货批量;若净需要量小于该最小批量,则将批量增加到最小批量,以保证订货的经济性;若净需要量超过最小批量,则按净需要量订货,以保证计划的需求。

2. 直接批量法

它直接将净需要量定为计划订货量。这是最简单的一种批量确定方法,且能大大降低库存保管成本。但它会由于订货频繁而造成较大的订购成本或生产成本,这是其缺点。

3. 固定订货间隔期法

它是预先设定一个固定的订货间隔期,如每隔三周订一次货,然后将此间隔期内的净需要量合成一批去订货。到货的时间就在期初的那个周。间隔期的选择常与企业编制计划的间隔期相适应,如取为季、月、周等。同时,也应考虑物料的价值,分别设定几种间隔期,如对价值高的物料,订货间隔期取得短些,以降低库存资金占用和及时供应需求;对价值低的物料则取得长些,以简化管理而又不增加过多的库存资金。表6-3是固定订货间隔期法的示例。

表6-3　　　　　　　　　固定订货间隔期法示例

周期	1	2	3	4	5	6	7	8	9	总计
净需要量	35	10		40		20	5	10	30	150
交货批量	45			40		25			40	150

4. 最小总成本法

这是一种针对相关性需求的特点而开发的保证库存总成本最低的批量确定方法。最小总成本法的原理是:若将若干期净需要量合成一批订货,需比较一下合批订货所节省的订购成本与提前到货所增加的保管成本是增加还是减少。若节省的订购成本大于增加的保管成本,则合批有利,可继续将下一周期的需要量并入,以进一步减少订购成本;若节省的订购成本小于增加的保管成本,则说明合批不利,应减少订货批量;当合批后所节省的订购成本正好与库存量增加所增加的保管成本相等时,该订货批量下的库存量就是判定合批是否有利的临界库存量。需要注意的是,库存量是存货数量与存库时间的乘积。

设临界库存量为 E,一次订购成本为 C_o,一年的保管费用率为 i,物料单价为 P,则临界库存量按下式计算:

$$E(iP) = C_o$$

$$E = \frac{C_o}{iP} \tag{6-4}$$

【例6-1】 以表6-3的净需要量数据为例,并给出该物料的订购成本为100元,单价为50元,保管费率为0.02,试确定在计划期内的订货安排,即确定订货的时间与每次订货的数量。

解　先计算临界库存量:

$$E = \frac{100}{0.02 \times 50} = 100$$

其次,按临界订购量去检查每种批量合并的经济性,它的计算过程列于表6-4中。

表6-4　　　　　　　　　最小总成本法的计算示例

周期 (1)	净需要量 (2)	库存周期 (3)	预定批量 (4)	库存量 $\sum(2 \times 3)$	备注
1	35	0	35	0	
2	10	1	45	10	
3	0	0			
4	40	3	85	130	停止合批
5	0	0		0	
6	20	0	20	0	
7	5	1	25	5	
8	10	2	35	25	
9	30	3	65	115	停止合批

从表 6-4 可知,当将前 4 期的需要量合成一批时,即于第一周订购 85 件,其库存量接近临界库存量,最为有利;再把后面的 4 期合成一批订购,在第 9 周订购 65 件,这时的库存量接近临界库存量。整个计划期的订货安排见表 6-5。

表 6-5　　　　最小总成本法示例的订购计划安排

周期	净需要量	订货批量	周期	净需要量	订货批量
1	35	85	6	20	65
2	10		7	5	
3			8	10	
4	40		9	30	
5			总计	150	150

有必要指出,只有处于产品结构最底层的物料才考虑批量选择问题。中间层次的物料(部件、组件)都直接把其母项提出的需要量作为订购批量,否则会打乱多层的需求计划,使物料批量如滚雪球似的扩大,而且由于计算次数增加,也易引起错误。

另外,在计划订货量转成计划投入量时,也需考虑某些实际因素而对计划订货量进行调整,得到应有的计划投入量。需考虑的因素有:不良品的存在、工艺或包装要求的批量、下料方式(如一定规格的板材每张板可裁料的数量)等。

6.3.3　物料需求计划的计算逻辑

物料需求计划的计算过程是按产品结构层次由上而下,逐层进行的。图 6-6 表示物料需求计划的计算过程。

从图 6-6 可以看出,计算从读入主生产计划的分周期的产品产量开始,它们是最终成品的总需求量。然后查询该产品的库存量和在制品量,按式(6-2)计算出它的净需要量。若计算结果大于零,即存在净需要量,需根据批量规则调整成计划订货量,而可用库存量则转为零;若计算出的净需要量为负数,即库存量大于总需要量,这时取净需要量为零,同时按式(6-1)修正可用库存量。该库存量即为下个时间周期的期初库存量。该项订货量的交货时间就是主生产计划中对该产品的需要时间。它的投入时间用提前期从交货时间反推得到。最后计算它的子项物料总需要量。这时,需查询该产品物料单,找出它的子项物料和单台份需要数,将它们与产品的投入量(计划订货量)相乘,算出每项子项物料满足该产品订货量的总需要量。算完一个时间周期的需求计划后,将时间推进一个周期,按上述循环计算出下一时间周期内的各项需要量。整个计划期的时间需求计划都计算完后,转入下一项产品的需求计算,直至该层级所有产品都计算完为止。该层物料计算完后,转入下一层物料的计算,按同样的循环一层层地计算下去,直至全部的物料都计算完毕为止。

在零层以下的各层计算中,有两点必须注意。一是要注意是否有同一物料在几个层级上都存在。对这种物料,在没有到达最低层级时只计算总需要量,把计算结果暂存起来,只有达到最低层级时才计算它们全部的需要量项目。二是应把所有最终成品的通用零部件合并起来,将它们的总需要量汇总成全部产品对该物料的总需要量,以后按汇总的总需要量计算其余的计算项目。

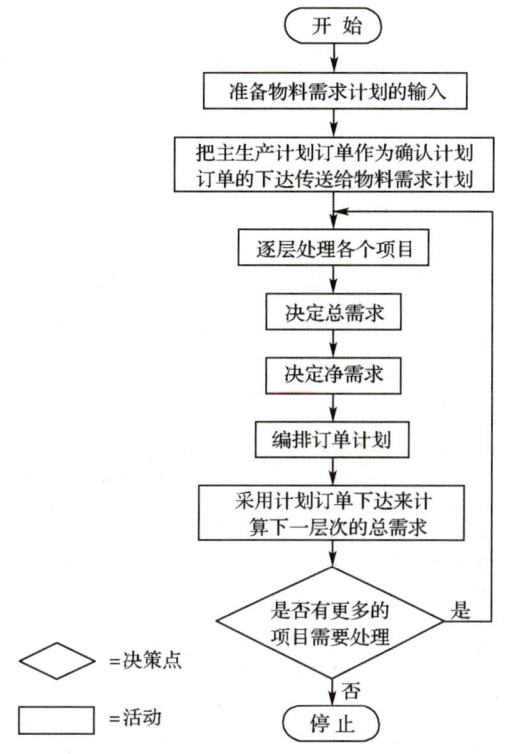

图 6-6 物料需求计划的计算过程图

下面举例说明 MRP 计划的计算过程。

【例 6-2】 某厂生产的产品为家用电表。产品系列中有两种电表 A 和 B，它们的结构树如图 6-7 所示。表 6-6 是这些产品在下一计划期的主生产计划，表 6-7 是从库存记录中读到的各项物料的库存量和提前期的资料。试为该厂制订每项物料在计划期内的物料需求计划。

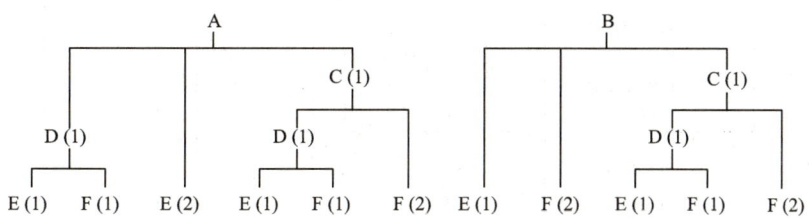

图 6-7 产品 A 和 B 的产品结构树

表 6-6　　　　　　　某厂的主生产计划

物料项目	9 周	10 周	11 周	12 周	13 周	14 周	15 周	16 周	17 周
电表 A	1 250				850			550	
电表 B	460				360			560	
部件 D	270				250			320	
零件 E	380				430			380	

113

表 6-7　　产品 A、B 及所属物料的库存资料

物料项目	期初可用库存量	提前期
A	50	2
B	60	2
C	40	1
D	30	1
E	30	1
F	40	1

解　根据图 6-6 的计算逻辑,可将上述产品的物料需求计划的生成过程表示为图 6-8 所示的表式处理过程。为简明起见,图 6-8 中只表示了满足第 9 周主生产计划的物料需求计划,该图所示的表格为物料需求计划工作表的一般形式。下面结合图 6-8 说明这些产品物料需求计划的制订过程。

项目		4	5	6	7	8	周 9	10	11	12	13
A (LT=2)	毛需要量						1250				850
	可用库存量 50						50				
	净需要量						1200				
	计划交货量						1200				
	计划投入量					1200					
B (LT=2)	毛需要量						460				360
	可用库存量 60						60				
	净需要量						400				
	计划交货量						400				
	计划投入量					400					
C (LT=1)	毛需要量				1600						
	可用库存量 40				40						
	净需要量				1560						
	计划交货量				1560						
	计划投入量			1560							
D (LT=1)	毛需要量			1560	1200		270				250
	可用库存量 30			30							
	净需要量			1530	1200		270				
	计划交货量			1530	1200		270				
	计划投入量		1530	1200		270					
E (LT=1)	毛需要量		1530	1200	2400	270	380				430
	可用库存量 30		30	0	400	0	0				
	净需要量		1500	1200	2800	270	380				
	计划交货量		1500	1200	2800	270	380				
	计划投入量	1500	1200	2800	270	380					
F (LT=1)	毛需要量		1530	1200	3120	800	270				
	可用库存量 40		40	0	0	0	0				
	净需要量		1490	1200	4320	800	270				
	计划交货量		1490	1200	4320	800	270				
	计划投入量	1490	4320	800	270						

图 6-8　电表 A 和 B 物料需求计划

首先计算第零层物料,即电表 A、B 的各项需要量。它们的总需要量分别为 1 250 和 460。由于 A 有库存量 50,B 有库存量 60,故它们的净需要量分别为 1 200 和 400。例中没有给出批量规则,可直接将净需要量定为计划订货量。A 和 B 的提前期都为 2 周,故它们的投入时间应为第 7 周(9-2=7),计划投入量就等于计划订货量。D 和 E 由于尚未达到最低层级,因此暂不计算它们的各项需要量。下一步是根据物料单求出 A、B 的子项物料,即 C、D、E 和 F 的总需要量。由图 6-7 可知,C 为 A 和 B 都需用的子项,单台份数都是 1,故 C 的总需要量为 1 200+400=1 600 件;D 是 A 的子项,单台份数为 1,其总需要量为 1 200;E 又是同属 A 和 B 的子项物料,单台份数分别为 2 与 1,其总需要量为 2 400+400=2 800;F 是 B 的子项,单台份数为 2,故总需要量为 800。至此完成了零层物料的全部计算项目,下一步进入层级 1 的物料需求计算。

最底层为 1 的物料只有 C 一种,它的总需要量为 1 600 件,期初库存量 40 件,故其净需要量为 1 560 件。它的提前期为 1 周,故投入时间为 7-1=6 周。最后,计算它的子项物料,即 D 与 F 的总需要量。它们分别是 1 560 件和 3 120 件。它们的需要时间也是第 6 周。其余层级物料的需要量按同样的方法可以求出。

6.4　物料需求计划的更新方式

MRP 系统的一个重要功能是,能根据新发生的情况及时对计划进行修订,使它始终走在生产的前面,指导生产的进行。在通行的 MRP 系统中,有两种更新方式,即重新生成式和净变更式。

6.4.1　重新生成的更新方式

重新生成方式是 MRP 系统中常见的一种计划更新方式,根据这种方式,系统要从零层的产品需求量开始,逐层往下,对各层中每项物料的需求量都重新进行计算。更新的间隔期一般为 1~2 周,采用批处理方式。这意味着在两次批处理之间发生的所有变化,如主生产计划的变化、产品结构的变化、计划因素的变化等都要积攒起来,等到下批处理时一起处理。

重新生成方式的计算工作量大,从经济上考虑应按一定的间隔期,如 1~2 周,定期进行为宜,故它适用于比较稳定的生产环境和计划修改不太频繁的场合。

6.4.2　净变更的更新方式

当生产环境很不稳定(如客户订货时有变化,主生产计划常需修改,产品设计经常改动等)时,要求系统有较强的适应变化的能力,重新生成方式就不太适用。为了能在较短周期内更新计划,发展出了净变更的更新方式。

净变更的变更方式并不对所有的物料需求都重新进行计算,而只对那些有变化的项目做重新的计算和新的计划安排。这就使计划的工作量大大减少,计划更新的频次加快,因而增强了系统的适应能力。

净变更式的另一个重要特点是，更新计划与文件的维护融为一体，即在对编制计划所需数据资料文件进行更新的同时，随即进行计划的更新。这样，净变更方式中的 MRP 计划不再是一份份定期编制的计划，而是一种在计划实施过程中不断修改着的计划。这要求系统具有这样的功能，即能随着计划的实施对物料的状态自动进行平衡。例如，当时间周期进入某项物料的计划投入时间，而且任务也已下达生产时，则系统自动将该任务项目的计划投入量撤掉，将计划订货量转成计划到货量。这是一项物料的平衡。另外，还要保持层次之间的平衡，如上述物料进入投入的时区后，需将它的子项物料的总需要量转成预留库存量，并重新计算可用库存量。

净变更式与重新生成式相比，有以下优点：
(1) 能减少更新计划的计算工作量；
(2) 在下达主生产计划的间隔期内也可以对计划变化进行处理；
(3) 计划下达与计划更新的时间互不相关；
(4) 可不断地更新计划；
(5) 能及时产生各种输出资料，使管理人员尽早采取相应措施。

但它也有不足之处，主要是在处理过程中往往采用人机交互方式，而且又是按项目分解，需要多次查询库存记录，因而数据处理的效率较低，成本较高，也易于出错。另一个缺点是，净变更式的系统对变化的反应显得过分敏感，因而使计划失去权威性，也会使基层管理人员由于不断修正已经进行的作业而感到困难。显然，净变更方式适用于计划变动频繁、生产环境不稳定的情况。

6.5 制造资源计划系统

6.5.1 MRP 系统的发展历程

MRP 系统于 20 世纪 60 年代初于美国问世，到 20 世纪 80 年代已形成为一种综合计划管理系统的通用软件包，在世界各国的制造企业得到广泛应用。其间经历了三个发展阶段：基本 MRP 系统（物料需求计划系统）、闭环 MRP 系统、制造资源计划系统（简称 MRP Ⅱ 系统）。下面简要介绍后两种 MRP 系统。

1. 闭环 MRP 系统

早期的 MRP 系统是为产品零部件配套服务的库存控制系统，主要功能是解决产品订货所需要的物料项目、数量和供货时间等问题。但这类系统只是提出物料需求的任务，而没有考虑生产能力的约束条件；虽然它在主生产计划阶段做过能力平衡，却仅仅是粗略的平衡，只是按车间或设备组概算生产能力，又是在相当长的提前期之前做的，因此没有考虑，也考虑不到生产现场实际发生的生产能力的动态变化，因而使它们在物料生产的进度安排上缺乏可行性和可靠性。

到了 20 世纪 70 年代，提出了在有限生产能力条件下安排计划的概念和方法。与此同时，管理信息系统的技术也趋于成熟。于是，原来的基本 MRP 系统被扩展为包含生产能力需求计划和生产作业控制等功能在内的闭环 MRP 系统。所谓闭环 MRP 系统,就是在生成了物料需求计划之后,对生产这些物料所需要的生产能力进行计算,制订出生产能力需求计划。这时,需要取得工艺路线和工时定额的资料,初排出零件加工的工序进度日程计划。根据工序进度日程分周汇总每个工作中心(设备组)的负荷计划,也就是生产能力的计划需求量(图 6-9),然后与各工作中心在各周的实有能力相比较,检查这个计划的可行性,若存在不可行之处,就返回去调整生产能力;调整后仍不能满足需要时,可修正物料的交货时间,即调整物料需求计划,在达到满意的平衡后,进入车间作业控制子系统,监控计划的实施过程。图 6-10 表示了闭环 MRP 系统的处理逻辑流程。

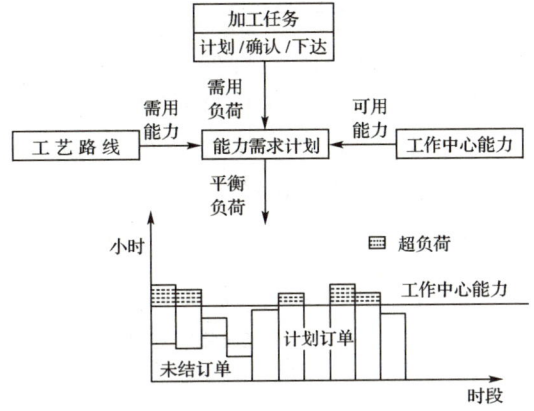

图 6-9 能力需求计划处理逻辑图

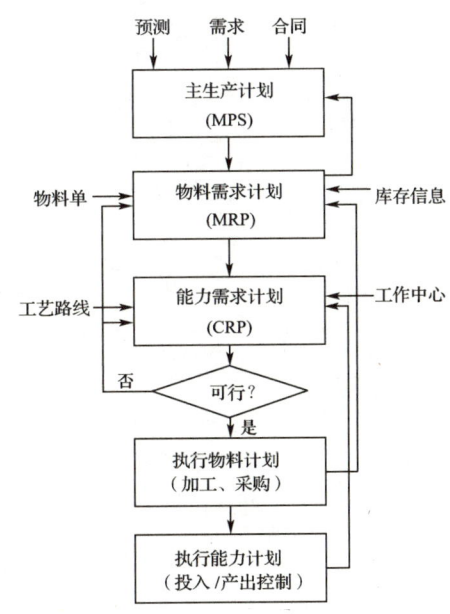

图 6-10 闭环 MRP 系统的处理逻辑流程图

2. 制造资源计划系统(MRPⅡ系统)

20 世纪 80 年代初,随着计算机技术的发展,MRP 系统进一步与企业的财务、经营和技术等方面的管理职能直接联结,产生了一种新的综合计划管理系统。

众所周知,制造企业中,生产活动是一切管理活动的基础,无论是财务、销售,还是技术、人事,都必须以生产计划为依据来计划和组织自己的经营业务活动。当 MRP 系统在全企业内得到推行后,人们自然地会对它提出新的要求,希望它能同时反映财务信息,如要求把产品销售计划用金额来表示销售收入;对物料赋予货币属性以计算成本并方便报价;用金额表示能力和采购、外协计划以编制预算;用金额表示库存量以反映资金占用等。总之,要求财会部门能同步地从生产系统获得货币信息,以加强财务管理。更进一步,还要求这种货币信息反映的情况必须符合企业长远经营目标,满足销售和利润规划的要求。这样,闭环 MRP 系统进一步发展,把物料流与资金流结合起来,使生产部门与销售经营部门取得沟通,把日常的作业计划与控制同企业的长远规划结合起来,形成一个完整的经营生产管理计划系统。20 世纪 70 年代末,以 IBM 公司为代表的一些大计算机公司推出了这种全新的管理信息系统,定名为制造资源计划系统(Manufacturing Resources Planning System),由于它的缩写也是 MRP,故加上罗马字 Ⅱ 的尾缀,称为 MRP Ⅱ 系统。MRP Ⅱ 系统的典型组成如图 6-11 所示。

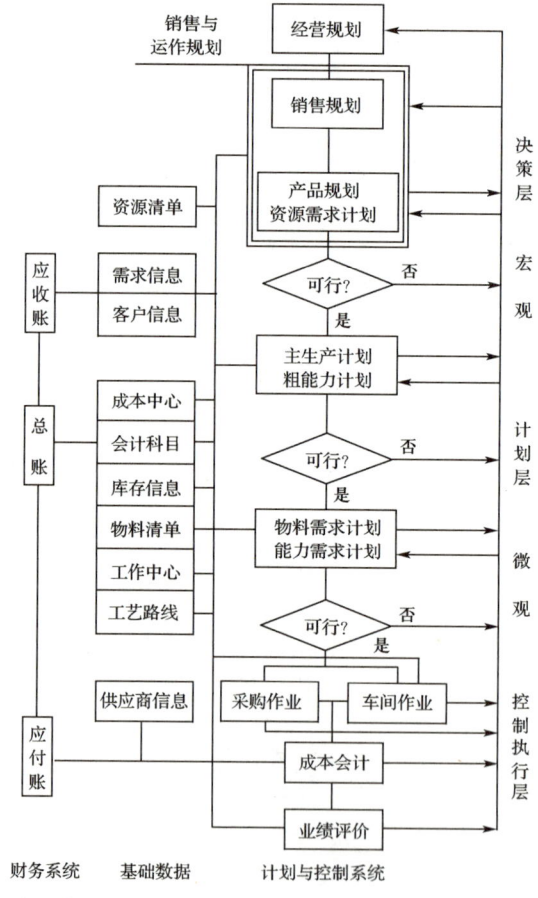

图 6-11 MRP Ⅱ 系统流程图

在图 6-11 中,其右侧是计划与控制流程,它包括决策层、计划层和控制执行层。它们的主要部分就是以生产管理为主线的闭环 MRP 系统。但是,向上与经营规划相结合,增加了销售与运作的规划,使日常的生产经营与企业的长期远景规划联系了起来。图的左侧主要是财务管理系统,这里只列出应收账、总账和应付账。中间是基础数据,属于计算机数据库管理系统,通过这些数据信息的集成,将各部门的业务沟通起来,组成一个有机的整体。

6.5.2 MRP Ⅱ 系统的效益和今后发展方向

1. MRP Ⅱ 系统的效益

MRP Ⅱ 系统在技术上是成熟的系统。它以生产计划与控制为主线,通过信息集成,将企业各职能领域的管理连成一个整体,使企业的生产经营管理达到系统化、合理化、规范化。而计算机快速处理信息的强大功能又能极大地提高管理和进行管理决策的效率与质量,于是从根本上改变了企业管理的面貌。许多企业在实施了 MRP Ⅱ 之后都取得了显著的经济效益。

据国内外资料报道,MRP Ⅱ 带来的效益可归结成如下五个方面:

(1) 降低库存,包括原材料、在制品和产品的库存。如降低库存资金占用 15%~40%,提高资金周转次数 50%~200%,降低库存盘点误差(控制在 1%~2%)。

(2) 合理利用资源,缩短生产周期,提高劳动生产率。如减少装配面积 10%~30%,减少加班工时 10%~50%,减少缺件 60%~80%,提高生产率 5%~15%。

(3) 按期交货,提高客户服务质量。一般按期交货履约率可达 90% 以上,接近 100%。

(4) 降低成本。如降低采购费,减少加班费;由于生产周期缩短、库存减少而降低成本 7%~12%,增加利润 5%~10%。

(5) MRP Ⅱ 系统同财务系统集成,可减少财务收支上的差错或延误,减少经济损失。

2. MRP Ⅱ 系统今后的发展方向

随着社会经济与科学技术的进步,MRP Ⅱ 也在不断发展。当前,企业管理的目标是实现全球战略的国际化经营,提高企业在国际市场中的竞争地位。在这种形势下,MRP Ⅱ 的实践与开发主要体现在以下几个方面:

(1) 融合其他现代管理思想和方法来完善自身系统。特别是同准时生产制、全面质量管理、最优化生产技术、同步生产等现代生产方式相融合,以提高系统的适应变化能力和优化生产过程。

(2) 根据现代企业管理发展的需要,为生产厂同分销网点信息集成而开发的分销资源计划系统,为主机厂同配套厂信息集成而开发的多工厂管理系统,为建立供需双方业务联系的电子数据交换系统等,都将与 MRP Ⅱ 系统集成。

(3) 在企业内同其他管理系统和生产技术系统之间建立接口。例如,在计算机集成制造系统中,MRP Ⅱ 同计算机辅助质量管理系统是管理领域的两项主要系统。它们要与设计领域中的计算机辅助设计(CAD)、计算机辅助工艺设计(CAPP)、成组技术系统等相连接,以及与制造领域中的计算机辅助制造(CAPP)、柔性制造系统(FMS)和仓储自动化(AS/RS)相连接,以实现更大范围的集成。

习 题

1. 什么是物料需求计划?什么是物料需求计划系统?

2. 讨论相关性需求的特点。

3. 为满足相关性需求物料的计划与控制需要,MRP 系统中应设置哪些功能?

4. 说明 MRP 系统的基本组成以及它们之间的相互关系。

5. 什么是主生产计划?它与年度产品出产进度计划有何区别?

6. 物料单有哪几种形式?为什么把单级物料表作为在计算机内存储和进行处理的基本形式?

7. 解释 MRP 系统中的各计算项目,说明它们的含义和计算方法。

8. 比较重新生成式与净变更式更新方式的不同特点和适用场合。

9. 闭环 MRP 系统包括哪些子系统?它们之间有什么联系?

10. 简要说明 MRPⅡ系统如何发展了基本 MRP 系统的功能,并讨论在制造企业建立 MRPⅡ系统的迫切性和必要性。

11. A 由 3 件 B、1 件 C 和 2 件 D 组成;B 由 2 件 E 和 1 件 D 组成;C 由 1 件 D 和 2 件 E 组成;E 由 1 件 F 组成。B、C、E、F 的提前期为 1 周,A 与 D 的提前期为 2 周。假设 A、B、F 用直接批量法确定批量,C、D 和 E 的批量分别固定为 50、50 和 200 件。C、E 和 F 的期初库存量分别为 10、50 和 150 件,其他货品的期初库存量都为零。已订货的计划到货日程为:第 5 周收到 10 件 D,第 4 周收到 500 件 E 和 500 件 F。如果在第 8 周需要 50 件 A,试确定其所需要各种物料的计划任务量和下达任务的时间。

12. 物料 X 未来十周的净需要量见表 6-8。X 的提前期为 2 周,每次的订购成本为 9 元,保管成本为 0.02 元/件·周。期初库存量 70 件,用最小总成本法确定在这 10 周内的订购时间和各次的订购批量。

表 6-8

周	1	2	3	4	5	6	7	8	9	10
净需要量	20	10	15	45	10	30	100	20	40	150

第7章 项目管理

7.1 项目管理概述

7.1.1 项目的基本概念

从广义上讲,项目是在一定时间内,满足一系列特定目标的多项相关工作的总称。通常,项目类工作具有一次性、周期性及整体性等特点。

1. 项目的要素

归纳起来,项目由以下五个要素构成:(1)项目的范围;(2)项目的组织结构;(3)项目的质量;(4)项目的费用;(5)项目的进度。

其中,项目的范围和组织结构是最基本的,后三项可以有所变动,是依附于前两项的。

2. 项目的周期理论

项目是一次性的任务,故有起点和终点。任何项目都会经历启动、开发、实施、结束等过程,称为"生命周期"。

项目的生命周期可以分为四大阶段:概念阶段、开发阶段、实施阶段和结束阶段,不同阶段其项目管理的内容是不同的。从项目的生命周期角度对项目管理的内容进行划分,使人们能够从开始到结束对整个项目的实施形成全面系统而完整的了解。图 7-1 从生命周期的角度,对项目的不同阶段工作内容进行了概括描述。

7.1.2 项目管理的基本概念

1. 项目管理的定义和基本要素

项目管理起源于美国。美国项目管理学会(PMI)标准委员会将项目管理定义为"在项目活动中运用专门的知识、技能、工具和方法,使项目能够实现超过项目干系人的需要和期望"。

项目管理工作可以理解为企业管理者为实现项目目标,而进行的一系列计划、指导与控制活动。工程项目管理是项目管理在工程领域的应用,即在既定目标之下,在确定的时间范围内,通过模拟分散组织形式的特殊运行机制,对工程项目进行有效的计划、组织、领导、控制,对既定有限资源实行优化配置的一种系统的管理方法。

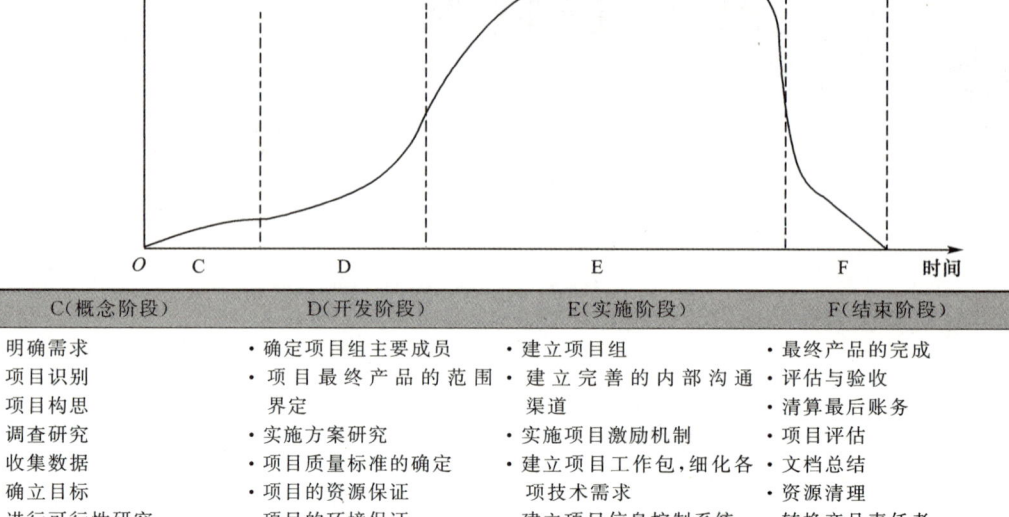

图 7-1　项目的生命周期及其主要工作

从 PMI 的定义中可以得出，项目管理具有如下基本要素：

（1）项目。

（2）项目干系人，即项目的各参与方。

（3）资源。由于项目的一次性，项目资源多是临时拥有和使用的。资源的合理、高效使用对项目管理至关重要。

（4）目标和需求。项目干系人的需求是多样的，通常可以分为两类：必须满足的基本需求和附加获取的期望要求。其中，基本需求包括项目实施的范围、质量要求、利润或成本目标、时间目标以及法规要求等；期望要求常常对开辟市场、争取支持、减少阻力产生重要影响。

2. 项目管理的主要内容

由于项目涉及多部门合作，工作环境经常变化，管理难度较大，因此项目管理工作涉及多方面内容，这些内容可以按照不同的线索进行组织。常见的组织形式主要有两个层次、三个主体、四个阶段、五个过程和九个管理领域。

（1）两个层次：第一为企业层次，第二为项目层次。

（2）三个主体：从项目的不同主体角度看，涉及业主、各承包商、监理及用户。

（3）四个阶段：从项目的生命周期角度看，项目管理经历了概念阶段、开发阶段、实施阶段和结束阶段。

(4) 五个过程:从项目管理的基本过程看,涉及启动过程、计划过程、执行过程、控制过程和结束过程。

(5) 九个管理领域:从项目管理的职能领域看,包括范围管理、时间管理、费用管理、质量管理、人力资源管理、风险管理、沟通管理、采购管理和综合管理。

从项目管理的工作内容可以看出,项目管理工作难度大,对管理者要求极高。

7.2 项目计划

由于项目管理工作的复杂性,必须预先制订出高质量的项目计划。在项目管理实践中,计划作为一个重要的项目阶段,在项目过程中承上启下,是项目管理的基础性工作。

7.2.1 项目计划概述

项目计划是项目组织根据项目目标的规定,对项目实施过程中进行的各项活动做出周密安排。项目计划围绕项目目标的完成系统地确定项目的任务,安排任务进度,编制完成任务所需的资源、预算等,从而保证项目能够在合理的工期内,用尽可能低的成本和尽可能高的质量完成。

项目计划工作通常分为以下阶段进行:

(1) 确定任务目标与主要内容

项目从最初的设想到落实,通常要经历原动力产生、指标任务说明书编写、初步的可行性分析、技术方案选定等前期工作环节。因此,在正式制订项目计划之前,必须要对管理项目深入了解,明确项目的目标和主要工作内容。

(2) 制定项目需求书和初步预算

在许多情况下,工程预算的大小以及能否得到有关部门的认可,是项目能否开工的关键。因此,必须对项目业主的需求进行有效描述,从而确定整个工程的整体预算。

(3) 项目范围确定与工作结构分解

由于项目本身的复杂性,计划者有必要将任务分解,以减轻后续计划工作的难度,从而将所有的工作及其相互关系考虑全面。

(4) 确定工程的整体进度计划、资源使用计划和质量计划

工程的整体进度计划规定出项目各主要工作的进度表,以指导项目有序进行。同时,由于各主要工作通常由不同的部门分别承担,因此,预先制定出项目需要使用的资源及需要达到的质量标准十分重要。

(5) 作业进度与资源使用计划的调整

此阶段也可以称为作业进度计划的调整阶段。作业进度计划是直接指导项目的实际使用计划,完成其调整工作,标志着项目基准计划的形成。

7.2.2 项目计划编制

一个完整的项目计划体系首先由三个基本部分组成:进度计划、资源计划和质量计划。围绕上述三个基本计划,还要完成一系列的准备性工作,并制订出其他的辅助性计划,图7-2为一个项目计划的基本轮廓。

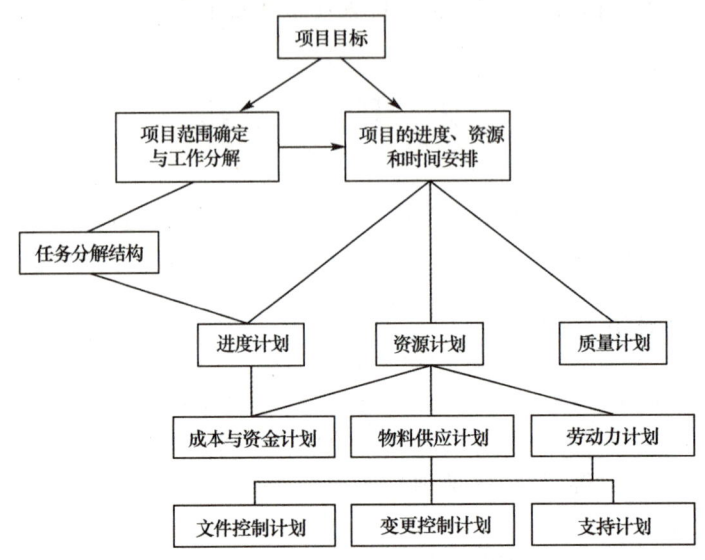

图 7-2 项目计划体系示意图

从图中可见,项目计划的第一层面是三大主体计划,即进度计划、资源计划和质量计划。第二层面的相关计划是为项目提供资源保障的辅助计划,主要有成本与资金计划、物料供应计划和劳动力计划等。第三层面的计划重点强调管理对项目顺利进行的保障作用,为项目的过程控制和管理提供必要的指导和支持,主要有文件控制计划、变更控制计划和支持计划等。

7.2.3 网络计划技术

项目计划的入手点是进度计划,进度计划对项目的各项工作起始时间进行筹划。传统的进度计划编制方法是甘特图法,它具有直观易懂、操作简单等优点,但是作为一种计划管理工具,甘特图不能明确地表明各项工作之间相互依存与作用的关系,因此它很难发挥项目管理中心环节的作用。20世纪50年代末,美国杜邦公司的技术人员发明了关键路径法(Critical Path Method,CPM),不久,美国海军部的技术人员发明了计划评审法(Program Evaluation and Review Technology,PERT)。这两种计划方法均是基于网络计划技术之上的方法,实践证明,它们是满足现代项目管理的科学方法。

网络计划技术是用网络计划对任务的工作进度进行安排和控制,以保证实现预定目标的计划管理技术。网络计划是在网络图上加注工作时间参数等而编制的进度计划,所以,网络计划主要由两大部分组成,即网络图和网络参数。网络图是由箭线和节点组成的,能够全面地表述项目的活动构成、活动间的逻辑关系以及活动情况的网状图形。

网络计划的基本形式是关键路径法和计划评审技术。若按照网络的结构不同,网络计划又可以分为双代号网络计划和单代号网络计划。由于历史原因,国内多采用双代号网络计划,而目前项目管理软件多采用单代号网络计划。

双代号网络图是用节点表示事项,矢线表示工作的网络图,其中每一项工作都用一根矢线和两个节点表示,矢线的箭尾节点和箭头节点分别代表工作的起点和终点,"双代号"也称为"双节点",图7-3就是双代号网络图。

节点用于表示工作开始或结束的时间点,也是两项工作的连接点,既不消耗资源,也不占用时间,只是代表开始与结束的瞬间。网络图中的第一个节点称为起始点,意味着一个项目的开始;最后一个节点称为终点,意味着项目的完成。在一个网络图中,始点和终点是唯一的。

矢线代表在项目中独立存在,需要一定时间或资源完成的具体工作。矢线的方向代表工作的前进方向,箭尾表示工作的开始,箭头表示工作的结束,通常在矢线上方标示工作代号,在矢线下方标示工作需要的时间。在项目中通常有一种既不消耗时间,也不消耗资源的工作,这类工作称为虚工作,是虚设的,在网络图中用虚矢线表示,只是用来表示相邻工作间的逻辑关系,其持续时间为零。

从网络图的始点开始,沿矢线方向通向终点的一系列首尾相连的节点和矢线所组成的序列,称为一条通路,通路上各项工作的持续时间之和称为通路的长度。网络图中的通路一般有很多,其中路长最大的通路称为关键线路,关键线路上的工作为关键工作,关键工作的完成时间将直接影响整个项目工期的实现。需要指出的是,网络图中的关键线路并不唯一,在一定条件下,关键线路也可能发生变化。

(1)双代号网络图的绘制

在绘制双代号网络图时,应该遵循以下原则:

首先,网络图的始点与终点唯一。

其次,相邻节点间矢线唯一。如果确认相邻两节点1和2之间的工作为A,则只能画一条矢线,假如有另一工作B也始于节点1终于节点2,则只能用虚矢线解决这一矛盾,如图7-3所示。

图7-3 双代号网络图示例

再次,不允许出现循环回路。所谓循环回路,是指从某一个节点出发,顺着矢线的方向又回到该节点。如果网络图中出现了循环回路,则意味着图中的逻辑关系表达上出现错误,在工作顺序上也相互矛盾,如图7-4所示。

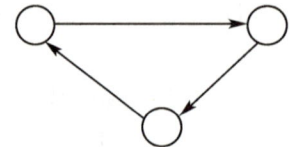

图 7-4　循环回路

最后,绘制网络图时,矢线不宜交叉,当交叉无法避免时,可以采用暗桥法或指向法,如图 7-5 所示。虚矢线一般用于表述多项工作、复杂工作及平行工作的逻辑关系,它的运用可以完善地表达网络图中复杂的逻辑关系,但是其描绘不可以随意,如果不使用也可以清楚地表示问题,应尽可能不用虚矢线。

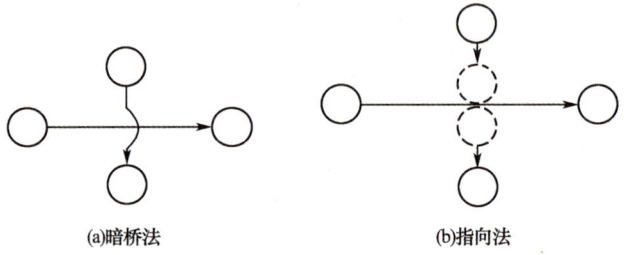

图 7-5　交叉线的画法

(2) 双代号网络计划的工作步骤

①确定目标。这是网络计划编制之初必须明确的问题。目标是计划所要达到的结果预期,不同的项目,要根据其具体情况来确定结果预期。

②项目分解。根据需要将一个项目分解为一定数量的独立工作和活动,项目分解的结果要明确工作名称、工作范围和内容等。

③确定各项工作之间的逻辑关系。所谓逻辑关系是各工作先后顺序的交错关系,是空间概念"序"的约束。通常用"紧前工作"或"紧后工作"来表达这种关系。

如图 7-6 所示,C 的紧前工作是 A,紧后工作是 E;E 的紧前工作是 C 和 D,不包括 A 和 B。

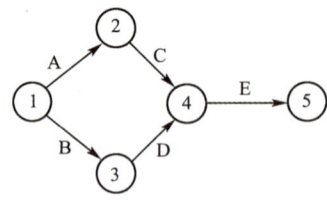

图 7-6　网络图的逻辑关系

④绘制网络图。绘制网络图是网络计划技术中关键的一步,只有绘图正确才可以借助图形分析寻找关键线路,求得工期、资源和成本的优化方案。

绘图时,可以从无紧前工作的工作开始,依次进行,将紧前工作一一绘出,并将最后的工作结束于一点,即终止节点,然后根据网络图所描述的工作关系,与项目工作列表所列的工作关系对照,相一致则说明网络图正确,可以进行节点编号,必须按照矢线箭头的方向升序排号,以确保时间节点的序号与先后关系一致。此后,将各工作的代号和工时数据分别标注在相应矢线的上方和下方,得到完整的网络图。

⑤计算网络计划时间参数,确定关键线路。在完成网络图的绘制后,管理者仅仅完成了网络计划编制的第一步骤,更为重要的任务是根据网络图进行网络时间参数的计算和关键线路的确定,这是网络计划实施、优化和调整的基础。

网络时间包括:

i. 节点时间

ES_i——节点最早时间,指以该节点为开始节点的各项工作的最早开始时间。

LF_i——节点最迟时间,指在不影响总工期的前提下,以该节点为完成节点的各项工作的最迟结束时间。

ii. 工作时间

$T(i,j)$——某项工作的持续时间。

$ES(i,j)$——指该工作的各项紧前工作已经完成,本工作有可能开始的最早时间。可见,$ES(i,j)=ES_i$。

$EF(i,j)$——指各紧前工作完成后,本工作有可能完成的最早时间。可见,$EF(i,j)=ES(i,j)+T(i,j)$。

$LS(i,j)$——最迟开始时间,即本工作最迟必须在何时开始,才能确保紧后工作按时开工。

$LF(i,j)$——最迟结束时间,即本工作最迟必须在何时结束,才能确保紧后工作按时开工。可见,$LF(i,j)=LS(i,j)+T(i,j)$。

$ST(i,j)$——总时差。在不影响整个工程计划完工情况下,某项工作最迟开始时间与最早开始时间的差值,即该项工作开始时间允许推迟的最大限度,也可以用某项工作最迟结束时间与最早结束时间的差值表示。即 $ST(i,j)=LF(i,j)-EF(i,j)=LS(i,j)-ES(i,j)$。总时差为 0 的工作为关键工作,按照节点先后顺序将关键工作连起的线路即为关键线路。

$SF(i,j)$——单时差。下一项工作的最早开始时间与本工作的最早结束时间之差。即 $SF(i,j)=ES(i,j)-EF(i,j)$。

iii. 线路时间

T_c——计算工期,指根据时间参数计算得出的总工期,在数值上等于最大线路路长。$LF_n=T_c=\max\{EF_n\}$,其中 LF_n 是终止节点的最迟时间。

当网络时间参数 ES、EF、LS、LF 都确定后,就可以求得总时差和单时差。总时差为 0 的工作为关键工作,按照节点先后顺序将关键工作连接起来的线路即为关键线路。

网络时间参数的计算方法主要有作图法和表格法两种。

(3)双代号网络计划的算例

【例 7-1】 某工程各项工作的逻辑关系如下,见表 7-1,试计算项目总工期,并确定关键线路。

表 7-1　　　　　　　　项目工作关系表

序号	工作名称	工作代号	紧后工作	持续时间/天
1	项目策划	A	C、D	4
2	设计	B	E、F	6
3	组织准备	C	E、F	3
4	工程招标	D	H	5
5	员工招聘	E	I	2
6	筹集资金	F	H、G	6
7	材料购置	G	I	6
8	项目施工	H	—	6
9	人员培训	I	—	5

根据已知资料先画出草图,然后再规范化,得出图 7-7 所示的网络图,直接在网络图上计算时间参数,这是一种很直观的方法,适用于节点数目不多的情况。在每一个节点的上方标出"□"和"▽"两种符号,将各个节点的 ES 标识在□中,顺向计算,从左至右,依次相加,在"汇点"取最大值,将各个节点的 LS 标识在▽中,逆向计算,从右至左,依次相减,在"源点"取最小值。最后比较每个节点上方的值,如果□和▽中的数值相等,则该节点为关键线路上的节点,关键线路确定后,关键工作就可以确定。

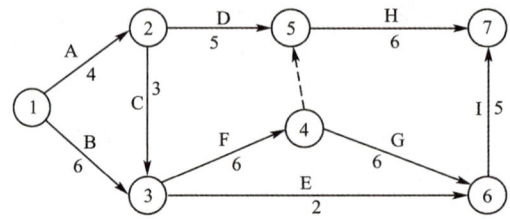

图 7-7　项目网络图

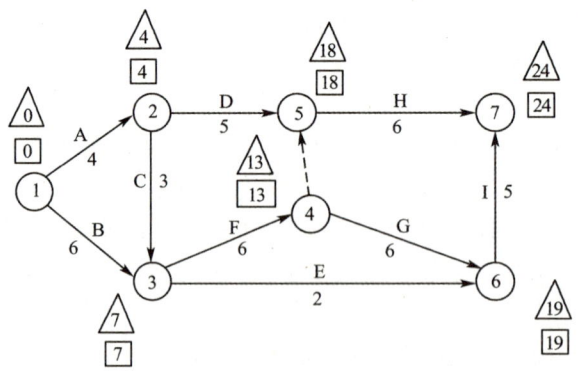

图 7-8　项目进度计算图

按照作图法的工作步骤,依次计算,并标识在图上,如图 7-8 所示,得出网络时间的计算结果。从图上可知,关键线路为 A—C—F—G—I,总工期为 24 天。

7.2.4 项目计划的调整与优化

网络计划技术的优势不仅体现在工程项目的前期计划方面,还体现在工程项目计划过程中的成本管理以及资源优化等方面,这就是网络计划的调整与优化问题,也是网络计划的精华所在。网络计划调整与优化就是在满足既定的约束条件下,按照某一目标,通过不断调整,寻找最优网络计划方案的过程。下面介绍两类典型的优化问题的相关模型。

1. 时间—成本模型法

网络计划的优化问题包括时间优化、费用优化和资源优化三方面。时间—成本模型处理的是前两者的问题。在制订项目进度计划过程中,当网络计划的计算工期不能满足项目发包单位提出的要求工期时,项目管理者就必须通过不断压缩关键线路上的关键工作持续时间等措施,对整个项目计划进行时间—成本的优化处理。

【例7-2】 一项工程项目由9项工作组成,各项工作间的逻辑关系以及工期信息见表7-2,表7-3提供了有关各项工作工期与成本变化关系的信息。其中,最短工期指某项工作的工期所能压缩到的极限,即为表7-2中的乐观工期。赶工成本斜率,指某工作的工期每缩短一个时间单位成本平均增加的数量,即

赶工成本斜率=(最短工期成本—正常工期成本)/(正常工期—最短工期)

表7-2 单位:周

作业名称	A	B	C	D	E	F	G	H	I
紧前作业	—	—	A	A	CB	CB	E	DE	GF
乐观工期	2	5	2	3	4	1	3	5	4
最可能工期	4	6	3	5	6	2	6	6	5
悲观工期	6	7	4	7	8	3	9	7	6

表7-3

作业名称	A	B	C	D	E	F	G	H	I
正常工期/周	4	6	3	5	6	2	6	6	5
正常工期成本/千元	12	15	8	20	22	7	24	22	18
最短工期/周	2	5	2	3	4	1	3	5	4
最短工期成本/千元	16	17	12	30	28	10	42	25	23
赶工成本斜率	2	2	5	5	3	3	6	3	7
固定费用(周均)/千元	5	5	3	3	6	6	4	4	4
用人数量/人	4	5	3	6	2	2	3	4	6

(1)编制相应的网络计划。
(2)如果要求在22周内完成该项目,对原有计划应如何调整?

解 (1)按照每项工作的最可能工期绘制双代号网络图,如图7-9所示。

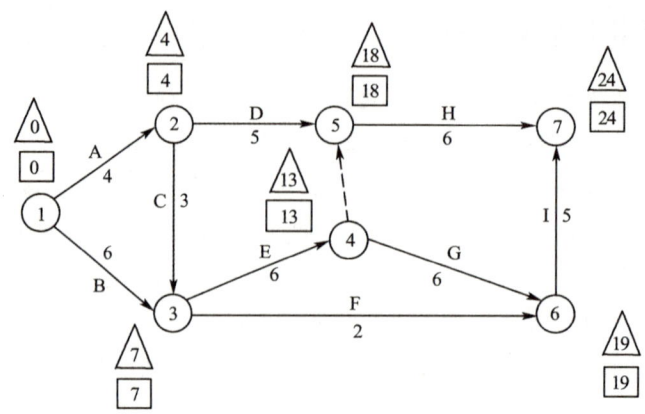

图 7-9 双代号网络图

(2) 由网络图可以得出,关键工作为 A、C、E、G、I,计算工期为 24 周。

(3) 分析:由前两步得出按照最可能工作进度进行项目,计算工期为 24 周,要求的工期无法满足,必须加快进度,将工期压缩两周。因为关键工作为 A、C、E、G、I,故压缩其中任何一个工作的工期,均可以缩短工期,决定压缩哪几项关键工作,考虑的主要依据是成本。由赶工成本斜率的定义可知,应该选择赶工成本斜率较小的关键工作,从而以较低的成本代价达到缩短总工期的目的。在本例中,应按照 A、E、C、G、I 的顺序考虑赶工问题。

在安排赶工的过程中,还需要考虑一项工作的工期调整可能改变整个项目的关键线路。如在本例中,按照前面分析,工作 A 是进行时间调整的首选对象。从 A 的工期范围上分析,该工作的工期客观上具备压缩两周的条件,但是当 A 的工期压缩一周时,关键线路发生变化,B 此时变成了关键作业,导致单纯地继续减少 A 的工期不能进一步减少总工期,除非同时减少 A 和 B 的工期。具体来看,计划者在将 A 的工期减少两周的同时,必须将 B 的工期减少一周,才能保证总工期减少两周,其中后一周的赶工成本是 A 和 B 两项的和,共 4 000 元,远没有选择将 E 减少一周的成本经济。因此,最终的调整是在 A 和 E 上各赶工一周。优化调整后的时间安排见表 7-4。

表 7-4　　　　　　　　　经优化的进度安排　　　　　　　　　单位:周

作业名称	A	B	C	D	E	F	G	H	I
赶工时间	1	—	—	—	1	—	—	—	—
调整后工期	3	6	3	5	5	2	6	6	5

2. 时间—资源模型法

时间—资源模型处理的是网络计划中时间和资源优化调整的问题。由于项目可以投入的各种资源的数量是有限的,一部分资源的使用具有一定的时效性,网络计划的时间/资源优化,就是力求解决资源的供需矛盾,实现资源的均衡利用。

【例 7-3】 目前项目的用工安排见表 7-5,用工量存在不均衡的问题。试通过调整各作业的进度,对项目进行人力资源方面的优化,假定在项目期间均衡用人是优化的主要目标。

分析 要进行人力资源优化,必须明确项目用人现状,在此基础上才能进行调整与优化,表 7-5 列明项目的用人情况。

表 7-5　优化调整前用人情况一览表　　　　单位：人

作业名称	工期/周	1	2	3	4	5	6	7	8	9	10	11	12	13	14	15	16	17	18	19	20	21	22
A	3	4	4	4																			
B	6	5	5	5	5	5	5																
C	3				3	3	3																
D	5				6	6	6	6	6														
E	5							2	2	2	2	2											
F	2							2	2														
G	6												3	3	3	3	3	3					
H	6												4	4	4	4	4	4					
I	5																		6	6	6	6	6
用人合计		9	9	9	14	14	14	10	10	2	2	2	7	7	7	7	7	7	6	6	6	6	6

作业从表 7-5 的统计数据看出，如果按照案例 3 中调整后的计划安排项目进度，整个项目的用人非常不均衡，最多时需要 14 人，最少时只需要 2 人，容易导致人力资源的浪费，因此有必要在保证总工期不变的前提下，对项目计划进行调整。

通过分析，可以发现，适当推迟非关键工作的时间，可以在不影响总工期的同时达到均衡用人的目的。在本例中，将工作 D 和 F 分别推迟 3 周和 5 周进行，用人的情况将有很大改善，见表 7-6，调整后用人最多时需要 9 人，最少需要 6 人，对人力资源的需求大致均衡。

表 7-6　优化调整后用人情况一览表　　　　单位：人

作业名称	工期/周	1	2	3	4	5	6	7	8	9	10	11	12	13	14	15	16	17	18	19	20	21	22
A	3	4	4	4																			
B	6	5	5	5	5	5	5																
C	3				3	3	3																
D	5							6	6	6	6	6											
E	5							2	2	2	2	2											
F	2												2	2									
G	6												3	3	3	3	3	3					
H	6												4	4	4	4	4	4					
I	5																		6	6	6	6	6
用人合计		9	9	9	8	8	8	8	8	8	8	8	9	9	7	7	7	7	6	6	6	6	6

用类似的方法，可以使用网络计划技术对设备、资金等资源进行调整优化。值得注意的是，计划的调整与优化过程通常不是一次性的工作，需要反复进行，因此需要使用计算机等工具，以提高工作效率。

7.3　项目控制管理

从管理学的角度出发，控制职能是管理的五大职能之一，控制工作的基本目的是保证组织目标实现。采用的基本方式是根据计划确定标准，在工作进行的过程中，不断收集工作的进展信息，与标准进行衡量，对偏差及时进行纠正，保证组织目标的实现。

在项目管理过程中，准确的项目目标定位和精细的计划编排，为项目的实施奠定了坚实的基础，计划必须依赖于过程管理与控制的良好配合。

工期、费用和质量构成了项目的三大目标，所以项目的控制工作分为三个部分：进度控制、费用控制和质量控制。本节将着重介绍进度控制和费用控制的工作内容，质量控制的相关内容在第12章中有详细分析。

7.3.1 项目进度控制

项目的三大目标中，费用发生在项目的各项工作中，质量取决于每个工作过程，工期则依赖于进度上时间的保证，这些目标均可以通过进度控制加以掌握，所以进度控制是项目控制工作的首要内容，是项目的灵魂。

在项目进行过程中，项目管理者必须不断监控项目的进程，并将实际情况与计划进行对比分析，必要时对偏差采取有效的应对措施，以确保项目按预定进度目标进行，避免工期延误，这一过程称之为进度控制。

进度控制由项目进度动态监测、进度偏差问题分析和进度更新三个过程组成，其流程如图7-10所示。

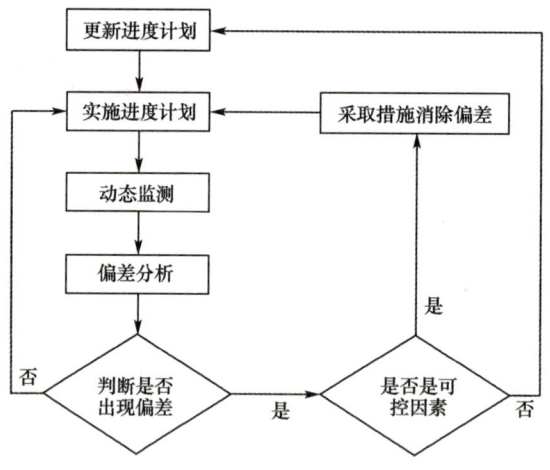

图7-10 项目进度控制过程流程图

1. 项目进度动态监测过程

在项目实施过程中，为收集项目进度实际情况的信息，以便对项目进展进行分析，掌握项目进展动态，应对项目进展状态进行观测，这一过程称为进度动态监测。

对于项目进展状态的观测，通常采用日常观测和定期观测的方法，并将观测的结果用项目进展报告的形式描述。

2. 进度偏差问题分析

在动态监测中，若发现项目的实际进度与计划安排出现偏差，则要进行分析，以确定导致进度偏差的原因。此阶段的一个工作重点是识别进度偏差原因是可控因素还是不可控因素,当偏差由可控因素引起,分析的重点是如何消除该不利因素;若偏差由不可控因素引发,则重点分析可能产生的进度延误时间,以便进行进度计划的修改。

3. 进度更新

完成偏差问题分析后,项目管理者要以保持项目工期不变、保证项目质量所耗费用最少为目标,做出有效对策,采取必要纠偏措施,进行进度更新工作。项目进度更新主要包括两方面工作,即分析进度偏差的影响和进行项目进度计划的调整。

项目进度控制原理可以归纳为六点:

(1)动态控制原理。即项目进度控制采用动态循环的控制方法。

(2)系统原理。即进度控制采用系统的理论和方法解决系统问题。

(3)封闭循环原理。进度控制的全过程是一种循环性的例行活动,是封闭循环、不断运行的过程。

(4)信息原理。即进度控制过程是一个信息传递和反馈的过程。

(5)弹性原理。由于项目一般工期较长,影响因素较多,要求进度计划具有一定弹性,以便在进度控制过程中,可以利用这种弹性,对计划进行调整,使项目目标能够实现。

(6)网络计划技术原理。网络计划技术作为一种科学有效的进度管理方法,是项目进度控制的计划管理和分析计算的理论基础。

7.3.2 项目费用控制

在项目过程控制中,进度控制工作并非独立进行,而是与项目的费用控制相联系,共同进行。项目费用控制就是保证项目进行过程中,各项工作在各自的预算范围内进行,因此其基点是项目费用预算,即成本计划。

1. 项目费用预算

项目费用预算是给每一项独立工作分配全部费用,以获得度量项目执行的费用基线。项目费用预算的制定过程是一个渐进的过程。首先在项目的概念阶段,项目发起人对整个项目费用支出要有大致的总额概念,其次在完成项目工作分解后,形成比较详细的费用计划。不同层面的费用计划可以采用不同方法表述,图7-11是用费用负荷图表述出的费用预算。

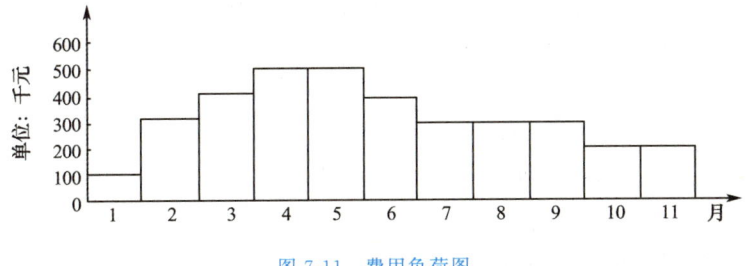

图 7-11　费用负荷图

2. 项目费用控制的工作过程

费用控制主要关注影响改变费用的各种因素，其工作过程包括收集信息、分析偏差原因和采取必要措施等步骤。具体的工作包括：

(1) 监控费用执行情况并确定已经出现的偏差。

(2) 分析费用偏差对项目产生的正反两个方面的影响，由于项目的费用支出与项目进度和工作质量密切相关，因此费用超支不一定就是问题，费用支出低于计划量也不一定就是没有问题，必须进行具体的综合性分析。

(3) 采取必要措施减少不合理的费用支出，及时为必需的费用增加项目筹集资金，填写费用变更计划，同时要注意与其他控制过程相协调。

3. 费用控制的方法——挣值法

为适应项目费用控制工作的需求，项目管理者在工作实践中发明了大量的控制方法，其中挣值法是一种最为常用的项目控制方法。如前面所述，费用控制的关键是能够发现和描述实际情况与计划要求之间的偏差，而挣值法采用挣值(Earn Value)的概念，巧妙地把预算和成本作为分析对象，全面地反映出现实与计划之间的差异情况。

(1) 含义

挣值是指已近完成的工作在原成本计划中的预算金额。挣值法，又称偏差分析法，它通过比对项目特定时期的挣值金额与实际的支出费用之间的偏差，达到判断项目预算和进度计划执行情况的目的，其独特之处在于用预算和费用来衡量工程的进度。

(2) 三个基本参数

① 计划工作量的预算费用(BCWS-Budgeted Cost for Work Scheduled)，即项目实施过程中某阶段计划要求完成的工作量所需的预算工时(或费用)。

$$BCWS = 计划工作量 \times 预算定额$$

该参数主要反映进度计划应该完成的工作量，而不是应消耗的工时或费用。

② 已完成工作量的实际费用(ACWP-Actual Cost for Work Performed)，即项目实施过程中某阶段实际完成的工作量所消耗的工时(或费用)，该参数主要反映项目执行的实际消耗指标。

③ 已完成工作量的预算成本(BCWP-Budgeted Cost for Work Performed)，即项目实施过程中某阶段实际完成工作量以及按预算定额计算出来的工时(或费用)，即挣得值。

$$BCWP = 已完成工作量 \times 预算定额$$

(3) 四个评价指标

① 费用偏差 CV(Cost Variance)。

$$CV = BCWP - ACWP$$

当 CV<0 时，超支，执行效果不佳；

当 CV=0 时，实际消耗等于预算；

当 CV>0 时，有节余或效率高，执行效果好。

② 进度偏差 SV(Schedule Variance)。

$$SV = BCWP - BCWS$$

当 SV<0 时,进度延误;

当 SV=0 时,实际与计划进度一致;

当 SV>0 时,进度提前。

③费用执行指标 CPI(Cost Performed Index)。

$$CPI=BCWP/ACWP$$

当 CPI<1 时,超出预算;

当 CPI=1 时,实际费用与预算费用相同;

当 CPI>1 时,低于预算。

④进度执行指标 SPI(Schedule Performed Index)。

$$SPI=BCWP/BCWS$$

当 SPI<1 时,进度延误;

当 SPI=1 时,实际与计划进度一致;

当 SPI>1 时,进度提前。

【例 7-4】 图 7-12 为一个项目的挣值法评价曲线,项目计划 2017 年 5 月 1 日完工,但在 2017 年 3 月 1 日检查时发现有项目问题,实际完工日期为 2017 年 6 月 12 日。

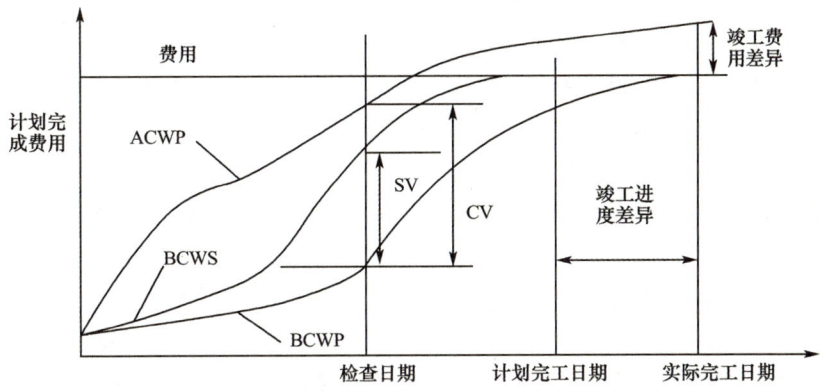

图 7-12 挣值评价曲线图

(1)试对 2016 年 3 月 1 日时的项目情况进行评价。

(2)试对该项目的整体情况进行评价。

解 (1)2016 年 3 月 1 日项目情况评价。

费用偏差 CV(Cost Variance)

$$CV=BCWP-ACWP<0,超支,执行效果不佳$$

进度偏差 SV(Schedule Variance)

$$SV=BCWP-BCWS<0,进度延误$$

费用执行指标 CPI(Cost Performed Index)

$$CPI=BCWP/ACWP<1,超出预算$$

进度执行指标 SPI(Schedule Performed Index)

$$SPI=BCWP/BCWS<1,进度延误$$

结论:项目进度延误的同时,费用超支,情况不佳。

(2)2016年6月12日项目情况评价。

$$费用偏差 CV = BCWP - ACWP < 0，费用超支；$$

费用执行指标 $CPI = BCWP/ACWP < 1$，超出预算，但超支情况好于2016年3月1日，同时，进度延误近一个半月。

案例

华为产品开发项目管理特点

2016年，华为公司全年研发总投入高达83.58亿欧元（约合人民币608亿元），稳居世界企业研发投入排名榜第八位，在中国企业中排名最高。其中，产品研发项目是重头，占用研发投资总额的83%。因此，华为管理层非常重视产品研发项目的管理工作，为了把产品研发活动管理好，华为公司在IBM等国际知名咨询公司的帮助下梳理了结构化的产品开发流程，引进多种先进的项目管理，特别是产品开发项目管理的方法，最终建立以产品开发项目经理(Lead Product Development Team，LPDT)管理项目工作体系。

1. 基于流程的产品开发项目管理模式

华为公司提倡流程化的企业管理方式，任何业务活动都有明确的结构化流程来指导。华为公司的产品开发流程分为6个阶段，分别是概念阶段、计划阶段、开发阶段、验证阶段、发布阶段、生命周期管理阶段。

当年IBM咨询顾问指导设计的产品开发流程，和之前华为公司产品开发模式相比，其中一项比较大的差别是：概念阶段和计划阶段明显比原来的流程周期长，更加重视概念阶段对产品的定义以及各领域策略的制定，以及重视计划阶段对技术方案的制订以及各领域实施方案的制订，后来华为公司经过几个团队(Product Development Team，PDT)项目的验证，这样的变更反而缩短了整个产品开发项目的周期。华为公司的产品研发项目，是基于产品开发流程的项目管理，由项目经理带领项目团队成员按照公司定义的流程，实施产品开发，完成项目目标。

2. 对产品开发项目实施端到端的管理

"端到端"是由IBM的咨询顾问引入华为的。其中心含义是在做产品开发项目时，要从市场端中来，最终通过项目活动满足市场端的需求。就是说，产品开发项目不仅仅是技术体系一个部门的工作，而且需要其他部门参与形成跨部门的团队才能完成产品开发目标，保证市场的需求。

为了完成最终的产品开发目标，需要市场人员参与（提供产品需求定义、制订产品宣传方案和实施等）、销售部门参与（销售预测及销售渠道建立等）、注册部门参与（注册方案制订及实施）、技术部门参与（产品技术实现及目标成本达成等）、制造部门参与（产品试制及生产测试设备开发等）等，只有各个部门参与了，才是完成了产品开发的任务。为了完成产品开发项目"端到端"目标，华为的产品开发项目团队成员采用跨职能部门组建方式，项目经理承担团队的领导职责。

3. 建立跨部门的项目管理模式

在引入 IBM 咨询之前,华为公司采用的是职能式的产品开发模式,将产品开发任务按照职能分配到各个职能体系,没有明确的产品开发项目经理,或者最多指定一个协调人,由于项目成员沟通不顺畅,产品开发周期和竞争对手相比较长,因此必须改变这种按职能模式进行产品开发的现状。

IBM 公司在给华为完成引入集成产品开发咨询项目的过程中,为华为公司建立了许多跨部门的业务团队,如产品开发团队(PDT)、产品组合管理团队(PMT)、集成技术管理团队(ITMT)等。其中,产品开发团队(PDT)是最典型的模式,团队成员分为核心组和外围组,分别来自市场、销售、财务、质量、研发、制造、采购、技术服务等部门,他们在项目经理(LPDT)的带领下,共同完成由集成组合管理团队(IPMT)下达的产品开发目标。

现在华为公司产品开发项目团队是采用重度矩阵式的管理模式,由项目经理和部门经理共同协商确定产品开发团队成员,团队成员在产品开发项目经理的领导下完成产品开发项目目标,职能部门经理由原来既管事又管人转变为只管人。也就是说,在引入产品开发团队后,职能部门经理的职责更多关注培养部门的能力,包括对部门人力资源规划与培养、部门技术的规划及开发、部门的管理体系建设、向项目团队提供合格的人力资源等。

4. 将研发项目按不同业务类型进行分类管理

华为公司将研发体系的项目重点分为产品预研、产品开发、技术预研、技术开发共四大类。之所以将研发项目分类,也是为了考核的需要。针对预研项目而言,由于预研项目风险大、结果难以预知,因此对进度、结果考核的权重要小一些;而对开发项目而言,由于进度、结果可以预知,质量可以控制,因此针对开发项目,进度、质量、财务往往成为考核的目标。

另外,不同类型的项目对人力资源要求不同,对预研项目,技术倾向明显,往往是技术水平高的人进行预研工作,而开发人员往往工程化倾向明显,华为公司提出的"工程商人"大部分是针对开发人员而言的。

习 题

1. 华为在引入集成产品开发概念,构建产品开发项目经理管理体系前后在哪些方面发生了改变?

2. 为什么产品开发项目经理管理体系能提升华为产品研发项目管理效益?

3. 在项目管理过程中,为什么要进行工作分解?

4. 为什么越来越多的项目采用矩阵式组织结构?

5. 网络图与甘特图有何不同?

6. CPM 与 PERT 的区别是什么?

7. 项目管理重点优化哪些指标?

8. 某项目由 11 项作业组成,各作业的工期及相互间的逻辑关系如表 7-7 所示,请绘制网络图,并用作图法确定关键线路以及项目的总工期。

表 7-7

作业	A	B	C	D	E	F	G	H	I	J	K
紧前作业	—	—	A	B	C	DE	C	GF	GF	H	IJ
作业时间/天	2	3	1	4	2	5	2	4	3	2	3

9. 请用作图法确定表 7-8 所示之项目的关键线路以及项目的总工期,并说明你使用的是关键线路法还是评审计划法。

表 7-8

作业	A	B	C	D	E	F	G	H	I
紧前作业	—	A	A	A	B	CD	EF	D	GH
作业时间/天	2	3	1	4	2	5	2	4	3

10. 某项目由 9 项作业组成,各作业的工期及相互间的逻辑关系如表 7-9 所示,时间单位为天,成本单位为千元。请绘制网络图,并确定关键线路及项目的总工期。如果希望项目总工期缩短 2 天,计划应做何调整?

表 7-9

作业	A	B	C	D	E	F	G	H	I
紧前作业	—	—	A	A	DB	DB	CG	FH	
正常工期	4	3	2	5	1	3	4	4	6
正常成本	10	6	4	14	9	7	13	11	20
赶工后工期	2	2	1	3	1	2	2	1	5
赶工后成本	11	9	6	18	9	8	25	18	29

案例

我国高速动车行业研发历程

1997 年中国启动第一次火车提速,开行了最高时速达 140 公里、平均旅行时速 90 公里的 40 对快速列车和 64 列夕发朝至列车。到 2007 年经历了 6 次提速。到 2017 年 4 月,中国铁路将再一次调整运行图,是自 2007 年十年以来铁路最大幅度的一次调图。普通旅客列车的旅行时速 128 公里到 200 公里运行。新建 250 客运专线按 258 公里到 380 公里时速运行。在过去的 20 余年,中国铁路运输发生了翻天覆地的变化,其中成功的国产的高速动车研发是中国铁路提速基础保障之一。

中国的第一代高速动车组源于大规模的海外技术引进。2006 年,中国大规模引进日本、法国、德国等国高速动车组技术,进行消化吸收再创新后生产的一批动车组,主要分为青岛四方庞巴迪(BST)公司的 CRH1 系列、四方股份的 CRH2 系列、唐车公司的 CRH3 系列和长客股份的 CRH5 系列。

第二代高速动车组吸收消化了引进技术后,更加契合我国铁路运营的实际情况。第二代高速动车组编号以 CRH380 开头,其中 CRH380A(L)系列为四方股份研制,CRH380B(L/G)系列为唐车公司、长客股份研制,CRH380CL 为长客股份研制,CRH380D 为青岛四方庞巴迪(BST)生产。

  第三代高速动车组 CR400AF 及 CR400BF 分别是四方股份在原 CRH2 系列以及长客股份在原 CRH5 系列的基础上进行自主化优化设计而研制的。复兴号是中国标准动车组列车,由中国铁路总公司主导、中国铁道科学研究院牵头 20 余家单位联合历经 3 年研制而成、具有完全自主知识产权的第三代高速动车组,旨在针对中国高铁的运营特点,制定中国高铁标准。中国铁路总公司的资料显示,中国标准动车组涉及的 254 项重要标准,中国标准占 84%,高铁正式迈入中国标准时代。

资料来源:中国报告网

第8章 供应链管理

8.1 供应链管理概述

自20世纪80年代起,特别是步入21世纪以来,随着卖方市场向买方市场的转变以及全球化进程的加快,企业所面临的市场环境愈加复杂多变,具体表现在三个方面:顾客(Customer)需求的不确定性增加,趋于个性化和多样化;更高强度和全球范围内的市场竞争(Competition);技术、经济和政治环境的剧烈变化(Change)。单靠企业自身的有限资源孤军奋战是不够的,企业之间合作和联盟的趋势日益明显,大规模的企业并购和联盟的消息不断传来,对企业联盟或合作结构进行总体规划、流程重组、运作协调和控制以及系统优化,以提高其整体效益的需求也随之产生。基于此,供应链管理正成为当代管理领域研究的热点和重点,并逐渐由一门单纯的管理技术上升为一种用以适应新的竞争环境的管理新模式。美国著名供应链专家M. Christopher就此指出:"21世纪的竞争不再是企业和企业之间的竞争,而是供应链与供应链之间的竞争"。

8.1.1 供应链

供应链(Supply Chain)的概念可追溯到20世纪40年代的军事后勤学(Logistics),所谓军事后勤就是为军队提供军事装备和生活补给的供应系统。军事后勤学后来演变为物流学,其中蕴含着供应链管理的许多思想。"供应链"的正式提出则是在20世纪80年代初,到目前为止,尚没有形成一个公认的表述。以下是一些学者对供应链的定义:

Lin. F. R. 认为,供应链是包括供应商(Supplier)、制造商(Manufacturer)、分销商(Distributor)在内,涉及物流、资金流、信息流的企业网络系统;Walker. W. T. 则认为,供应链是由自主或者半自主的企业实体构成的网络,这些企业实体共同负责一类或多类产品相关的采购、生产,并最终将产品递送给顾客等各项活动;我国学者陈国权认为,企业产品从原材料和零部件采购、运输、加工制造、分销直至最终送到顾客手中的这一过程被看成一个环环相扣的链条,这就是供应链;我国另一位学者蓝伯雄认为,供应链是原材料供应商、零部件供应商、生产商、分销商、零售商、运输商等一系列企业组成的价值增值链。

以上对供应链的定义都反映了供应链是一个包括供应商、制造商、分销商、零售商直到最终用户的网络体系;供应链涉及物流、信息流和资金流的整合;供应链要求对网络体系中的采购、运输、加工制造、分销等业务流程进行重组、集成和优化;供应链是一条价值增值链。我国学者马士华结合我国国情,给供应链下了一个大家普遍认同的定义:供应链是围绕核心企业,通过对信息流、物流、资金流的控制,从采购原材料开始,到制成中间产品以及最终产品,最后由销售网络把产品送到消费者手中的将供应商、制造商、分销商、零售商直到最终用户连成一个整体的功能网络结构。供应链的结构如图 8-1 所示。

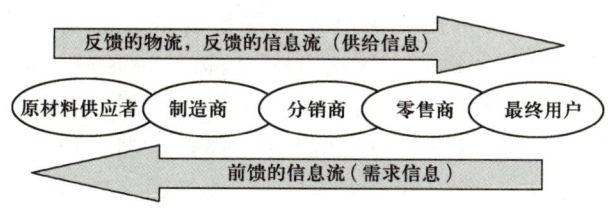

图 8-1 供应链的结构

8.1.2 供应链管理

供应链的构建和高效运行需要有效的供应链管理(Supply Chain Management),关于供应链管理目前尚未形成统一的定义,有以下几个典型的定义:

Cooper 认为,供应链管理是一种管理从供应商到最终用户的整个渠道总体流程的集成哲学;Mentzer 认为,供应链管理是对传统的企业内部个别业务部门间以及企业之间的职能从整个供应链上进行系统的、战略性的协调,目的是提高供应链及每个企业的长期绩效;Evens 认为,供应链管理是通过前馈的信息流和反馈的物流和信息流,将供应商、制造商、分销商、零售商直到最终用户连成一个整体的管理模式;陈国权认为,供应链管理就是指对整个供应链系统进行计划、协调、操作、控制和优化的各种活动和过程,其目标是要将顾客所需正确的产品(Right Product)能够在正确的时间(Right Time),按照正确的数量(Right Quantity)、正确的质量(Right Quality)和正确的状态(Right Status)送到正确的地点(Right Place),即 6R,并使总成本最小。

可见,供应链管理是一种新的管理模式,它通过对供应链网络的计划、协调、优化和控制,把从供应商直到最终用户连成一个整体,并通过对物流、信息流和资金流的整合与有效控制,不断降低整个供应链网络的库存水平和成本水平,并同时提高顾客满意度,以实现参与供应链各方的共赢,并使最终用户获得最大限度的满足。

8.1.3 供应链管理产生的原因

1. 日本企业在 20 世纪 80 年代的异军突起所带来的启示

日本企业不仅积极采用了 JIT、TQM 等管理技术来加强各个部门之间的沟通与合作,同时核心企业与供应商之间还保持着长期交易、共同改进和共享收益的合作伙伴关系。另外,日本企业还将顾客需求纳入企业管理系统内部,采用柔性制造系统(FMS)等技术来提高生产运作的柔性和服务水平,使其保持了竞争优势。美国企业面对日本企业的强力挑战,在 20 世纪 80 年代末提出了供应链管理这一新的管理模式,并借此重新取得了制造业霸主的地位。

2. 新的市场环境呼唤并催生新的管理模式

随着全球化进程的加快,以及卖方市场向买方市场的转变,一方面,剧烈变化的市场环境使投资风险加大,过去所盛行的、适用于相对稳定环境的"垂直一体化"模式面临巨大挑战。企业将自己有限的资源投入过多的经营领域,不仅使自己的组织结构过于臃肿而失去适应多变环境的柔性,而且不易形成自己的核心竞争力。另一方面,依靠单个企业的单打独斗,已很难把握瞬息万变的市场机会和满足顾客对产品、服务质量以及时间性的要求。因此,"横向一体化"的供应链管理模式逐渐受到青睐。企业不再试图对原材料采购以及产品生产和销售的全过程进行控制,而是专心于自己的核心领域。企业把次要的环节外包给服务提供商(比如第三方物流企业),通过与供应链内伙伴的长期合作,来共同满足顾客的需求。同时,最终顾客也被纳入供应链网络中,因此必须分析和预测顾客需求,利用顾客需求来推动供应链的运作,从而有效满足顾客需求,以赢得顾客和创造利润。

3. 企业进一步降低成本的需求

随着JIT、TQM、MRPⅡ等先进管理技术的应用,企业内部已变得日益精益化,而与供应商和顾客的两头以及企业外部的物流活动成为进一步降低成本的瓶颈环节。于是,企业纷纷重视企业以外的费用,通过把供应商和顾客纳入自己的管理系统并与他们合作,通过加强企业外部物流系统和内部制造系统的配合以求进一步降低成本水平,提高企业利润水平和创造更多的顾客价值,提高企业的市场竞争力。

4. 现代信息技术的发展为供应链管理的实现奠定了技术基础

近20年来信息技术的飞速发展,促进了企业信息化进程,使得供应链管理的实现成为可能。一方面,企业内部信息化的进展,使得企业信息系统延伸到外部供应商和顾客,管理人员的视角也延伸到了整个供应链;另一方面,信息技术的发展使得企业之间的信息沟通更为顺畅,信息传输更为便捷,使得企业之间的交易费用和协调费用大为降低,企业之间通过合作共享同一原始数据,能大大减弱牛鞭效应(Bullwhip Effect)的负面影响,从而共同降低成本并实现对顾客需求的快速满足。

图8-2表示了上述4个原因之间的逻辑关系。

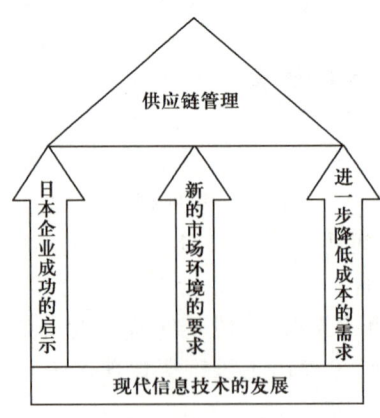

图8-2 供应链管理产生的原因

8.1.4 供应链管理的主要思想

1. 供应链成员之间的协作观念和整体意识

大部分顾客的需求变化迅速且对质量、交货时间等都提出了更高的要求,因而只有通过供应链成员之间的相互协作和共同努力,依靠供应链成员之间的整体意识,才能抓住市场机会,有效满足顾客需求。

2. "横向一体化"的管理思想

现代企业大多越来越关注自己的核心竞争力,而不是试图纵向控制整个产业链。企业专注于自己的核心领域,并通过与其他企业的横向联盟与合作,实现相互之间核心竞争力的互补效应。

3. 集成化的思想

供应链管理的实施强调集成化的思想。一方面,企业要实现内部流程的集成和优化;另一方面,也是更重要的一个方面,实施供应链管理要求实现企业之间物流、资金流、信息流和工作流的集成和优化,即实现企业外部的集成化。

4. 强调借助现代信息技术

企业信息化是实施供应链管理的先决条件。通过信息在供应链伙伴中的共享,供应链成员就不需要用大量的库存来应对需求的不确定性,库存水平的降低带来了成本水平的降低和运作水平的提高,从而提高了整个供应链的竞争力。

5. 强调高顾客满意度

供应链管理模式的诞生和存在意义就是为了在新的市场环境下有效地满足顾客的需求,提高顾客满意度,以赢得激烈的市场竞争。因为在买方市场的条件下,顾客是供应链运作的原动力,也是企业最宝贵的资源和财富。

8.1.5 供应链管理的主要内容

供应链管理是当今管理界研究的重点和热点,理论界和实践界也在不断地丰富和深化着供应链管理的内容。从总体上说,供应链管理的内容可从三个维度进行划分:第一个维度是根据研究方式的不同划分为供应链理论研究和供应链实证研究;第二个维度是供应链管理的具体内容,包括供应链策略研究、供应链体系设计、供应链库存管理、供应链合作伙伴关系的选择、信息技术对供应链的支持、供应链绩效评价体系、供应链建模技术等;第三个维度是供应链运行模式研究,包括基于产品的供应链、敏捷供应链、集成供应链、虚拟供应链和绿色供应链的研究。

1. 供应链策略研究

该领域主要是研究供应链的具体运作,主要包括:快速响应(QR)、有效用户响应(ECR)、准时采购、IT 应用和延迟技术(Postponement Technology)等。

2. 供应链体系设计

供应链体系结构包括链式结构和网状结构。链式结构是指从供应商到制造商、分销商、零售商,一直到最终用户。而网状结构则是指把与供应链相关的企业都看作一个节点,这些节点存在联系,联系有强有弱,并处于不断变化的状态,形成一个动态的网络结构。

3. 供应链库存管理

供应链库存管理是实现供应链集成化管理的一个关键方面,它通过不断降低整个供应链的库存水平来降低成本和减少风险。供应链库存管理技术主要包括:供应商管理库存 VMI(Vendor Managed Inventory)、面向供应链库存管理设计、联合库存管理技术、多级库存控制与优化等。

4. 供应链合作伙伴的选择

供应链合作伙伴的选择是供应链管理的重要内容。目前,该领域研究的重点是:供应链合作伙伴的选择、企业集成模式、合作伙伴的契约关系、合作伙伴的绩效评价和激励、委托代理关系研究等。研究表明,企业的信用、企业之间的相互信任以及法律的约束作用起着重要作用。

5. 信息技术对供应链管理的支持

供应链管理需要借助信息技术的支持,才能实现供应链上信息的及时准确流动和共享。目前使用较为普遍的信息技术包括:电子数据交换(EDI)、卫星通信技术、条形码技术、蜂窝技术、无线视频技术、智能运输系统(ITS)以及 Internet/Intranet 技术等。

6. 供应链绩效评价体系

供应链绩效评价体系通过对供应链活动全面科学的分析和评价,来判断整个供应链运行的效果和价值。其评价的方法主要包括 ROF 法、SCOR 供应链运作参考模型法、ABC 作业成本法、平衡供应记分法等。

7. 供应链建模方法

供应链建模经历了从确定型模型到随机型模型、从单产品模型到多产品模型、从国家模型到国际模型的发展过程。目前主要有排队论模型、对策论模型、网络流模型、策略评价模型、运用复杂的自适应系统理论建立的基于 multi-agent 的供应链仿真 SWARM 模型、基于 Meta 图的离散制造业供应链建模等。

8. 基于产品的供应链设计

产品的需求预测、产品的寿命周期、产品类型、产品服务的市场标准等都是影响供应链设计的重要问题。一般认为,两种不同的产品类型分别对应着两种不同的供应链:一个是有稳定需求的功能性产品对应的效能型供应链;另一个是不稳定需求的创新型产品对应的响应型供应链。

9. 敏捷供应链管理

敏捷供应链管理 ASCM(Agile Supply Chain Management)是以信息技术为核心,通过建立一个开放式、集成化的电子数据环境,把不同领域或地点的优势企业集成到一起,达到快速有效地提供产品和服务的目的。研究内容包括基于供应链管理的信息集成、渠道战略规划、供应链分析诊断和系统的快速重构等。

10. 集成供应链管理

集成供应链管理 ISCM(Integrated Supply Chain Management)克服了原有的产、供、销之间的障碍,将企业内部和外部供应链集成起来,以实现供应链整体的最优化目标,以系统的观点建立供应链的理论模型和开发关键技术。

11. 虚拟供应链管理

虚拟供应链管理 VSCM(Virtual Supply Chain Management)是基于全球化的动态供应链管理。虚拟供应链的建立要依赖于快速的信息技术支持,它在很大程度上使供应链各成员摆脱了供应链上的从属地位,使供应链合作伙伴感受到平等和安全。

12. 绿色供应链管理

绿色供应链管理 GSCM(Green Supply Chain Management)是美国国家科学基金会于1996年提出的,主要是应对日益增长的环保压力和资源短缺问题。绿色供应链管理是基于绿色制造(GM)和供应链管理的交叉学科,目的是实现供应链的可持续性生产和绿色制造。企业须把环保问题纳入自己的生产和管理体系中,以此降低成本、清洁生产和更好地满足顾客需求,并使整条供应链最清洁环保,资源利用效率最高。绿色供应链研究的主要内容包括建立绿色供应链系统的理论体系、进行绿色供应链的决策支持技术、绿色供应链的集成和运作管理技术等。

8.1.6 供应链管理的意义

1. 促进现代生产方式的产生与发展

供应链管理的不断完善和发展加速了现代生产方式的发展。现代生产方式是依据比较优势(Comparative Advantage)的理论,以现代化的信息技术为手段,以企业的核心竞争力为中心,实现全球化的采购、生产组织和销售。于是,在这种生产方式下,现代化物流管理的地位凸显出来。现代物流系统在生产中起着枢纽作用,连接和加速生产的各个环节。与之相生的供应链管理则成为管理现代生产方式和现代物流系统的强大工具。

2. 对商业流通方式的创新

商业流通方式,传统上称为批发和零售。在电子商务环境下,批发称为 B to B(Business to Business),零售称为 B to C(Business to Customer)或 C to C(Customer to Customer)。B to B 即传统的批发在社会商品流通中占据相当大的份额,对社会资源的配置起着重要作用。在流通方式革命中,我们所追求和希望的是自己的交易圈相对稳定,并积极寻求其实现的路径。供应链管理就为我们提供了这一路径,所以说供应链管理是现代流通方式的创新,是新的利润源泉。在供应链中,上游与下游企业形成战略联盟,它们的关系是相对稳定的。它们通过结成供应链伙伴关系,实现信息共享,形成"双赢"关系,实现社会资源的最佳配置,降低供应链总成本,避免企业间的恶性竞争,提高各企业和整个供应链及全社会的效益。供应链向我们展示了现代的、全新的流通。

3. 改变现代社会竞争的方式

在传统的生产和流通中,竞争主要是企业之间的竞争,既有同业之间的竞争,也有供应链中上游和下游企业之间的竞争。这种竞争的结果往往破坏生产和流通的正常规律和次序,使企业效益下降。这是一种不良的竞争,而且往往以降价为主要手段。

现代的供应链管理使上下游企业形成战略联盟关系,从企业之间的竞争转为供应链之间的竞争。竞争的核心是管理手段的现代化程度,是现代信息技术支撑下更高水平的供应链之间的竞争。生产和流通实现了更大范围内的集成,随着供应链总成本的减少,也会带来整个社会总成本的减少和生产效率的提高。

4. 导致企业和供应链的流程重构

供应链的管理不仅是管理技术的改变,更涉及企业、供应链甚至是产业重构这样深层次的问题。要真正实施供应链管理,在企业内部要进行业务流程重构和企业组织结构重构。在重构中,要冲破传统的"大而全""小而全"的生产和流通方式,以核心竞争力为指导思想,在企业外部要进行整个供应链的重构,选择好自己的战略联盟伙伴,规范相联系的技术和路径,并对相关利益与风险进行合理的分享与承担。

5. 促进现代信息技术的应用

由于利益主体不同,供应链管理比企业管理更为复杂。而且由于供应链上各企业的地域分布更广,现代信息技术是供应链管理必不可少的支撑。在供应链管理的主要管理方法 ECR、QR、CPFR 中,都运用了如 EDI、POS、自动补货(CAO)、预先发货通知(ASN)、厂家管理库存(VMI)等信息技术。它们在供应链管理中产生,反过来又促进了供应链管理的成熟和不断发展。

8.1.7 我国的供应链管理

我国加入 WTO 和全球一体化进程的加速,使我国企业面临着更为激烈的市场竞争。这种跨越时空的、全球化的竞争态势对我国企业的管理方式提出了更高的要求。我国企业需要与其供应商、分销商、零售商以及最终用户之间保持一种长期合作、风险共担、利益共享的伙伴关系,而不是简单的、纯粹的业务关系。在我国,有一部分企业正在实行供应链管理,也取得了不错的成效,但是从总体上看,由于受传统的计划经济体制和短缺经济的影响,许多企业都是"腰鼓型"结构,即重制造,轻产品设计和顾客服务。而且,企业热衷于纵向控制整个产业链,不太关注横向企业之间的合作,而这种现状是不适合当前市场竞争环境的。总而言之,我国的供应链管理还处于初级发展阶段,有非常广阔的发展前景。

当前,我国实施供应链管理还存在许多不利因素的影响,主要表现如下:

(1)很多企业尚没有把供应链纳入自己的管理和经营系统中,仍是追求单个企业之间对某个终端市场一对一的单打独斗和占领。

(2)计算机网络技术和通信技术地区发展不平衡,企业信息化程度不高,不利于异地企业之间供应链的组织。

(3)企业内部部门与部门之间存在本位主义,配合不畅,企业与企业之间缺乏信用机制,不利于供应链的形成和运作。

(4)企业缺少有自主知识产权的核心技能、产品开发能力,无法形成供应链网络上具有强大核心竞争力的核心企业。

(5) 企业经营机制不够灵活,缺乏适应多变市场的柔性与敏捷性。

(6) 传统的组织结构和思想观念,以及不够成熟的市场结构和法律体系,也阻碍着供应链管理的顺利实施。

为使供应链管理成功实施,我国企业还需要做很多工作:

(1) 树立供应链管理的观念,摆脱传统思想观念对企业的束缚。供应链上的节点企业需要有"双赢"的合作观念,企业之间需要诚信,共同分担市场风险,消除相互间不必要的信息不对称。

(2) 适时采用先进的供应链管理方式,引入 JIT、QR(快速反应)、ECR(有效客户反应)、ERP(企业资源计划)等先进的管理思想与方法,并同时引入先进的信息支持技术。

(3) 合理规划供应链系统,包括合理规划供应链工作流程、发挥核心企业对供应链上资源的统一集成和协调作用、对供应链节点企业的合理布局等。

(4) 业务流程重组,即根据供应链的特点进行流程的重新设计和优化,使得供应链上的节点企业能取得系统最优的效果。

(5) 研究适合我国企业的供应链绩效评价系统。供应链绩效评价系统不同于单个企业的绩效评价系统。新的绩效评价系统要与新的供应链组织和运作方式相匹配,并要应用于新的供应链激励体系中。

面对激烈的全球化市场竞争,我国企业应当只争朝夕。理论界急需探索和建立符合中国国情的供应链管理理论体系,我国企业也需在经营和管理过程中不断借鉴和吸收国内外供应链管理的经验教训,不断探索供应链管理在中国实施的科学方法和途径。

8.2 供应链的组织与核心企业

随着供应链管理的提出和不断发展,人们逐渐发现传统的组织结构及其运作与供应链管理这种新的管理模式和实践的不相适应性。因此,研究供应链的组织显然是非常必要的。

8.2.1 供应链的组织类型

在供应链上具有优势地位和起着核心作用的企业称为核心企业(Core Enterprise)。核心企业在供应链中起着组织管理的重要作用。从供应链组织的角度来看,供应链运行的动力源主要来自供应链的核心企业。供应链通常由供应商、制造商和销售商三部分组成。在供应链的组织中,根据核心企业在供应链中所扮演的不同角色,可以把供应链的组织分成以下四种类型。

1. 销售商作为核心企业的组织结构

作为核心企业的销售企业,它本身拥有分布广泛的销售网络和渠道、强大的销售能力和产品设计等优势,通过及时了解顾客需求和刺激消费,拉动上游企业和整个供应链的运作。销售、客户服务这些功能就由核心企业自己的销售网络来完成。因此,供应链组织结构的构建主要集中在供应商这一部分,供应链管理的中心转到供应商的选择、信息网络的设计、生产计划、生产作业计划、跟踪控制、库存管理、供应商与采购管理等方面。销售商作为核心企业的主要优势在于其具有销售网络优势、品牌优势和实时采集最终消费信息优势。销售商作为核心企业的组织结构如图 8-3 所示。

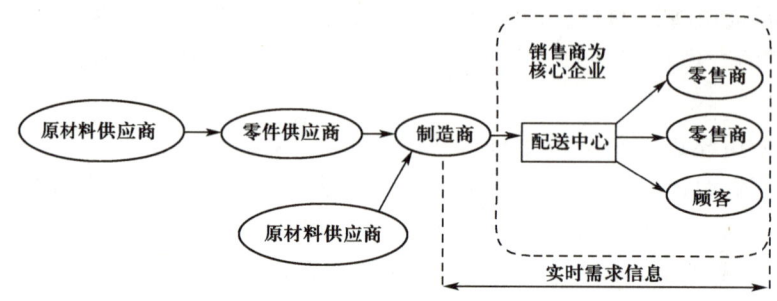

图 8-3　销售商作为核心企业的组织结构图

2. 制造商作为核心企业的组织结构

作为这类核心企业,它本身享有供应和生产的特权,或者享有在制造、供应方面不可替代的优势,比如能源、原材料生产企业。但其在分销、客户服务等方面则不具备竞争优势。因此,在这一模式中,供应链管理主要集中在经销商、用户的选择、信息网络的设计、需求预测计划与管理、分销渠道管理、用户管理与服务等方面。制造商作为核心企业的组织结构如图 8-4 所示。

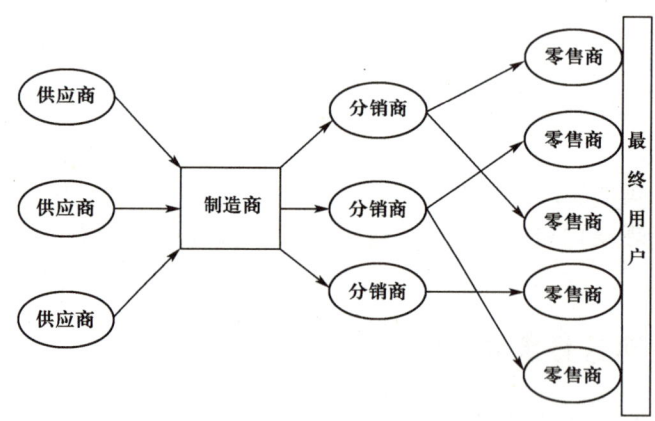

图 8-4　制造商作为核心企业的组织结构图

3. 供应商作为核心企业的组织结构

在供应商驱动模式下,由于供应商所拥有的优势主要在于自然资源的优势,因此其在市场上寻求相关资源的需求者,形成一条相对独立的供应链。供应商驱动模式所提供的产品主要有原材料、农产品、工业半成品等。供应商作为核心企业的组织结构如图 8-5 所示。

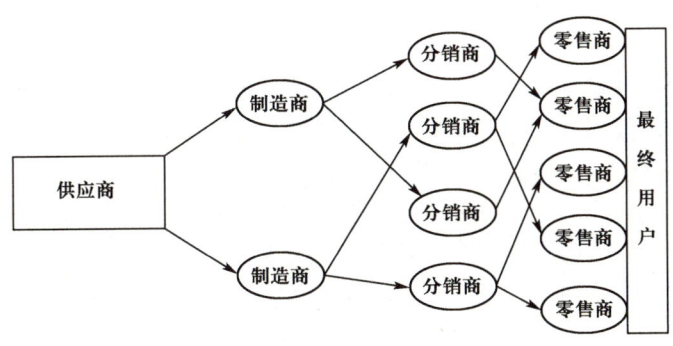

图 8-5　供应商作为核心企业的组织结构图

4. 核心企业作为连接组织

这类核心企业往往具有良好的商誉和较大规模,具有供应链管理的丰富经验,并且掌握着本行业大量的信息资源。它主要通过在众多中小企业和大的供应商之间建立联系,代表中小经销企业的利益取得同大的供应商平等的地位,从而建立起彼此合作的战略伙伴关系。因此,供应链管理主要集中在中小企业与大的供应商之间的协调、信息交换和中小企业的控制等方面。

8.2.2　供应链中核心企业的作用

由于供应链上的成员企业都是独立的法人,各企业之间没有直接的隶属关系,因此就需要有一个控制中枢系统来协调供应链上的各成员,使供应链网络成为一个整体。核心企业在供应链的组织和运作中就扮演着这样一个举足轻重的角色。核心企业在供应链管理运作中的重要作用主要体现在以下三个方面。

1. 核心企业是供应链的信息交换中枢

来自顾客的需求信息通过各个渠道的分销商和零售商传递到核心企业(如制造商),核心企业经过处理,再把分解后的需求信息(如对某种零部件的需求日期和数量)发送给上游的供应商。等订单完成后,再从上游企业(原材料供应商)将信息反馈给中游的核心企业,经核心企业处理后(如将与零部件有关的信息转变为产品信息),再反馈给下游企业。由于供应链的运作效率在很大程度上取决于供应链网络上的信息交换速度与质量,因此,要想信息共享流畅、及时,就必须提高供应链上的信息传递质量,尽可能地消除由于信息延迟及供应链复杂性提高导致的"牛鞭效应",在这方面,核心企业起着至关重要的作用。

2. 核心企业是供应链的物流集散中心

核心企业扮演了对物流集散、配送进行调度的角色:向供应商适时发出物料需求指令,向销售商适时发出供货指令,以保证各个节点都能在正确的时间、正确的地点,得到正确的品种、质量和数量的零部件,既不造成缺货,又不造成库存积压,使供应链总成本保持最低水平。因此,供应链是否是一条增值链,与核心企业对物流的调度水平有很大关系。

3. 核心企业是供应链的协调控制中心

核心企业必须协调好供应链上各个合作伙伴之间的利益关系，以保证供应链的整体效益最大化。在追求供应链的整体效益最大化过程中，可能会产生供应链合作伙伴之间利润分配上的争执和矛盾，这就要求核心企业必须将利润在整条供应链中进行合理分配，以维护供应链的公平性和公正性，并能有效激励供应链合作伙伴关系进一步发展下去。供应链包含一个由组建、运行、解散构成的完整的生命周期历程，从组建过程中的发起工作、运行过程中的沟通协调工作直到解体后的善后处理工作，核心企业都起着协调和控制作用。

供应链运作的好坏以及整个供应链竞争力的大小，在很大程度上取决于供应链上核心企业的竞争力。核心企业的经营思想与合作精神、产品结构与产品开发能力、企业规模及其在行业中的地位等诸多因素，对维系供应链有效运作具有重要的影响。

8.2.3 供应链合作伙伴的选择

供应链条件下选择合作伙伴是构建供应链所面临的首要问题。合作伙伴的业绩在今天对供应链的整体运作影响越来越大，在产品质量、库存水平、交货、产品设计等方面都决定着供应链运作的成功与否。传统的业务关系已不再适应全球竞争加剧、产品需求日新月异的市场环境。企业为了实现低成本、高质量、高柔性、快速响应的竞争模式，就必须选择合适的供应链合作伙伴。

1. 合作伙伴关系的概念和选择步骤

所谓合作伙伴关系，还可以用诸如联盟、合作协议、组织间关系等来描述。有一种观点认为，它是双方合作可以产生比一般的市场交易更低的交易成本的公司间的关系。我们认为合作伙伴关系是一种双方通过约定的协议或合同，规定双方合作的条件和需求，以促进企业之间或各企业部门之间在降低成本、联合产品开发与设计、共同改进质量等方面合作的一种机制。

建立合作伙伴关系，意味着企业从观念上和结构上要进行改变。因此，必须细致地挑选合作伙伴，以确保双赢(Win-Win)关系的实现。

为了建立供应链合作伙伴关系，核心企业首先应从企业战略的角度来检验是否真的需要建立供应链合作伙伴关系。企业必须首先评估与传统的供应过程相比新的合作伙伴关系潜在的风险和利益，确定挑选合作伙伴的准则，评估潜在的候选企业，正式建立合作伙伴关系。一旦某个伙伴被选中后，就要开始真正建立正式的关系，包括合作伙伴之间对彼此的需要要有完整的认识，维持和改进合作伙伴关系，增强彼此间的合作关系或者必要时解除与某些企业的合作关系。

合作伙伴关系的选择步骤可以归纳为四步：

(1) 战略需求分析，即从战略上确定伙伴关系的必要性；

(2) 制定标准，选择合适的合作伙伴；

(3) 正式建立合作伙伴关系；

(4) 实施和加强合作伙伴关系或在必要时解除合作伙伴关系。

2. 供应链合作伙伴关系的选择方法

供应链合作伙伴关系的选择方法很多,常用的选择方法大致分为三类,见表 8-1。第一类是出于经济方面考虑,包括采购成本法和 ABC 法。第二类方法需要指标体系,如层次分析法(Analytic Hierarchy Process,AHP)、线性加权法、模糊评价、群决策。这类方法首先在属性层确定各备选方案的值,然后按照指标体系和相应的模型进行综合得到最后的结果,以作为合作伙伴选择的参照。第三类是模拟自然界的选择过程,不需要指标体系的方法,即遗传算法。目前,第二类方法使用得比较多,而构建指标体系是最为关键的问题。以下主要介绍层次分析法(AHP)。

表 8-1 合作伙伴关系选择的常用方法

种类	方法名称	方法简介
第一类	采购成本法	对质量和交货期都能满足要求的供应商,需要通过计算采购成本来进行比较分析。采购成本一般包括售价、采购费用、运输费用等各项支出的总和。针对各个不同供应商的采购成本计算分析,来选择采购成本较低的供应商
	ABC 法	基于活动的成本分析法(ABC 成本法)通过计算合作伙伴供应商的总成本来进行选择。总成本指因采购活动而产生的直接和间接的成本总和。ABC 计算由合作伙伴各项性能指标在企业生产经营过程中引起的附加费用。为企业在选择合作伙伴的过程中提供了比较合理的依据和方法
第二类	模糊评价	这是一种将定性与定量相结合的有效方法。在确定因素集、评语集后,建立因素集和评语集的模糊映射关系,将自然语言的评语转化成隶属度表示的定量化评价值。具体步骤是:建立因素集或称指标集,并确定各因素的权重;确定评语集;建立因素集与评语集之间的模糊关系,形成评价矩阵;按照权重模型求解方法,得出备选对象上一层评语
	线性加权	这是目前合作伙伴定量选择较常使用的方法。其基本原理是给每个准则设定配一个权重,每个合作伙伴的定量结果为该合作伙伴各项准则的得分与相应准则权重的乘积的和。通过对各合作伙伴定量结果的排序比较,实现选择
	群决策	决策组由客户、外部专家、合作伙伴多方人士共同组成。决策组成员根据自己的偏好对所有的合作伙伴按照评价准则打分,最后按照群决策的方法集结所有成员的偏好,得出一致的结论
第三类	遗传算法	遗传算法(GA-Genetic Algorithm)是建立在自然选择和自然遗传学机理基础上的迭代自适应概率性搜索算法。它模仿生物的基因重组、基因突变以及自然选择的优胜劣汰的过程,吸收了进化论中蕴含的搜索和优化的先进思想,为工程领域和一些其他领域提供了一条崭新的优化途径。主要的步骤是构造问题,染色体编码,适应度计算,在遗传算子作用下染色体变异形成新一代染色体的迭代过程

AHP 法是一种对非定量事件做定量分析的简便方法。基本原理是根据具有递阶结构的目标、子目标、约束条件、部门等评价方案,采用两两比较的方法确定判断矩阵,然后把与判断矩阵的最大特征值相对应的特征向量的分量作为相应的系数,最后综合给出各方案的权重。应用 AHP 法解决决策问题一般有四个步骤:建立层次结构;构造判断矩阵;层次单排序和一致性检验;层次总排序和一致性检验。由于其可靠性高、误差小,目前已在许多领域得到了广泛应用。下面通过一个例题来介绍 AHP 法在合作伙伴关系选择上的具体应用。

第一步:建立目标层次,如图 8-6 所示。

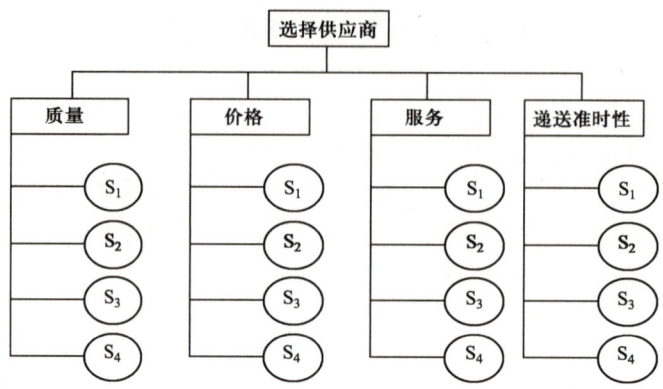

图 8-6 目标层次图

假设企业选择供应商有 4 个标准,它们分别是质量、价格、服务、递送准时性,企业最终选取了 S_1、S_2、S_3、S_4 这 4 个供应商作为候选供应商。由此建立如图 8-6 所示的目标层次图。

第二步:构造判断矩阵。

AHP 的构造判断矩阵的基础信息主要是人们对各层次因素的相对重要性所给出的判断,这一判断用数值表示出来,并形成矩阵形式,就成为判断矩阵。判断矩阵是 AHP 所有工作的出发点,也是 AHP 关键的一步。对各层次因素的相对重要性的判断见表 8-2。

表 8-2　　　　　各因素相对重要性的表示

重要性数据表示	重要性文字描述
1	同样重要
3	重要一点(稍微重要)
5	重要(明显重要)
7	重要得多(强烈重要)
9	极端重要(绝对重要)

第三步:求各因素的权重。

首先求出两两比较矩阵每一列的总和,见表 8-3。然后,把两两比较矩阵的每一元素除以其相应列的总和,所得商所组成的新矩阵称为标准两两比较矩阵,见表 8-4。最后计算标准两两矩阵的每一行的平均值,这些平均值就是各方案的权重。

表 8-3　　　　　两两比较矩阵

	质量	价格	服务	递送准时性
质量	1	2	4	3
价格	1/2	1	3	3
服务	1/4	1/3	1	2
递送准时性	1/3	1/3	1/2	1
列求和	25/12	11/3	17/2	9

表 8-4　　　　　　　标准两两比较矩阵

	质量	价格	服务	递送准时性	
质量	12/25	6/11	8/17	3/9	0.457
价格	6/25	3/11	6/17	3/9	0.300
服务	3/25	1/11	2/17	2/9	0.138
递送准时性	4/25	1/11	1/17	1/9	0.105
				总和	1.000

第四步：计算各个供应商分别在质量、价格、服务和递送准时性四个评价指标上的两两比较矩阵并计算权重，方法同上。见表 8-5。

表 8-5　　　　　　四个供应商对评价指标的两两比较矩阵

对质量

	S_1	S_2	S_3	S_4
S_1	1	5	6	1/3
S_2	1/5	1	2	1/6
S_3	1/6	1/2	1	1/8
S_4	3	6	8	1
权重	0.297	0.087	0.053	0.563

对服务

	S_1	S_2	S_3	S_4
S_1	1	5	4	8
S_2	1/5	1	1/2	4
S_3	1/4	2	1	5
S_4	1/8	1/4	1/5	1
权重	0.597	0.140	0.214	0.050

对价格

	S_1	S_2	S_3	S_4
S_1	1	1/3	5	8
S_2	3	1	7	9
S_3	1/5	1/7	1	2
S_4	1/8	1/9	1/2	1
权重	0.303	0.573	0.078	0.460

对递送准确性

	S_1	S_2	S_3	S_4
S_1	1	3	1/5	1
S_2	1/3	1	1/8	1/3
S_3	5	8	1	5
S_4	1	3	1/5	1
权重	0.151	0.060	0.638	0.151

第五步：汇总分析，得出结论，见表 8-6。

表 8-6　　　　　　　汇总表

	质量	价格	服务	递送准确性	总权重
S_1	0.457×0.297	0.300×0.303	0.138×0.597	0.105×0.151	0.325
S_2	0.457×0.087	0.300×0.573	0.138×0.140	0.105×0.060	0.237
S_3	0.457×0.053	0.300×0.078	0.138×0.214	0.105×0.638	0.144
S_4	0.457×0.563	0.300×0.046	0.138×0.050	0.105×0.151	0.294

综上分析，知 S_1 为最佳供应商。

8.3 供应链管理的方法

本节主要介绍供应链管理中经常用到的方法。供应链管理主要的方法包括：业务流程重组（Business Process Reengineering）、快速反应（Quick Response）、有效顾客反应（Effective Customer Response）和协同规划、预测与补给（Collaborative Planning, Forecasting and Replenishment）。供应链管理的产生与发展多是以一些具体的技术与方法来体现的。

8.3.1 业务流程重组

1. 业务流程重组的概念

供应链管理涵盖了从供应商到顾客、从采购领域到流通领域的整个业务过程，供应链管理的有效实施要求各个企业之间能够实现信息和流程的无缝对接，要求过去分离的业务流程能够集成起来，以实现真正的跨企业协作与运行。

根据 Hammer 与 Champy 的定义，"业务流程重组（BPR）就是对企业的业务流程进行根本性的再思考和彻底性的再设计，从而获得在诸如成本、质量、服务和速度等方面的显著性成就"。

供应链管理拆除了企业的围墙，建立起一种跨企业的协作，以此来追求和分享市场机会，这要求把过去分离的业务流程集成起来，要求有覆盖从供应商到客户的全流程的无缝连接。

2. 业务流程重组与供应链管理的关系

供应链管理与业务流程重组存在着密切的关系。从本质上看，供应链管理的终极目标是为最终顾客创造价值，使顾客满意，这和 BPR 的根本目标是一致的。BPR 也只有在供应链管理的环境下才能真正有效地形成企业的核心竞争力，产生竞争优势。

为了实现企业之间高效、协调的共同经营和管理，企业各部门之间以及企业与企业之间实现及时通畅的信息共享是重要前提，这就要求进行业务流程的再造以及组织机构和信息流程的改造。

3. 供应链管理环境下业务流程重组应注意的问题

（1）从供应链整体上把握工作流程的重新设计

业务流程重组首先强调在人们头脑中树立起对整体流程重新设计的观念。供应链管理理念的核心是将资源配置与信息共享从单个企业扩展到企业联合体。因此，在这种环境下的工作流程设计不仅要考虑企业内部的部门重组，而且要考虑把流程的重新设计放在多个企业的环境下进行。

（2）确定首要的企业流程重组的项目

供应链中有各种各样的作业流程，结构十分复杂。全面铺开势必分散力量，难以取得成功。应该首先选择一些关键性的作业流程作为实施 BPR 的项目，以关键流程带动一般流程的重构。

(3) 选择合适的信息技术手段

现行的业务流程都是在旧的管理模式下设计出来的,因而企业在业务流程上与供应链管理及其信息支持体系并没有多大的关系。现在,在引入信息技术时,首先要明确企业在供应链管理模式下运作的要求,然后再选择计算机系统和管理软件的应用和开发环境。BPR 强调在业务流程设计的初始阶段就考虑信息技术的作用,根据信息技术的能力确定新的作业流程。因此,信息技术不仅是供应链管理的支持系统,而且还影响着新流程的构成。

(4) 取得合作伙伴的支持和配合

供应链管理下的业务流程重组不同于单个企业内部的流程重组。企业除了要对其内部流程进行改造外,还必须改造与合作伙伴共同进行的业务,如与供应商企业的业务联系、与分销商企业的业务联系等。因此,在理想的情况下,供应链管理业务流程重构应该从整个系统出发,所有节点企业同步进行重构。但退一步说,各个企业的实际情况可能千差万别,允许有先后顺序,但是应该重点做好有接口关系企业的协调工作,首先得到它们的配合,否则供应链管理的整体协调性就难以保证。

4. 成功实施 BPR 的典型案例

兰克施乐(法国)公司意识到它当时的业务流程已经不能满足提高顾客满意度、增加市场份额和投资回报的公司目标了。存货达到了 73 天的供应量(超过 5 000 万美元的资产),平均订货至安装时间超过 15 天,销售人员要求的交货日期常常被错过。公司对不断变化的市场竞争环境似乎难以做出有效反应。很明显,有必要对公司的业务流程进行根本性的变革。

为了应对严峻的挑战,公司实施了一项旨在设计一体化供应链的项目。该项目的目标是:缩短公司的供应链,显著改善与现场之间的信息流,消除层层的存货,从最佳的库存地点将产品送达到顾客的手中。

公司组建了跨越各个部门的项目团队,因为成员来自不同的职能部门,大部分成员缺乏对整个物流过程的综合了解,所以成员要求首先必须对物流过程有一个清晰的整体认知并确定其绩效要求。

团队测绘了所有的物流和信息流的流向图,过程的边界以及与其他过程之间的界面也得到确定。很快,整个物流和信息流流程全景开始浮现出来:这是一个一体化的供应链,提供由需求驱动的商品流,供应链将物流、制造、供应商、分销连接在一个连续的循环当中。然后团队结合顾客的需求和各项活动的增值情况对过程进行分析:哪些活动产生了产出?各项活动对最终顾客产生的价值是什么?

为了设计新过程,团队根据可行性、成本和收益这几项准则,对各项备选方案进行评估准时制生产与准时制分销的设想得到认可。这种方案将消除库存、简化过程。系统将实现供应链上、下游的整合。在这个框架下,原有的分散的仓库都将关闭,将设立一个中央仓库,只有当顾客订货时,中央仓库的产品流才会启动,另外再设立一个中间阶段(运转点),以替代分散的仓库,其作用不再是维持库存,而是接受来自中央仓库的货物,对照顾客订单将货物发送到地区平台。另外,每种类型的产品都必须规定出明确的物流程序。

团队接着确定了关键的绩效指标。

公司的 BPR 变革实施后,进步是明显的。公司的年终不满意率由 7.7% 降低到 3.9%,供货周期也由 73 天缩短到 26 天。

8.3.2 快速反应

1. QR 的概念

快速反应(QR)是 20 世纪 80 年代美国服装制造商、纺织品供应商和零售业共同推动的产物,目标是降低库存水平和缺货率,提高商品周转率。根据美国纺织服装联合会的定义,"QR 快速反应是制造者以正确的数量、质量和时间要求为顾客提供产品,并将订货提前期、劳力、材料和库存的费用降到最小限度,同时,为了适应不断变化的市场需求而强调柔性"。

快速反应的管理思想是:用需求信息指导制造业的生产决策和零售商的采购决策,通过收集顾客最新购买信息,厂商频繁送货,增加品种选择余地,减少订货处理时间和仓库收货时间等措施,来帮助零售商改进顾客服务水平,以获取更高的经营收益。快速反应采用的技术主要有条形码、POS 扫描、EDI、运输包装标识、自动补货系统、供应商管理库存 VMI 和联合产品开发等。

2. QR 的基本组成部分

快速反应主要由三个部分组成,它们是流线型的管理体系、产品的多样化设计和 EDI 电子数据交换技术。

(1)流线型的管理体系

通过 TQM、IE(Industrial Engineering)等管理技术,减少库存,缩短商品流通渠道长度和流通周期,还有迅速和开放的信息交换、相互信任的伙伴关系等。

(2)产品的多样化开发和快速设计

为了及时和快速满足客户的多样化需求,QR 系统常采用的技术有 CAD(计算机辅助设计)和 ST(款样检验),并将 CAD 和 CAM(计算机辅助制造)连接起来。

(3)EDI 电子数据交换技术

EDI 的应用主要体现在两个方面:一是商品的条形码,以实现对商品的移动信息的快速记录与传输;二是 EDI 可以实现企业之间的信息共享的连接。

3. QR 成功实施的五个前提

美国学者布莱克·本(Black Burn)研究了美国纺织服装业实施 QR 的实践,认为 QR 成功实施有以下 5 个条件:

(1)改变传统的经营理念、管理方式和组织结构。企业需要树立供应链管理的现代经营理念和管理方式,加强与供应链各方的合作,充分利用供应链各方的资源来提高经营效益和效率。

(2)现代信息技术的开发与应用,这些技术已做过介绍。

(3)与供应链各方建立战略合作伙伴关系。一是战略合作伙伴的寻找与关系建立,二是与合作伙伴之间建立恰当的分工与协作关系。

(4) 消除供应链伙伴之间不必要的信息不对称,并在此基础上联合各方一起发现、分析和解决问题。

(5) 供应商的生产需更精益化和敏捷化,具体来说就是供应商需要缩短产品生产周期,降低自身库存水平,进行多品种、小批量生产,以帮助零售商降低库存,提高客户服务水平。

4. QR 实施的三个步骤

第一阶段:对所有的商品采用条形码识别。

按照通用标准格式,将商品消费单元、商品储运单元、商品贸易单元以及订购单和发票单转化为经济信息,通过通信网络进行传输,在合作伙伴的计算机网络之间进行数据交换和数据处理。

第二阶段:增强与内部业务相关的策略。

与内部业务相关的策略包括:小批量生产和供货、流水线型的生产与运营流程、生产现场管理、自动补货等,采用 EDI 传递各类报表,如发货和收货通知等。

第三阶段:与贸易伙伴密切合作,采用更高级的 QR 策略。

与贸易伙伴之间合作所采用的 QR 策略包括:同步运营系统、协调伙伴之间的运营节拍、协调开发假日产品和季节性产品等。一般说来,企业内部的优化相对较为容易,而贸易伙伴之间进行合作时,往往会遇到很多问题。因而,每个企业必须站在整个供应链的角度来考虑,必须把自己当成供应链系统的一环来运作。

5. 一个关于 QR 的典型案例

20 世纪 90 年代后,澳大利亚的纺织、成衣、制袜行业面临来自海外的强有力竞争,出现了亏损,大量工人失业。为了获得这些行业的新的国际竞争力,澳大利亚政府着手引进了 QR 快速反应计划。

该计划的核心是提高企业的市场反应能力,其具体的措施主要体现在:一是发展零售商、制造商和供应商之间的紧密合作;二是引导企业应用 EDI 电子数据交换技术,以改善企业之间的信息共享程度和质量。

在政府支持和倡导下,三个行业组织了五大供应链集团,供应链集团制定的共同目标主要集中在:联合计划、增进沟通和加速信息共享。随后供应链集团列出了实施 QR 计划的工作清单,如图 8-7 所示。

在实施过程中,重点把握三个因素:积极寻求和创造有利环境,积极探寻有效的问题解决机制;加强 QR 促成者的参与,其中的 QR 促成者与供应链集团的成员都没有特殊的联系(即是一个中间人的角色);强调对公司的决策具有决定权的公司上层管理者的充分参与。

QR 计划实施后,澳大利亚的纺织、成衣、制袜三大行业的国际竞争力显著增强,企业在一些关键指标上有了显著的进步。货物的按时交货率由原来的 53% 上升到了 92.6%,存货周转率由每年 8 次上升到每年 16 次,而产品拒收率则从 2.5% 降低到 2.1%,对绝大多数 QR 计划参与企业而言,顾客满意度都有了显著提高。

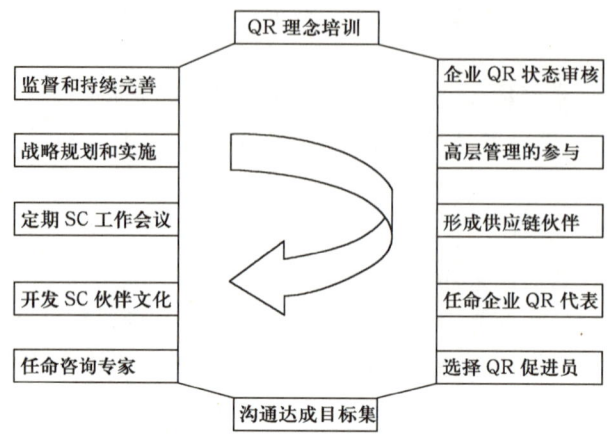

图 8-7　实施 QR 的 12 步工作清单

8.3.3　有效顾客反应

1. ECR 的概念

有效顾客反应（ECR）是 1992 年美国食品业和超市行业推出的类似快速反应的供应链管理策略。根据 ECR 欧洲执行董事会的定义，"ECR 是一种通过对制造商、批发商和零售商各自经济活动的整合，以最低的成本，最快、最好地实现消费者需求的流通模式"。有效顾客反应的目标是：降低供应链各个环节不必要的成本和费用，给客户带来更大的效益。有效顾客反应的管理思想是：以消费者需求为导向，以零售商、批发商和厂商的紧密合作为前提，降低和消除供应链上的无谓浪费，加强商品品牌管理，提高顾客价值，优化经营业绩。

有效顾客反应采用的技术主要有 POS 扫描、电子收货系统、EDI、计算机辅助订货、持续补充、数据库营销、品种管理和直接转运等。

2. ECR 的实施条件

从传统的流通模式转向 ECR 流通模式，整个商品供应链需要进行 4R 改革。4R 具体指：Restructure（组织结构再造）；Reposition（策略再定位）；Revitalization（企业文化再造）；Reengineering（流程再造）。

组织结构再造是指制造、批发、零售以及金融机构之间，通过广泛的合作，以促进商品流通过程的整体优化，以打破传统的封闭状金字塔内部企业结构和单一式外部企业组织形式；策略再定位是指对竞争环境、竞争对手、竞争策略、合作伙伴和合作策略进行再认识和再设计；合作伙伴之间需要互相信任和合作，需要统一思想和统一行动，以实现整体的效益和目标；企业文化再造是指企业引入 ECR 后，企业的经营理念、经营的思维方式、管理方式、激励方式和绩效的评价标准都需要适时进行调整；流程再造是指供应链各方以顾客需求为出发点，重新审视和设计工作流程和各自的经济活动以及推进整个供应链的商品资讯的标准化，以实现交易过程的简单化和合理化。

3. ECR 的四大管理方法

ECR 以有效商品管理、有效补货、有效促销和有效引入新产品四大管理方法为显著特征。有效商品管理通过了解顾客购买行为和偏好,将商品范围限制在高销售率的产品上,定期适当调整商品的分配空间,有效地利用店铺空间和店内布局来最大限度地提高商品获利能力;有效补货通过 POS 数据共享、电子数据交换、持续补充和计算机辅助订货,将正确的商品在正确的时间,以正确的价格、正确的数量和最有效的配送方式送给消费者,努力降低交货时间和系统成本,从而降低商品售价;有效促销通过简化贸易关系,减少预先购买和转移购买、供应商库存及仓储费用,通过顾客数据库营销,确定促销活动的目标顾客,从而提高促销效率;有效新产品引入让顾客和零售商参与新产品的设计、试销和试用,尽早改进新产品的设计或营销方式,以提高新产品的上市成功率,缩短新产品的上市时间。

有效顾客反应通过正确有效的商品采购、贸易促销和消费者促销,降低了商品成本和营销费用;通过持续补充和计算机辅助订货系统快速响应市场需求与变化;通过电子订货和收货系统减少了纸质合同和重复输入,降低了采购和销售费用;通过直接转运降低了仓储和运输费用;通过高效的店铺管理,提高了单位面积的销售额;通过顾客数据库营销和联合产品开发,降低了新品上市的失败率。

4. 地区和企业实施 ECR 的三个具体实施步骤

第一阶段:加强整体规划,并着力提高流通业的组织程度。

应该重视对 ECR 模式的全程规划,应加强商业信息标准化的研究和规范制定。不要把连锁经营、配送体系、商业自动化工作逐个单项在单个企业推进,因为这样容易形成彼此割裂,日后难以形成系统接口,会形成巨大的社会浪费。应该消除商业行业内部的各种围墙,并消除流通行业之间的围墙。政府部门应该大力提倡 ECR 模式在地区的整体规划,并需要出台相应的政策鼓励措施。

第二阶段:在大型商贸企业集团进行试点推广。

在推行 ECR 的时候,可以首先在一些大型商贸企业集团试点,应该注意结合本地区和本国的实际情况,比如经济发展的阶段、自然地理状况、社会人文环境、经济政治环境、劳动力资源状况、交通运输条件、市场成熟度等,有选择地利用相关机制和技术。

第三阶段:促使商业、银行业和整个流通供应链的整合。

积极推动各方企业建设电子商务的环境,整合和优化整个商品供应链,实施全程的 ECR 流通模式。其核心是要建立和完善商业流通领域的信用机制。

5. 成功实施 ECR 的典型案例

宝洁(P&G)(中国)公司取得优异绩效的主要原因之一,在于其成功的 ECR 战略的实施。其做法的以下两个方面非常值得一提。

(1)严格保证基本环节的良好运作

宝洁公司拥有完善的订单管理系统,能够及时按量交货,如果发生问题将负责赔偿损失,并正确地开具发票。自从宝洁公司实施 ECR 后,宝洁公司避免了每个月 27 000 多份订单错误处理的人工费用,订单错误率降低了 80%,每年节省了 2 000 万美元。在宝洁公司看来,对于过程基本环节的关注不仅仅是制造商的事,同时也涉及客户以及和客户共同工作的方式。每年,宝洁公司都投入大量的资金和资源和客户一起制订计划,以挖掘消费者需求。宝洁公司认为,计划如果实施不得力,往往会以失败告终。因此,一旦宝洁公司的销售预测系统和产品推广模型不可靠,或者分销商没有选择正确的品类组合,或者库存无法满足顾客需求,或者确保计划实施的系统或活动遭到破坏,就会停下手头的工作,直到所有的基本环节都各司其职。对于宝洁公司而言,最重要的是大家要有这样的信念:确保所有基本环节的良好运作。

(2)团结协作的精神

在宝洁公司,大家相信团结协作是ECR能成功实施的关键。为了创造这一氛围,宝洁公司确定了囊括各方利益在内的共同的目标;制订了取得大家认可的计划,并在中肯而非挑剔的氛围中执行计划。

由于宝洁公司一直坚持上述两条基本原则,ECR为宝洁公司、宝洁公司的客户和分销商创造了可观的效益:自从宝洁采用ECR后,产品库存降低了近20%,单位产品成本平均下降2美元,宝洁公司和其销售商的库存共降低了10%,从而促进了宝洁公司的销售和市场份额的加速增长。

8.3.4 供应商管理库存

1. VMI的历史发展及定义

针对VMI的研究可追溯到1958年,Magee首次提出VMI的基本理论框架,提出制造商基于零售商的库存水平,对供应链上产品的库存进行管控的理论框架,着重研究供应链中库存管理权的问题。VMI,全称Vendor Managed Inventory,即供应商库存管理,是一种以供需双方都获得最低成本为目的,在一个共同的协议下由供应商管理库存,并不断监督协议执行情况和修正协议内容,使库存管理得到持续改进的合作性策略。VMI以实际或预测的消费需求和库存量,作为市场需求预测和库存补货的解决方法,即由销售资料得到消费需求信息,供货商可以更有效地制订计划,更快速地反映市场变化和消费需求。供应商等上游企业基于其下游客户的生产经营、库存信息,对下游客户的库存进行管理与控制。

VMI是从QR(快速响应,Quick Response)和ECR(有效客户响应,Efficient Customer Response)基础上发展而来,其核心思想是供应商通过共享用户企业的当前库存和实际耗用数据,按照实际的消耗模型、消耗趋势和补货策略进行有实际根据的补货。

2. VMI的实施条件

VMI要求供应商对下游企业库存策略、订货策略以及配送策略进行计划和管理。所以,不同环境下采用什么模式运作VMI就成为当前要解决的问题。学者们通过对实际数据以及大量实际案例,从行为角度分析总结了供应链VMI模式的实施条件,如下:

(1)合作方之间的信任。VMI的实施是建立在信息共享的基础上,信息的准确度会影响VMI的实施效果,这需要合作各方之间建立极高的信任度,毫无保留地分享库存信息。

(2)合作方之间的技术能力。VMI中供应商需要及时准确地了解下游用户提供的信息,主动补货并且避免缺货。实现这一准确、高效的目标就需要双方具有先进的信息技术支持。例如:EDI系统、条码应用、POS系统、RFID技术等。

(3)合作方产品的特性。当产品的生命周期越长、产品价值越大,就会导致库存隐性成本的增加。但企业从长远的战略角度出发,这类产品也是实施VMI方法的重点对象。该种产品生产企业若采用实施VMI,将极大程度降低库存成本,提高生产效率,所以合作方的产品生命周期长、价值大是选择合作实施VMI的重要条件之一。

3. VMI实施模式

VMI的基本思想是供应商在客户的允许下设立库存,确定客户要求的库存水平和补给策略,拥有库存控制权。VMI实施有多种模式,比如华为在实施VMI早期就有Consignment、Candyman、JIT三种模式,JIT为丰田兴起的供应模式。目前比较公认的供应商管理库存有以下三种运行模式:

(1)供应商-制造商运作模式。这里以制造商为核心,典型的如汽车生产企业。这类企业规模比较大,处于核心地位,平时生产比较稳定,从而对供应商来说配件的需求量变化不大。它要求的供货频率高,即为了减少自己库存,每次要求送货量不大。但由于自动化生产水平高,必须保证不允许缺货,对供应商要求高。这种模式下,采用供应商管理库存,对制造商来说,是为了提高库存周转率、减少货物积压并改善现金流、降低库存成本、提高客户响应速度。对供应商来说,是为了与处于核心地位的制造商建立战略合作伙伴关系,稳定供应;提高客户满意度以获得更多的需求量;根据获得的下游企业的生产销售信息合理安排自己采购和生产,改善现金流。

(2)供应商-零售商运作模式。这里是零售商作为核心主导企业,依据自身主导地位,积极要求供应商参与的一种库存管理模式。供应商通过电子数据、互联网交换系统获得库存数据,再预测需求数据,将其提供给零售商确认同意后安排生产,然后配送,一般几天配送一次。由于零售行业面对激烈的市场竞争,价格低和服务优质是两大核心竞争力。对零售商来说,该模式有助于零售商降低经营成本。对供应商来说,该模式有助于供应商了解零售商的销售数据,及时调整自己未来企业决策,更有目的性地安排生产,应对市场变化。

(3)基于3PL的VMI运作模式。基于3PL的VMI运作模式主要是在供应商制造商VMI运作模式下发展起来的。因其前后端的两个企业在供应链端的主要核心竞争力是生产,而不是物流配送,因此无论VMIHUB是由制造商来建立还是由供应商来建立和管理都是不经济的。所以,在这种情况下,在供应商-制造商之间再进行筛选,引入一家专业化程度普遍较高的公司来管理VMIHUB或仓库,而这种时候比较理想的对象应该就是"3PL"。

4. VWI实施步骤

因VMI实施的模式不同以及实施主体及供应商的具体情况不同,具体到VMI实施的步骤也不完全相同,但从总体上来说,主要分为如下四个关键步骤:

(1) VMI 实施前准备

企业在实施 VMI 前,首先应从宏观角度分析企业所处的行业地位和供应链情况,分析企业目前现有问题并对 VMI 实施效果进行预测,分析实施 VMI 的必要性;其次分析企业是否有能力发起 VMI 管理模式、企业及配套供应商是否具备 VMI 模式所需要的软硬件条件以及 VMI 供应商及实施 VMI 管理模式的物料选择的问题。最后,进一步确定 VMI 实施的具体方式。

(2) 确立 VMI 合作框架协议

在经过实施前的准备工作后,基本上可以确定 VMI 管理模式和实施范围,在基于合作互惠的原则与多次谈判沟通的基础上,必须要签订 VMI 合作的框架协议。该框架协议不但要对双方的权利和义务进行明确规定,同时对 VMI 的具体操作流程也需要进行详细的规定。该框架协议对于 VMI 能否长期有效实施起着至关重要的作用,也是解决合作中出现冲突的有力依据。

(3) 建立 VMI 系统

一个完整的 VMI 系统必不可少地包含如下两个方面的功能:

第一,需求预测计划功能。准确地预测便于供应商清晰明了地掌握应该在何时、何地、以何价将何种产品销售给何种用户。预测系统所需参考的要素包括客户订货历史资料,客户的生产、销售计划、季节性波动计划等。需求预测系统应具备如下三方面的功能:首先,可帮助供应商收集用户连续时间段的产品需求资料,据此做出 VMI 模式的需求分析模型;其次,依据需求分析模型,与用户的生产计划、中长期的需求计划相结合,生成用户的需求预测,并建立库存计划模型;最后,结合产品本身销售属性,诸如地域性、季节性特点,做出贴合实际的预测需求。

第二,配送计划功能。通过该功能模块,VMI 供应商与核心企业均可以实时掌握其产品的库存量、单位时间的消耗量,把握库存现量是否超出最高库存量或低于最低库存量,以及按照目前消耗进度,目前库存可维持时间等情况。根据这些实时数据,按照合作框架约定的内容进行补货,并且有利于提出更加符合经济批量的最后配送方案。

(4) 改革优化组织结构或重组业务流程

VMI 的管理模式改变了供应商以及核心企业现有的组织模式以及业务流程,因此需要各方均根据 VMI 模式实施的特点进行组织改革优化甚至重组业务流程,建立与 VMI 模式相适应的组织结构及业务流程。

5. 成功实施 VMI 的典型案例

海尔的供应商提供物料,并将它们存储在海尔的物流中心,物料在寄存耗用之前,物料的物权属于供应商,供应商通过海尔的 BB 站,随时查看库存信息;当生产用料时,在海尔的 ERP 系统中做寄售释放,此时系统会将其物权转移到海尔公司下,在系统中产生结算的凭证,供应商提出支付后给予结算。

海尔之所以实现 VMI,因为已经具备以下四个必备条件:

第一,ERP 企业资源计划系统。2000 年 10 月,海尔 ERP 企业资源计划系统成功上线,该系统集成了销售管理的功能,通过对这些功能的扩展,可以建立完善的销售网络管理系统。实现了库存状态的透明化,以及业务处理的标准化,使供应商对海尔的库存状态能随时进行跟踪调查和检查。

第二,基于 INTERNET 的电子数据传递。海尔 B2B 网站是基于 INTERNET 建立的与供应商之间零距离的信息沟通手段,供应商可借助因特网,通过高速数据专用线与 Internet 实现连网,通过路由器与自己的 Intranet 相连,再由 Intranet 内服务器为供应商的库存管理部门提供各种信息存取处理等服务。

第三,条码技术的应用。海尔的出入库实现条码扫描,实现对物料的准确识别,便于供应商随时跟踪和检查海尔的库存状况,快速反映需求。

第四,供应商与海尔之间互动双赢的合作框架协议。海尔通过与供应商协商来确定库存检查周期、库存的维持水平、订货点等有关库存控制的核心问题,以及合作双方之间如何进行信息的交流和存取、定单的传递和处理等有关业务流程的问题。目前 80% 以上的海尔供应商实现了 VMI 管理,不但实现了海尔零库存的目标,而且降低了供应商的库存,使库存信息达到共享,实现了供应商的成本最低,提高了整条供应链的响应速度,达到了互动双赢。

海尔实施 VMI 可以降低存货,提高海尔的核心竞争力,减少供应商的数目,通过改革供应商之间、供应商与用户之间的流程节约采购时间;提高供应链的持续改革能力;加强供应商的伙伴关系;降低采购订单、发票、付款、运输、收货等交易成本,实施 VMI 可以实现海尔和供应商的"双赢"。

习题

1. 供应链包含哪些特征?
2. 供应链管理的核心内涵是什么?它与传统的库存管理、采购管理有何关系?有何区别?
3. 供应链管理想实现什么目标?
4. 选择供应链合作伙伴关系的原则有哪些?具有什么特征的合作伙伴容易被选择?
5. 解释供应链合作伙伴关系的选择方法中除 AHP 方法之外的其他方法。
6. 供应链中的核心企业常常有较强的讨价还价能力,这是否说明供应链中的合作是不对等的?
7. 业务流程重组在供应链管理中起到什么样的作用?
8. 供应商管理库存有哪些运行模式?
9. QR、ECR 和 VMI 这三种工具之间的关系是怎么样的?
10. 快速反应(QR)与有效顾客反应(ECR)有哪些区别与联系?

第 9 章　库存控制

库存管理是生产管理体系中历史最为悠久的分支之一，人们多年来的不懈研究，使库存管理理论体系不断完善，同时，一大批与库存控制有关的管理方法与理论不断地提出，并应用到企业管理实践中，其中包括第 6 章已经介绍过的物料需求计划（MRP）以及本章将介绍的零库存系统 JIT 等。本章在阐述库存及库存控制的意义与任务等基本概念的基础上，进一步阐明库存控制和库存决策的基本方法，同时介绍了一些近年来发生的库存控制观念的变化情况。

9.1　库存控制的意义与任务

众所周知，企业是通过向社会提供所需要的产品或服务而获得利润的经济组织。对工业企业而言，企业生产经过原材料购入、产品加工等环节，产生价值的转移，从而生产出社会所需要的新产品。在从原材料采购到生产，再由生产到销售的过程中，企业必然要对各种物资进行诸如有计划的采购、供应、保管、组织和合理使用等一系列的管理工作，通常将上述工作统称为物资管理。物资管理工作的核心是库存控制工作。

9.1.1　库存及其基本功能

库存是指企业组织中存储的各种物品与资源的总和。有人将库存定义为存放在仓库中的物品，是像存放在蓄水池中的水一样暂时派不上用场的备用品。一方面，由于它不能马上为企业产生经济效益，同时企业却要为其承担资金、场地、人员占用而发生的库存成本，因而存在需要控制的一面；但另一方面，库存又是企业生产所必备的，对保证企业生产的正常秩序作用重大，因而具有积极的一面。因此，合理控制库存是企业生产管理工作中的一项重要而经常性的工作。具体地说，库存控制工作就是确定企业的库存水平高低、监控库存变化方式以及如何补充库存等一系列库存决策。

一般地讲，库存的功能主要包括以下五个方面。

1. 保证各生产环节的独立性

现代企业生产环环相扣，生产过程上下游工序间关联性强，如果企业没有必要的库存，一旦某一生产环节因故停工，下游工序的工作便会因材料缺乏而停工。而建立库存，可以使原本相关的工序相互独立，如原材料库存使采购与生产工作分离，成品库存使生产与销售分离，管理者在进行生产安排时，具有更大的灵活性，以便获得更佳的经济效益。

2. 适应市场的需求变化

市场需求变化迅速是现代企业面临的现实问题。面对多变的市场，企业很难精确地预计企业的实际销量，生产量与销售量之间必然有差异。适量的成品储备可以保证企业在市场需求突然增加的情况下具有一定的应变能力，以免丧失商机。

3. 增强生产计划工作的灵活性

库存的存在使企业的管理者在进行生产安排时具有更大的灵活性。例如，加大库存量后，企业在保证生产正常进行的前提下，适当地增加订货间隔期，同时在选择订货量时，也可以具有更大的选择余地，达到降低订货成本的目的。

4. 增强企业抵御原材料市场变化的能力

适当的原材料库存，可以增强企业克服短期原材料供应紧张的能力，可以防止原材料供应商或运输过程中出现的意外，直接影响企业的生产，以确保企业生产的正常运行。

5. 企业达到经济订货规模

在很多情况下，企业出于减少库存的考虑，在订货时订货量较少，完全达不到经济订货批量。这样，由于每次订货量少，企业的订货次数较多，企业的库存管理总成本并未下降。在此种情况下，适度的库存可以帮助企业达到经济订货规模。

9.1.2 库存的种类

1. 按库存在生产中的作用分类

（1）主要原材料。主要原材料是指直接用于生产过程，构成基本产品实体的材料，主要包括铸铁、铸钢、钢材、木材、塑料和有色金属材料等。

（2）辅助材料。辅助材料是指用于生产过程，能够帮助产品生成，但本身并不加入产品，或者加入产品但并不构成产品主要实体的各种物资。辅助材料还可以进一步细化为工艺用辅助材料（如型砂等）、设备用辅助材料（如润滑油、皮带蜡等）、工人劳动护具以及包装材料等。

（3）燃料和动力。燃料和动力是指企业在生产过程中耗费的能源、动力资源，通常包括石油、煤炭、木材、电力、蒸汽、压缩空气等。

（4）修理用备件。修理用备件是指设备修理中需要经常更换的易损零件，包括轴承、齿轮、丝杠等。

2. 按库存物资存在状态分类

（1）原材料库存。指企业购入的尚未开始加工的原材料。

（2）成品库存。指企业已经生产完毕但尚未卖出的产成品。

（3）部件库存。指企业已经加工完毕但尚未组装的部件。

（4）备件库存。指企业在设备修理中需要经常更换的易损零件。

（5）在制品库存。指企业中正处于被加工状态的工件。

3. 按库存用途分类

（1）经常性库存。指企业前后两次订货时间间隔期内，为保证企业正常生产所必须耗用的物资储备量。

（2）保险性库存。是指企业为防止由于原材料供应商生产或运输过程可能出现延误而设置的物资储备量。

（3）季节性库存。是指企业为防止季节性变化影响进货而设立的物资储备量。

不同的库存分类方法适用于不同的库存管理用途。第一种方法将库存按其在生产中的作用进行分类，实际上考虑了企业生产过程中的价值变化情况。同时，由于此种分类方法与会计科目的设置较为靠近，因此与企业的生产成本控制关系密切，通常用于计算产品成本和生产资金的运用。而第二种方法按库存物资存在状态进行分类，主要着眼于库存控制与生产系统的设计方面。第三种方法主要用于库存决策的分析。

9.1.3 库存控制的任务

与其他的管理工作相类似，库存控制工作的难点是如何正确处理充分发挥库存功能的同时，尽可能地降低库存成本的问题。此两者间存在一些内在的矛盾，在进行库存控制工作时应该侧重完成以下几项任务。

1. 保障生产供应

库存的基本功能是保证生产的正常进行，保证企业经常维持适度的库存，避免因供应不足而出现非计划性的生产间断，这是传统的库存控制的主要目标之一。现代的库存控制理论虽然对此提出一些不同的看法，但保障生产供应仍然是库存控制的主要任务。

2. 控制生产系统的工作状态

一个精心设计的生产系统，均存在一个正常的工作状态，此时生产按部就班地有序进行，生产系统中库存情况特别是在制品的数量，与该生产系统所设定的在制品定额相近。反之，如果一个生产系统的库存失控，该生产系统也很难处于正常的工作状态。因此，现代库存管理理论将库存控制与生产控制结合为一体，通过对库存情况的监控，达到对生产系统整体控制的目的。

3. 降低生产成本

控制生产成本是生产管理的重要工作之一，无论是生产过程中的物资消耗，还是生产过程中流动资金的占用，均与生产系统的库存控制有关。有资料表明，工业生产中，物资消耗通常占总成本的 60%，同时，库存通常占企业流动资金的 80% 以上。因此，必须通过有效的库存控制方法，使企业在保障生产的同时减少库存量，提高库存物资利用率。降低生产成本是成本控制的重要任务。

9.2 库存控制决策

生产过程也是物资消耗的过程。一方面，生产系统在不断地耗用库存物资，生产出社会需要的产品，库存物资呈逐渐减少的态势；另一方面，企业不断地购进物资，补充库存，满足企业生产需要。因此，企业的物资库存量处于不断的变化状态。如何在保证生产正常进行的前提下,不过多地积压物资,即如何将库存水平控制在预期水平上,是库存控制的核心。

9.2.1 库存控制的基本决策

在生产需求一定的条件下,平均库存水平是由每次的订货量决定的,如果每次的订货数量较大,则订货次数虽然相应减少,但平均库存水平却较高。图 9-1 表明了订货量变化对平均库存水平的影响。从图中可见,当每次订货批量为 M 时,平均库存水平为 $M/2$;而当每次订货批量为 $M/2$ 时,平均库存水平降为 $M/4$,但其进货的次数明显增加。尽管图 9-1 是在生产需求均匀的假设前提下产生的,但仍然可以从中得出如下的推论:平均库存量与需求速度和进货速度有关,当需求速度一定时,生产系统的管理者可以通过对进货速度的控制,将生产系统的库存水平维持在预期的水准上,而进货速度是由进货的批量与频度共同决定的。因此,从本质上说,库存控制的基本决策主要包括以下内容:

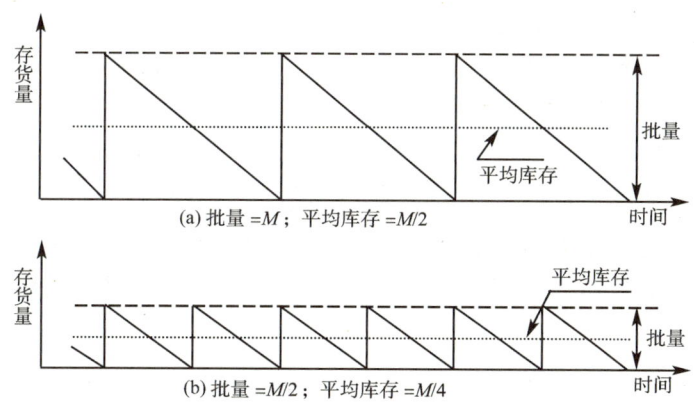

图 9-1 订货量变化对平均库存水平的影响示意图

(1)两次订货的间隔时间的确定;
(2)每次订货的订货批量的确定;
(3)每次订货提前期的确定;
(4)库存控制程度的确定,如满足用户需求的服务水平。

库存控制决策的目标是在企业现有资源约束下,用最低的库存成本满足预期的需求。

9.2.2 影响库存控制决策的因素

在影响库存控制决策的诸多因素中,生产系统对物资的需求特性是需要优先考虑的重要因素。

1. 需求特性因素

需求分为确定性需求与非确定性需求两大类。如果生产系统对物资的需求是可以预先确定的,则称之为确定性需求,反之则称之为非确定性需求。相比之下,确定性需求的生产系统的库存控制工作较为容易,管理者只要保证进货的速度与需求消耗速度保持同步，便能维持合理的库存水平；而非确定性需求的生产系统的库存控制工作较为复杂，由于需求情况无法预先准确地预计，因此管理者在考虑正常需求的同时，还要考虑保持一定的经常性库存储备。

需求还可分为有规律变化需求与随机变化需求两大类，如果生产系统的物资需求变化有规律可循，管理者在制定库存控制时，可以根据需求的变化规律准备库存物资，需求旺季增大库存量，淡季则减低库存量，使得系统的整体库存水准处于合理水平。如果生产系统对物资的需求是随机的，根本无法较为准确地预测，则需在设定经常性库存的基础上，进一步建立额外的保险库存，以应对突然出现的需求变化。

需求也可分为独立性需求与相关性需求两大类。如果一种物资的需求与其他物资的需求无关，则称为独立性需求，反之则称为相关性需求。事实上，生产系统耗用的各种物资间均存在一定的关联关系，因此，在制订企业的生产计划时，通常考虑需求的相关性，本书第 6 章介绍的物料需求计划（MRP）就是利用需求相关性建立而成的。但由于研究手段与数学工具的落后，在进行库存控制决策时，更多地在独立性需求的前提下展开，并借此寻求获得经济方面优化方案的途径。

需求是否具有可替代性，也是库存控制决策必须考虑的因素之一。具有替代物资的物资，库存可以较少，反之库存应该多设一些。

2. 订货提前期

订货提前期是影响库存控制决策的另一重要因素。订货提前期是指从发出生产或订货指令到订购物资进入仓库所需要的时间间隔。订货提前期可以是确定的，也可以是随机的，因此在进行何时订货的决策时，物资的订货提前期是必须考虑的因素。

3. 自制与外购

许多情况下，企业在选择物资来源时既可以考虑外购，同时也可以考虑自制。一般地讲，从专业的生产厂家购买物资，由于专业厂家的生产规模较大，生产成本较低，订货的次数和数量也比较灵活，通常能够获得较好的经济性效果；而自制则可以由本企业控制生产过程，按期交货的把握较大，同时能够发挥企业闲置的生产能力，为企业减少直接支出。因此，选择自制与外购途径进货，也是企业进行库存控制的调节手段之一。

4. 服务水平

服务水平是指满足用户需求的百分比。如果整个生产系统能够满足全部用户的订货需求，则其服务水平为 100%；如果能满足 95% 的需求，则其订货服务水平为 95%，也可以称此时的生产系统的缺货概率为 5%。

由于用户需求通常无法准确预测，故常采用增大库存储备的方法提高系统的服务水平。库存增加后，当用户的需求变化时，企业生产一时无法满足用户需求，则可以通过动用企业库存使用户需求得到满足。库存量的增加意味着企业要占用更多的资金，产生更大的成本，因此对企业而言，盲目地提高服务水平并不一定会给企业带来期望的经济效益。将服务水平进行合理定位，也是企业进行库存控制决策时必须考虑的重要因素。

9.2.3 库存成本

库存控制的目标之一就是对生产成本进行控制,因此库存成本是库存控制决策时应考虑的主要因素。由于其在库存控制过程中的作用特殊,现将其单独分析,分类介绍如下。

1. 订货成本或调整成本

订货成本是指企业为补充库存而进行订货时发生的各种费用之和。它通常包括订货手续费、物资运输装卸费、验收入库费、采购人员差旅费以及通信联络费等。订货成本的共同特点是费用仅与订货次数有关,而与订货批量不发生直接联系,换言之,生产系统的订货成本总值主要由企业订货的次数决定,随订货次数增加而增加。

与外购时发生的订货成本相似,企业自制生产物资时发生调整成本,调整成本的产生主要由于生产系统在转换生产的品种时,通常对设备进行调整而造成短期的停工,同时改产的初期生产效率通常也较低,上述损失统称为调整成本,主要与生产调整的次数有关,而与每次决定自制产品的批量关系不大。

2. 保管成本

保管成本是物资在库存过程中发生的成本,主要包括物资在库存过程中发生变质、损失、丢失等自然损失费用,库存物资占用资金的成本,以及仓库运营的人工费、税金的支出。保管成本的多少,主要取决于企业库存物资的库存量多少与库存时间长短。考虑库存量时,不仅要考虑库存物资的体积、数量等指标,同时还要考虑库存物资的价值,前者主要考虑人工费、场地占用的因素,后者侧重考虑资金的占用成本。但有一点是肯定的,即保管成本与库存量成正比关系。

3. 购置成本

购置成本即购买物资花费的货款。当生产系统外购生产物资时,如果供应商采用差别定价策略,为用户提供批量折扣,则买方可以通过增加每次订货的批量,获得价格优惠,降低总购置成本。此时,购置成本是库存成本的组成部分。

4. 缺货成本

缺货成本即由于无法满足用户的需求而产生的损失。缺货成本由两部分组成:其一是生产系统为处理误期任务而付出的额外费用,如赶工的加班费、从海运改为空运产生的额外运费负担等;其二是误期交货对企业收入的影响,包括误期交货的罚款等。上述损失是可以用金钱衡量的,而企业缺货无法满足用户的需求导致的丧失市场份额的后果更为可怕,影响更深远。

在上述四种库存成本中,在需求确定的前提下,增大每次的订货批量有利于降低订货成本、购置成本、缺货成本,但是订货批量的增加通常会导致库存量的增加,引起保管成本的上升。如何合理控制库存,使库存总成本最低,是库存控制决策的主要目标。

9.3 库存控制的基本方式

库存控制的基本方式分为两种：一种是连续检查控制方式，侧重库存量的连续观测，并以此作为库存控制的主线；另一种是周期检查控制方式，通过固定时间间隔的检查，达到控制库存的目的。

9.3.1 连续检查控制方式

采用连续检查控制方式的生产系统，在每次物资出库时，均盘点剩余物资，检查库存量是否低于预先设定的订货警戒线，如果低于订货警戒线，则应该发出订货指令。由于从订货指令发出到所购物资存入仓库，通常需要一段时间，在此期间库存储备不断减少，物资不断地投入生产环节，转换成产品，直到库存储备降到最低点。当订货物资到货时，库存储备得到补充，达到最大值。上述库存储备的变化周而复始，图9-2表明了此种控制方式下的库存变化情况。

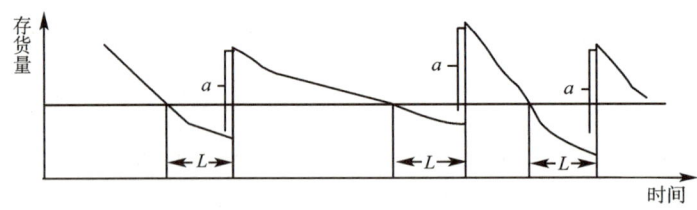

图 9-2 连续检查控制方式下的库存变化示意图

从图9-2中可见，企业采用连续检查控制方式后，其库存控制存在如下特点：一是每次的订货批量通常是固定的，选择订货批量大小时主要考虑库存总成本最低的原则；二是相邻两次订货的时间间隔通常是变化的，其长短主要取决于需求量的变化情况，需求大则时间间隔短，需求小则时间间隔长；三是订货提前期基本不变，它是由供应商的生产与运输能力等外界因素决定的，与物资的需求情况没有直接联系，故通常认为是一个常数，图中用符号 L 表示。从图中可见，尽管每次发出订货指令时库存储备基本相等，从订货到到货的时间间隔也相同，但由于需求可能是时时变化的，造成库存储备的极大极小值时高时低，并不稳定。基于上述特点，连续检查控制方式库存的控制要点是订货批量的确定与订货警戒线的设立，前者影响整个库存的平均水平，后者影响服务水平。

对下述情况下的物资，可以考虑采用连续检查控制方式进行控制。

(1) 具备进行连续检查条件的物资。并非所有的物资都能很方便地随时进行检查，因而具备进行连续检查条件成为选用连续检查控制方式的前提条件。

(2) 价值较低、量大的物资以及需要重点控制的物资。价值较低且需求数量较大的物资以及价格昂贵需要严格重点控制的物资，均适宜采用连续检查控制方式控制，前者是因为此类物资价低量大，采用连续检查控制方式的一些较易实施的方案可以简化控制程序；后者是因为连续检查控制方式可以及时地收集库存信息，较灵活地控制库存。

(3)市场上易于采购的物资。采用连续检查控制方式,订货的时间无法确定,因此连续检查控制方式顺利实施的前提条件之一是市场上随时可以采购到所需要的物资。

连续检查控制方式常采用收发卡片法或双堆法确定订货时机。

(1)收发卡片法。顾名思义,就是用特别设计的收发卡片控制订货时间的方法。收发卡片上通常标有物资代号、名称、规格、货位、最低库存储备量以及物资进出库的时间、数量、领料单位等信息。管理者可以通过查看收发卡片上现有库存量与最低库存储备量等基本信息,决定是否订货或何时订货。

(2)双堆法。采用该方法的企业,在每次进货时均将物资分成两部分储备,一部分作为订货点的库存储备,单独存放;另一部分作为经常性储备,供日常发料之用。一旦在发料过程中发现经常性储备用尽时,则动用留作订货点的库存储备物资,同时马上发出订货指令。相比之下,双堆法操作起来更为直观简单。

实际生产中,部分企业综合了收发卡片法和双堆法的优点,采用了一些更灵活实用的方法。例如,有的企业将收发卡片改造成旋转式卡片,通过卡片的旋转表示出物资的现有库存储备量,当库存储备小于订货点储备量时,卡片上显示出醒目的红色,提醒管理者订货。

9.3.2 周期检查控制方式

周期检查控制方式采用定期盘点库存,并根据库存情况,结合下一计划期预计的需求情况确定每次的订货批量。如果目前库存储备较少,或者预计需求将增加时,可以适当地增加订货批量,反之则可以减少订货批量。图 9-3 表明了周期检查控制方式下库存储备的变化情况。

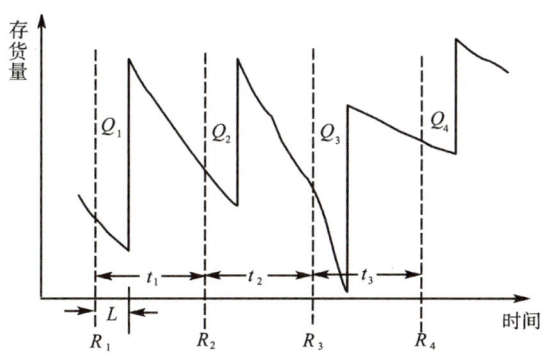

图 9-3 周期检查控制方式下库存储备的变化示意图

从图 9-3 中可见,每两次订货的时间间隔是固定的,因此,此控制方式也称为固定订货期系统。与订货期固定相反,订货批量通常是变化的。此种控制方式的关键是确定订货期。由于周期检查控制方式采用固定的订货间隔期,通常按月或季来划分,因此有利于企业的科学管理。例如,采用周期检查控制方式的生产企业从客观上比较容易制订出统一的采购计划,将一段时间内企业需要采购的物资汇总采购,更容易获得价格优惠。

下列性质的物资可以考虑采用周期检查控制方式控制。

(1)需要定期盘点和定期采购或生产的物资。这些物资主要指需要成批生产的各种原材料、配件、毛坯和零配件等。企业在编制上述物资的生产计划或采购计划时通常均要考虑现有库存的情况。由于计划是定期制订并执行的,因此这些物资需要定期盘点和定期采购。

(2)具有相同供应来源的物资。这里具有相同供应来源的物资是指同一厂家生产或产地在同一地区的物资,由于物资来源的相似性,采用统一采购策略不仅能够节约订货和运输费用,而且可以获得一定的价格折扣,降低购货成本。定期检查存货可以保证统一采购的顺利进行。

(3)需要计划控制的物资。价值较高的物资由于占用较多的资金,需要通过计划控制库存数量,达到优化库存成本的目的,因此此类物资的生产与采购通常纳入计划管理,多采用与计划期同步的周期检查控制方式控制。

9.3.3 库存重点控制方法——ABC分析法

由于企业的库存物资种类繁多,对企业需用的全部物资进行管理是一项复杂而繁重的工作,如果管理者对所有的库存物资均匀地使用其精力,通常会使其有限的精力过于分散,只能进行较落后的粗放式库存管理,管理效率低下。因此,在库存控制工作中,应该强调重点管理的原则,将管理重心放在重点物资上。ABC分析法便是库存重点控制的常用方法之一。这种方法是由意大利经济学家巴雷特(Vilpredo Pareto)在调查19世纪意大利城市米兰的社会财富状况时提出并应用于分析的。巴雷特发现,米兰市社会财富的80%被占人口20%的少数人占有,而占人口80%的人仅占有其中20%的财富。巴雷特将其统计结果,按从富有到贫穷的顺序排列,绘制成管理界熟知的巴雷特图,如图9-4所示。

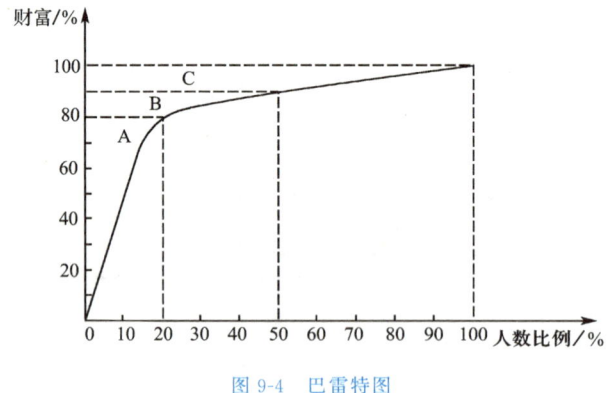

图9-4 巴雷特图

后人的研究发现,类似巴雷特图所示的分布不均匀现象,不仅存在于社会财富的分布上,而且普遍存在于社会经济生活中的许多方面。在库存管理方面,库存物资占用资金量的分布情况,与巴雷特图中曲线分布非常相似。少数库存物资占用了大部分的流动资金,这些物资无疑应该是成本控制的要点,搞好这些重要物资的控制工作,便搞好了整个企业的库存管理。基于上述认识,以及库存物资自身存在的客观规律,物资管理的ABC分析法应运而生。该方法的基本思路是,将企业的库存物资按其占用资金的多少,依次划分为

A,B,C 三大类,并通过对不同的库存物资采用不同的管理方法,增强管理的针对性,达到简化管理程序、提高管理效率的目的。

通过对企业库存物资情况的调查统计,发现多数企业的库存物资中各类物资可按如下比例分类:A 类物资占用企业库存资金最多,其品种数虽仅占库存物资总数的 10%～20%,但占用的库存资金通常可达 70%～80%;B 类物资其品种数可占到库存物资总数的 20%～25%,占用的库存资金通常在 15%～20%;C 类物资是企业物资中品种数最多的,可占库存物资总数的 60%～65%,但其占用库存资金的总和却仅为 5%～10%。

进行 ABC 分类的具体步骤:

(1)根据企业的库存物资信息,将各库存物资占用资金的情况进行汇总,计算出各种物资占用库存资金的比例。

(2)根据占用资金情况,按从多到少的顺序依次排列,表 9-1 是对一组企业库存物资数据整理的结果。

表 9-1　企业主要库存物资一览表　　单位:元

物资编号	年均资金占用量	占用资金比例/%
22	95 000	40.8
68	75 000	32.1
27	25 000	10.7
03	15 000	6.4
82	13 000	5.6
54	7 500	3.2
36	1 500	0.6
19	800	0.3
23	425	0.2
41	225	0.1
	233 450	100.0

(3)分析占用资金情况,将各种物资归入相应的类别,完成分类。表 9-2 是对表 9-1 数据进行分类处理后的结果。

表 9-2　库存物资分类统计表　　单位:元

物资类型	物资编号	年均资金占用量	占用资金比例/%
A	22,68	170 000	72.9
B	27,03,82	53 000	22.7
C	54,36,19,23,41	10 450	4.4
		233 450	100.0

对库存物资进行 ABC 分类后,企业可以对不同类别的物资,视情况采取不同的控制策略。A 类物资是工作重点,应该严格控制其库存储备量、订货量、订货时间,在保证生产的前提下,尽可能地减少库存,节约流动资金。B 类可以适当控制,在力所能及的范围内,适度地减少 B 类库存。C 类物资可以放宽控制,增加订货量,加大两次订货间的时间

间隔,在不影响库存控制整体效果的同时,减少库存管理工作的工作量。

在选择连续检查控制方式还是周期检查控制方式时,物资类别是考虑因素之一。一般地讲,A类物资采用连续检查控制方式较好,而周期检查控制方式较多地应用于C类物资管理。

在实际的库存物资分类工作中,在考虑占用资金情况的同时,要兼顾供货以及物资重要程度等因素。一些特别关键的或供应较难保障的物资,虽然占用资金较少,但需要按A类物资对待。例如,某些关键的设备备件,尽管价值不高,但对保证企业正常运转非常重要,一旦没有保持足够的库存量,设备出现故障时将无法及时排除,造成企业重大经济损失。另一些是供应过程较难控制的物资,管理者也必须保持足够的库存储备,控制好订货提前期,以备供应出现问题时,企业不至于停产。

9.3.4 库存控制思想的发展

上述介绍的内容主要是一些经典的库存控制方法与理论。近几十年来,随着人们对库存认识的深入,库存控制思想不断地发展变化,特别是日本汽车企业采用的准时化生产方式(JIT)的成功,使库存控制思想发生了很大的转变。

所谓准时化生产方式(Just In Time),是日本丰田汽车公司首创的一种全新的管理体制,其目标就是要彻底消除无效劳动与浪费。企业现存的无效劳动与浪费包括:①制造过剩的零部件浪费;②搬运和操作中的无效劳动;③空闲待工浪费;④库存积压的浪费;⑤产品质量问题产生的浪费。其中①、③与库存控制相关。为达到上述目的,JIT系统试图做到:①零库存;②零废品;③准时生产。事实上,上述3项是相互关联的统一体,如果生产系统实现了准时生产,只在需要的时候生产需要的产品,需要多少,生产多少,则库存将大大减少。同时,由于库存量很少,生产投入量是按需要安排的,客观上不允许废品出现,否则无法实现准时生产。因此,实施JIT生产方式的企业在加强质量管理与计划控制的同时,特别注重库存控制,并采用以保持各类库存量稳定为特点之一的拉动式计划控制方法,将库存控制有机地融入企业管理机制的整体战略中,取得了显著的效果。采用JIT方式后,日本丰田汽车公司的原材料库存降为原库存的10%,成品库存降为原库存的25%左右。具体地分析,库存控制思想发生了如下的转变:

首先,这种转变表现在对库存的认识上。传统的库存控制思想是基于对库存如下的认识,即库存对企业极为必要,保持一定数量的库存有助于使企业的生产效率更高。而日本人却认为,库存从某种角度看是一种浪费,同时也为掩盖管理工作的失误提供了方便,甚至产生出库存是万恶之源的说法,因而准时化生产方式提出了零库存的概念。

其次,这种转变也表现在对库存的控制范围上。传统的库存控制将控制的重点放在控制生产系统的整体库存水平,以达到降低总成本的目的。而采用准时化生产方式的企业,库存控制涉及整个生产过程的每个工序,不仅力图减少原材料库存,而且要控制在制品库存、部件库存和成品库存,控制范围更广。

最后,这种转变还表现在库存控制的机理上。传统的库存控制主要是控制库存成本,新观念则在控制成本的同时,强调库存控制对产品质量和生产时机选择方面的影响,体现出现代企业管理的整体观念。

当然,我们也必须看到,JIT 的产生与日本企业所处的经济环境有关。市场发育完善,物资供应充足,员工素质较高,价格波动较少等条件,是采用 JIT 生产方式的前提条件。

9.4 库存控制决策的定量分析方法

如前所述,常用的库存控制策略分为连续检查控制方式和周期检查控制方式两大类。采用前一控制方式的系统,由于每次订货量固定,又称固定订货量系统;而采用后一控制方式的系统,由于每两次订货的时间间隔固定,订货期相对固定,又称固定订货期系统。结合该系统确定或非确定的需求特点,组成了不同的库存控制环境。本节将介绍在不同系统环境下库存控制决策的定量分析方法。

9.4.1 确定性固定订货量系统

理论上讲,严格的确定性固定订货量系统应具有以下特点:
(1) 需求稳定,单位时间内的系统需求恒定;
(2) 订货提前期 L 确定且设为常数;
(3) 每次的订货批量 Q 一定;
(4) 每批的订货一次入库,入库过程在极短时间内完成;
(5) 订货成本、单件保管成本和单价固定不变;
(6) 不允许出现缺货现象。

在上述条件下,系统的库存储备随时间的变化情况如图 9-5 所示。此时,库存控制决策的目的就是要确定合适的订货批量 Q 与订货点 R,最终降低库存总成本。由于不会出现缺货现象且物资采购单价固定不变,其导致购置成本固定不变,缺货成本为零,均可以不予考虑,仅考虑订货成本和保管成本对总库存成本的影响。

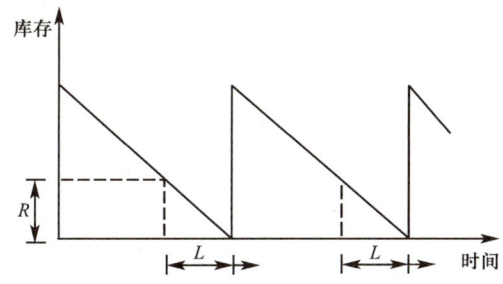

图 9-5 确定性固定订货量系统

在前面的内容中,我们已经介绍了订货成本和保管成本对总库存成本的影响,从图 9-1 中可见,增大每次的订货批量有利于减少订货次数,降低订货成本,但订货批量的增加通常会导致平均库存量的增加,引起保管成本的上升,此时的总库存成本与订货量的变化关系如图9-6所示。如何合理控制库存,使库存总成本最低,关键是兼顾订货成本和保管成本,寻求最佳的订货批量,又称为经济订货批量。

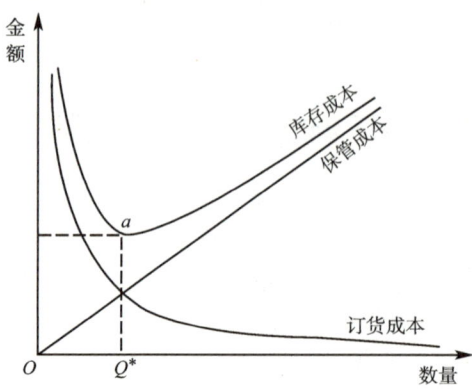

图9-6 订货量变化对订货成本和保管成本的影响

1. 经济订货批量的确定

现暂定计划期为一年,年需求量为 D,订货批量为 Q,每次订货的成本为 C,物资的单价为 P,年保管费率为 H。此时,年订货次数等于 D/Q,平均库存量为 $Q/2$,年订货成本可用公式表述为

$$年订货成本 = DC/Q$$

年保管成本则为

$$年保管成本 = P \cdot H \cdot Q/2$$

年库存总成本 TC 为年订货成本与年保管成本之和

$$TC = DC/Q + P \cdot H \cdot Q/2 \tag{9-1}$$

利用微分法解此题,对决策变量 Q 求一阶导数,并令其为零,取得 Q 的最优解。

$$\frac{\partial(TC)}{\partial(Q)} = -\frac{DC}{Q} + \frac{PH}{2} = 0 \tag{9-2}$$

$$Q^2 = \frac{2DC}{PH}$$

$$Q^* = \sqrt{\frac{2DC}{PH}} \tag{9-3}$$

对式(9-2)再次求导,得到年库存总成本的二阶导数为

$$(TC)'' = 2CD/Q^2 \tag{9-4}$$

从式(9-4)中可见,由于 C、D、Q^2 均大于零,故 $(TC)''$ 总大于零,由此证明式(9-3)求得的订货量 Q^* 是使年库存总成本最小的经济订货批量值。

【**例9-1**】 某企业每年需要耗用1 000件某种物资,现已知该物资的单价为20元,同时已知每次的订货成本为5元,每件物资的年保管费率为20%,试求经济订货批量、年订货总成本以及年保管总成本。

解 经济订货批量

$$Q^* = \sqrt{\frac{2 \times 1\,000 \times 5}{20 \times 0.2}} = 50$$

年订货总成本等于

$$C \cdot \frac{D}{Q^*} = 5 \times \left(\frac{1\,000}{50}\right) = 100$$

年保管总成本等于

$$\frac{Q^*}{2}(PH) = \frac{50}{2} \times (20 \times 0.2) = 100$$

从计算结果可以发现,以经济订货批量订货时,年订货总成本与年保管总成本相等,此现象并非巧合,如图9-6所示,订货成本与保管成本相等时的订货量正好与最小总成本相对应。

2. 订货点的确定

通过确定经济订货批量,为管理者选择合适的订货批量及订货间隔期,做出正确的库存控制决策提供了辅助决策信息。下一步工作是在确定订货批量及订货间隔期的基础上,确定何时发出订货指令,即确定订货点。

从图9-5表述的确定性固定订货量系统特点可见,由于需求稳定,单位时间内的系统需求d恒定已知,且假定从发出订货指令到订货的时间间隔即订货提前期L一定,因此,订货点处的库存储备量R可用d、L计算确定。

$$R = d \cdot L \tag{9-5}$$

式中 d——单位时间内的系统需求,常用日需求量;

L——订货提前期,常以日为单位。

【**例9-2**】 以例9-1数据为背景,假定每年有250个工作日,订货提前期为10天,求其订货点的库存储备量。

解 订货点的库存储备量为

$$R = d \cdot L = (1\,000/250) \times 10 = 40 \text{ 件}$$

9.4.2 非确定性固定订货量系统

确定性固定订货量系统的决策分析方法较简便,但由于假设条件较多,与实际生产系统的情况出入较大,影响了其实用价值。不同于确定性固定订货量系统,非确定性固定订货量系统由于无法准确预测系统的需求变化,因此根本无法完全消除缺货现象的发生,如何确定有缺货情况发生条件下的经济订货批量,是非确定性固定订货量系统库存控制决策分析研究的重点之一。

1. 订货批量的确定

非确定性固定订货量系统面临可能发生缺货的问题,因此在确定其经济订货批量时,除需要考虑订货成本与保管成本外,还需要考虑缺货成本。图9-7表明了考虑缺货的前提下,库存变化的情况。

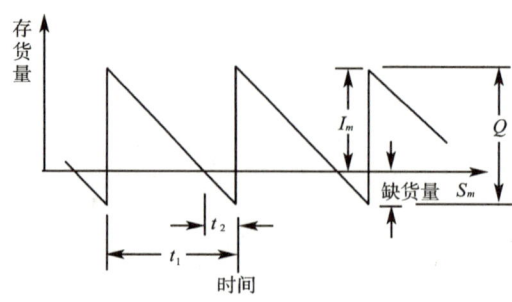

图 9-7 有缺货的前提下库存变化情况

如果假定缺货成本与缺货数量以及时间成正比,则单一订货间隔期内的缺货成本和保管成本分别为

$$缺货成本 = StPH/2 = (Q-I)tC_s/2$$

$$保管成本 = ItPH/2$$

式中　S——订货间隔期内最大缺货量;

　　　I——订货间隔期内最大储备量;

　　　C_s——单件缺货成本。

加上考虑订货成本以及订货次数因素,总库存成本应为

$$TC = \frac{CD}{Q} + \frac{1}{2}t_1(PH)\frac{D}{Q} + \frac{1}{2}(Q-I)t_2 \cdot C_s \cdot \frac{D}{Q}$$

通过类似于确定性固定订货量系统的经济订货批量的微分处理过程,得到此时的经济订货批量计算公式:

$$Q^* = \sqrt{\frac{2CD}{PH} \times \frac{C_s + PH}{C_s}} \qquad (9\text{-}6)$$

使用式(9-6),可以在统筹考虑订货成本、保管成本、缺货成本的前提下,进行订货批量的决策分析,对解决非确定性固定订货量系统的订货批量问题大有帮助。但是,必须指出,此处的经济订货批量仅考虑了库存成本最低的目标,尚没有考虑库存系统的服务水平问题。

2. 订货点的确定

事实上,非确定性固定订货量系统的决策分析不仅要考虑经济订货批量问题,还要考虑通过建立保险储备量,如何控制缺货发生的频率,保证库存系统的服务水平。因此,订货点的库存储备量由经常性储备和保险储备共同组成。所谓保险储备量,是指为防止供应或需求发生变化而产生缺货,特别储备的额外库存。

尽管非确定性固定订货量系统的需求以及物资供应均无法准确地预计,但通过对历史数据的统计,缺货发生的大致情况是可以描述的。下面用一道例题,说明非确定性固定订货量系统确定订货点的过程与原理。

【**例 9-3**】 已知某企业每次的经济订货批量为 50 件,订货提前期为 10 天,按平均需求量计算,应该在库存储备量为 40 件时开始订货,实际需求的变化情况见表 9-3,如果该生产系统要保证 95% 以上的服务水平,应该设定多大的保险储备量?

表 9-3

需求量	<37	37	38	39	40	41	42	43	44	>44
剩余库存	>3	3	2	1	0	−1	−2	−3	−4	<−4
发生概率	0.022	0.063	0.092	0.151	0.191	0.190	0.153	0.090	0.027	0.022
累积概率	0.022	0.085	0.177	0.328	0.519	0.709	0.862	0.952	0.978	1.000

分析: 从表中数据可见,需求量为 40 件或 41 件的概率最大,库存出现过多或过少的机会又基本上相等,故得知提前期的平均需求量为 40 件。但如果将订货点简单地定为 40 件,则只能有 52% 的把握保证不发生缺货问题,远远无法达到服务水平的要求,因此,必须考虑增设保险储备量。如果增设 1 件保险库存,加上经常性库存 40 件,发出订货指令时总的库存量为 41 件,在此条件下,10 天间的需求只要不超过 41 件均不会缺货。查表 9-3,发现历史上 10 天需求量不超过 41 件的概率为 70.9%,故此时的服务水平亦为 70.9%。同理可知,当保险储备量分别为 2、3、4 件时,生产系统的服务水平分别为 86.2%、95.2% 和 97.8%。因此,保险储备量选择 3 件为佳,既可满足服务水平的要求,同时也保证总库存水平较低,减少库存总成本。

解 订货点的库存量=提前期平均库存量+保险库存量
=40+3=43 件

通过研究发现,非确定需求多服从正态分布,例 9-3 的需求变化便是典型的正态分布。因此,上述的解题过程可以运用概率论的原理,通过查表的方式简化计算过程。下面加以具体说明。当提前期内需求率的变化服从正态分布时,则保险储备量的确定取决于两个因素:一是需求分布的分散度。需求变化的分散度较大,必须设置较多的保险储备量。在正态分布中,用标准差计量它的分散度。于是,保险储备量应与标准差成正比关系。二是要求的服务水平。服务水平要求高就意味着所设的保险储备量应覆盖较大的需求变化的累计概率密度,而正态分布的累计概率密度大小是由概率因子 Z 决定的,不同 Z 值下的累计概率密度值可由正态分布表查到,见表 9-4。服务水平相当于累计概率密度。这样,保险储备量又与概率因子 Z 有关。于是,得到保险储备量 I_S 的计算公式如下:

$$I_S = Z S_L \tag{9-7}$$

式中,S_L 为提前期内需求量变化的标准差;若统计到的是每日需求量变化的标准差,则可用下式将它转化为提前期内的标准差:

$$S_L = S_0 \sqrt{L} \tag{9-8}$$

式中,S_0 为日标准差。

表 9-4　　　　　　　　　　　　正态分布表

Z	0.0	0.1	0.2	0.3	0.4
0.0	0.500 0	0.538 8	0.579 3	0.617 9	0.655 4
0.1	0.691 5	0.725 7	0.758 0	0.788 1	0.815 9
1.0	0.841 3	0.884 3	0.884 9	0.903 2	0.919 2
1.5	0.933 2	0.945 2	0.955 4	0.964 1	0.971 3
2.0	0.977 3	0.982 1	0.986 1	0.989 3	0.991 8
2.5	0.993 8	0.995 3	0.996 5	0.997 4	0.998 1
3.0	0.998 7	0.999 0	0.999 3	0.999 5	0.999 7
3.5	0.999 8	0.999 8	0.9999	0.999 9	0.999 9

【例 9-4】　某货品的需求率服从正态分布,其日平均需求量为 200 件,标准差为 25 件。订购的提前期为 5 天,要求的服务水平为 95%。求该货品的订货点。

解　(1) 提前期内的平均需求量 $=200\times 5=1\,000$。

(2) 与服务水平相应的 Z 值,可从表 9-4 查得,取为 1.65。

(3) 保险储备量

$$I_s = 1.65 \times 25 \times \sqrt{5} = 92 \text{ 件}$$

(4) 订货点

$$R' = 1\,000 + 92 = 1\,092 \text{ 件}$$

9.4.3　固定订货期系统

在需求确定的情况下,采用连续检查控制方式或周期检查控制方式,其实际的库存控制策略是相同的,但在需求不确定的情况下,采用周期检查控制方式,其库存控制决策的基本机理不同于前两种系统。采用固定的订货周期,每次的订货批量根据现有库存量的不同,以及需求变化而变化(图 9-3),形成所谓的固定订货期系统。

在固定订货期系统中,库存控制决策需要确定的是订货周期和目标库存水平。

1. 订货周期的确定

确定订货周期通常考虑生产经验,并尽可能与计划的周期同步,常见的订货周期是月或者季度,以便于定期进行盘点和采购物资。当然,根据经济订货批量计算出的经济订货次数也可以作为确定订货周期的参考因素。

$$经济订货次数 = 年需求量/经济订货批量$$
$$订货周期 = 1/经济订货次数$$

2. 目标库存水平的确定

由于固定订货期系统的库存储备量变化波动较大,因此,一旦订货周期确定后,日常的库存控制工作主要是确定每次的进货量,控制库存的总体水平。此时的订货批量要满足两方面用途,一是满足订货周期加上订货提前期内的平均需求量,二是用于满足保险储备。具体的计算原则与非确定性固定订货量系统的订货点计算原则相似,只在具体的计算处理上有部分区别。如计算经常性库存量时,不仅要满足订货周期的平均需求量,还要加上订货提前期内的平均需求量。

$$M = (T+L)d + ZS_M \tag{9-9}$$

式中　M——目标库存水平;
　　　T——订货周期;
　　　d——日平均需求量;
　　　S_M——订货周期加提前期内的需求变动标准差。

若给出需求的日变动标准差 S_0,则

$$S_M = S_0\sqrt{T+L}$$

依据目标库存水平可得到每次检查库存后提出的订货批量

$$Q = M - I_J \tag{9-10}$$

式中,I_J 为盘存的库存量。

【例 9-5】　若例 9-4 的货品采用固定周期法控制库存,它的检查周期为 24 天,本次盘存的库存量为 500 件。求本次订货的订货批量。

解(1) 计算 $(T+L)$ 期内的平均需求量

$$(24+5) \times 200 = 5\,800 \text{ 件}$$

(2) 计算 $(T+L)$ 期内的标准差

$$25\sqrt{24+5} = 135 \text{ 件}$$

(3) 计算目标库存水平

$$M = 5\,800 + 1.65 \times 135 = 6\,022.75$$

(4) 计算订货批量

$$Q = 6\,022 - 500 = 5\,522 \text{ 件}$$

从例 9-4 和例 9-5 的计算结果可以看出,在同样的服务水平下,固定订货期系统的保险储备量和订货批量都比固定订货量系统的要大。这就是对一些关键物资、价格昂贵的物资不用固定订货期系统,而用固定订货量系统的缘故。

9.5　物资采购管理

物资采购是企业运作中的重要业务环节,无论是制造企业,还是服务型企业,均需要通过物资采购获得企业所必需的原料、部件和其他类型的供给。物资供应工作的质量不仅直接影响到企业运作成本,同时影响企业的运作过程的执行情况。

9.5.1　物资采购的作用

(1) 保障物资供应功能。从整体分析,运作系统是一个具有将投入转换成产出的转换系统。典型的投入包含人力投入和物力投入。其中,物力的投入常常是一个持续的工作过程。生产系统成功运行的关键在于能够保证系统持续稳定地运行,即要求能够连续稳

定地提供原料，通过转换成增值的产出，达到盈利的目的。从这样的角度考虑，物资采购工作发挥着重要的保障企业生产物资供应的功能。

（2）实施企业运营战略的功能。根据企业的整体战略，各职能部门通过自己的工作实施战略。对于物资采购部门也不例外。一方面，通过外部采购与自制的决策，调整和补充企业的战略能力计划，配合企业发展战略的实施；另一方面，在采购的过程中，通过调整对采购物资以及供应商选择决策优化指标的排序，达到突出企业战略核心、强化整体战略效果的目的。

（3）保值与增值的功能。由于物资在不同的时间与地点，价值存在较大差异的特点，因此，企业的物资采购与储存工作本身就具有一个保值与增值的功能，特别是商业与流通领域的企业。目前，企业的采购部门不仅要保证企业及时得到必需的物资支援，同时还要保证此种服务的低成本与高质量。

正是由于物资采购工作具有上述非常重要的基本职能，因此，其已经成为企业管理者投入重大精力的管理领域。一些成功的企业通过建立优秀的物资采购与补充系统，形成独特的企业核心竞争力，赢得市场竞争。国际零售业巨头沃尔玛打败竞争对手凯马特的一个最锐利的武器，就是物资采购系统的工作速度。20世纪90年代初期，凯马特的平均采购周期为5天，而沃尔玛的平均采购周期为3天，大大提高了对市场需求的反应速度。

9.5.2 物资采购的业务流程

物资采购工作是一项涉及面广、过程复杂、涉及资金数额大的综合性管理活动，其业务流程可以分成两个层次三个阶段。两个层次是指物资采购管理工作分成的战略管理层与运作管理层；三个阶段则是指物资采购系统的形成阶段，具体采购合同的谈判与签订阶段和采购合同的实施阶段。第一个层次主要包括企业采购策略的制定、供应商网络与采购组织的形成，以及采购物资范围的选定、采购物资运输储存体系的设计等战略层的工作。第二个层面的工作是指日常物资采购工作，主要包括企业物资采购订货合同的谈判与签订，采购货物的跟踪、检查、储存与接受，采购物资的结算与索赔等工作。图9-8综合地反映出上述业务流程的总体情况。

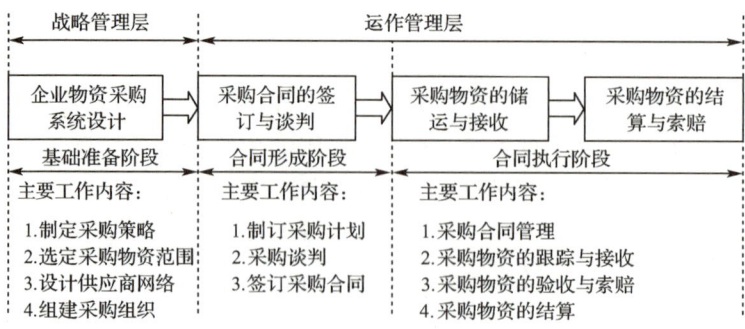

图9-8 物资采购流程图

9.5.3 物资采购的纵向整合

从前面的有关物资采购流程描述中可以清楚地发现,现代企业物资采购与供应的工作范围更加广泛,工作重点明显发生转移,其变化可以归结为以下几点。

(1) 物资采购成为企业竞争的重要途径,也是企业实施竞争战略的重要手段。因此,企业对物资采购工作的重视程度不断增强,提出的基本要求也越来越高,不仅要求采购部门能够及时供应所需物资,同时要求物资的采购成本低,产品质量高。

(2) 外部采购的比重不断上升。近来的管理实践显示,企业通过外部采购,可以获得降低成本、提高效率、将工作重心集中到自己的核心业务等方面的好处,对于加快产品开发,增强市场应变能力意义重大。例如,戴尔公司(DellComputer)1999年的净收入为182亿美元,外部采购生产原料的支出高达64亿美元,占生产制造成本的首位。外部采购的成本支出对企业管理业绩的影响日益加大。

(3) 由于外部采购比重的不断上扬,现代企业越来越重视与供应商伙伴之间的合作,供应链上的纵向一体化现象日益显著。企业越来越多地与供应商建立各种战略合作伙伴关系,在供应商的选择方面,明显地向全球化方向发展。

(4) 供应链上纵向整合的直接结果是少数供应商策略的流行。企业通过将订单集中于少数供应商,并对其进行有效的技术监督与支持,在获得规模经济性的同时,保证原料质量。

供应链上的纵向整合可以采用不同的方式,达到不同的合作程度。主要包括以信息、技术、资金和组织为纽带的不同强度与方式的整合,图9-9表示出不同整合方式以及相互间的关系。

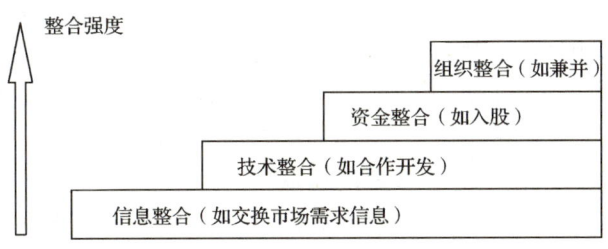

图9-9 供应链纵向整合方式图

9.5.4 适时采购

从前面的章节,我们可以清楚地认识到采购管理质量对库存管理水平的影响。从理论意义上分析,如果一个企业能够保证真正地适时采购,即一旦企业产生对物资的需求,其采购系统可以在极短的时间内完成从采购到进货的一切工作,则该企业完全可以实现真正意义上的零库存。根据JIT的基本原理,采购反应速度的提高可以帮助企业大幅度地降低各种浪费,获得巨大的经济收益。

然而,要达到上述目的,企业的管理者必须进行艰苦的工作。在供应商网络方面,必须尽量选择与公司邻近的供应商,对于距离较远的供应商,尽可能使采购期集中,便于组织运输。在订货数量控制方面,尽可能采用长期协议方式,在保证稳定订单总量的前提下,尽可能要求供应商采用小批量、多品种的方式提供物资。在质量控制方面,尽可能采用提供质量方面的帮助的方式密切与供应商间的联系,鼓励供应商采用过程控制的方法,保证产品质量。在物资的运输方面,通过建立自己的运送体系,或者通过借助第三方物流的力量,提高物资的运送效率。

建设中心库和采用供应方库存管理(Vendor Manage Inventory,VMI)是目前实施JIT采购过程中经常使用的方法。通过建设中心库,帮助距离遥远的供应商实现就近控制供货,提高反应速度。而采用供应方库存管理,可以使供应商企业最大限度地参与到生产企业的生产过程中,及时了解物资的使用现状,及时调整生产与供应,达到双赢的目的。

9.5.5 全球采购

毫无疑义,企业在进行物资采购时,选择当地采购与海外采购各有优势。一项针对欧洲企业的调查研究表明,欧洲企业进行当地采购依次出于以下原因:反应速度(28%)、弹性(23%)、设计(18%)、革新(15%)、质量(13%)和成本(3%)。而到海外采购的原因分别是:低成本(57%)、质量(24%)、革新(13%)和设计(6%)。上述研究证明,资源分布的不均衡,导致相同产品在不同国家与地区生产的成本差异非常大,企业在全球范围内进行物资采购工作,可以帮助企业找到更加物美价廉的物资。因此,越来越多的企业采用全球采购的策略。另外一项针对149家美国企业的调查则发现,除价格和质量优势外,能够找到国内企业无法提供的物资也是导致环球采购的一个重要原因。

但是,为了进行环球采购,企业必须做好以下几个方面的准备工作。

首先,必须做好承担风险,特别是成本增加风险的准备。由于环球采购的时间跨度大,距离远,沟通相对困难,因此企业还需要对可能出现的汇率变化、市场价格变动等可能出现的风险做好预防措施。同时,也要对税金、运输损失和运费等新增成本要素做到心中有数。

其次,要科学地选择合作伙伴,必要时借助中间商的力量。从国外的大型供应商采购物资,其产品的可靠度与服务质量相对比较可靠,但与其进行价格谈判的可能性极小。而从国外的小型供应商采购物资时,尽管对方常常能够提供更加个性化的服务,产品的价格方面也可能得到较大幅度的优惠,但常常会出现由于文化差异等因素造成的不便与问题。因此,可以利用中间商所拥有的对当地环境了解的优势,代为处理棘手的问题。

习 题

1. 库存物资有几种分类方法?
2. 库存的基本功能有哪些?企业是否可以完全消灭库存?
3. 简述几种常见的库存储备及其设立的目的。

4. 库存成本由哪几种成本组成？订货批量变化使它们如何相应地变化？
5. 库存控制的基本决策包括哪些内容？
6. 影响库存决策的主要因素有哪几种？
7. 简述连续检查控制方式的工作机理与库存变化特点。
8. 简述周期检查控制方式的工作机理与库存变化特点。
9. 说明ABC分析法的工作原理与分类的具体方法。为什么该法可以用于库存的重点控制工作？
10. 简述对"库存是万恶之源"之说的看法。
11. 中国企业采用准时化生产方式减少库存是否可行？
12. 某企业年需要物资量为14 400件，该物资的单价为0.40元，保管费率为25%，每次的订货成本为20元，一年工作52周，订货提前期为一周。

试求：(1) 经济订货批量是多少？
(2) 一年应该订几次货？
(3) 全年的库存总成本是多少？
(4) 订货点的库存储备量为多少？

13. 某货品的日平均需求量为120件，其日标准差为30件。库存检查周期为14天，进货的提前期为7天。在本次盘点中，该货品尚有库存储备15件。若要求的服务水平为98%，则下一周期应订购多少件？

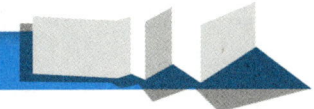

案例

ST家具公司

ST家具公司的王经理刚接到DS木器实业公司大连经销部汤经理的一个电话。"老王，我们才收到汽车零担运输公司的一份新价目表。它规定运量在10吨以上，运费从原来的每100千克10元降为每100千克9元。我想让你们买家享受这份好处。按你们常订的卧式家具计算，一套就能省10元钱的运费。不过，这得每次订10套而不是目前的每次订6套。你看怎么样？"

王经理听了汤经理的这番美意，当即回答道："汤经理，你的主意听起来倒是不错。不过，我得核算一下变化的成本，才好做决定。假如我们每次订15套，还能再有些优惠吗？"汤经理听到买主要多订货，也很高兴，说道："运输公司那头恐怕不会再降价了。不过，要是您能订15套，或15套以上，我们公司给您2%的价格优惠，一套便宜12元，你们研究一下，我下星期再给您去电话，听您的回音。"

王经理放下电话，可他还不清楚该怎么办。仓库里的空位正好能放下15套成套卧式家具。但这一来就不能存放其他家具，会引起机会成本。而且贷款利率最近一直往上升，增加的这些库存占用的资金将不少。他打算结合有关该产品的成本等资料好好研究这个问题。

附表 成套卧式家具的成本与其他资料

销售价格	1 000 元/套
单套成本*	600 元/套
平均年销售量	60 套
订购成本**	40 元/次
年保管费率***	30%
保险储备量	2 套
每套重量	1 000 千克
订购提前期	4 周

* 成本中未计入运输成本；

** 此项成本包括办理订货以及到货后的验收入库等费用；

*** 此项成本包括资金成本(20%)、保险金(3%)、仓库使用费(5%)和库存损耗(2%)。

思 考 题

你认为王经理应该做出什么样的决策？你在分析上述问题中依据什么假设和理由？

[注] 本案例要用到有价格优惠下的经济订货批量的决策方法。这时,应将按经济订货批量的方案与取到价格优惠的批量订货方案的总成本相比较,才能选择出使总成本最低的订货批量。这里的总成本中应包括购买货品的购置成本。

第 10 章 设备综合管理

设备是企业物质系统的重要组成部分,是企业生产重要的物质与技术保证。设备技术状态的好坏,直接影响企业所生产的产品数量与质量,决定企业的服务水平。因此,研究企业的设备管理具有十分重要的意义。

10.1 设备管理概述

10.1.1 设备管理的形成与发展

18 世纪,资产阶级工业革命改变了原有的生产方式,机器设备逐步加入到工业生产中来,并且发挥了越来越重要的作用。随着科学技术的发展,设备的使用功能不断地增加,机器设备成为企业获得良好生产效益的前提条件之一。当然,随着设备复杂程度的增加,企业对设备维修能力的要求也逐步提高,设备维修逐渐成为一个独立的专业。特别是在泰勒的科学管理思想被普遍接受的时候,设备管理作为企业管理的一个单独组成部分而独立出来。

从总体上看,设备管理的历史发展主要体现在维修方式的演变上,可分为下面几个阶段。

1. 事后维修阶段

在这一时期,机器设备出了故障才进行修理,而且仅以修复原来的功能为目的。其显著的特点是:坏了再修,不坏不修。这种修理方式经常影响生产计划的顺利执行,而且由于修理内容、时间长短等问题具有很大的随机性,很难适应现代化生产的要求。

2. 预防维修阶段

随着机器设备的日益复杂,采用事后维修方式不仅浪费大量时间,而且严重影响生产的连续性。因此,为防止设备发生突发性事故,人们提出预防维修的概念,由事后维修向定期预防维修转变。几乎在同一时间,美国人提出了预防维修制,而苏联人则提出了计划预修制。目前,我国大多数企业仍采用计划预修制。

3. 设备的综合管理阶段

近三四十年来,设备的技术水平急剧提高,形成了大型化、高速化、精密化、自动化和柔性化等一系列特点。这些特点使设备在使用中给企业带来了高效率和高经济效益,但也引起了维持费用高、故障损失大、对人身安全和环境保护的威胁大等严重问题。传统的设备管理体制越来越显示出不能适应现代先进设备管理要求的特点。人们在实践中探索出了新的设备管理的概念和管理制度,这就是设备综合管理。

设备综合管理的基本思想是:设备的制造与使用相结合、修理改造与更新相结合、技术管理与经济管理相结合、专业管理与群众管理相结合,以及以预防为主、维护保养与计划检修并重等。这样,设备管理从原来单纯地为生产服务,转变成为企业经营方针服务的更高层次的管理范畴。

10.1.2　设备管理的主要内容

设备管理的主要内容包括技术、经济、组织等几个方面,具体可分为下列几个部分:

(1)选择和购置所需设备。主要从技术性、经济性及生产可行性等几个方面进行选择。

(2)组织安装和调试设备。

(3)合理使用设备。通过正确合理地使用设备,减轻设备磨损,延长设备使用寿命,预防事故的发生。

(4)及时检修与精心维护设备。正确运用设备运行的基本规律,合理地制定检查、维护、修理等各项规章制度,保证设备的顺利运行。

(5)掌握时机,适时改造和更新设备。通过对设备进行及时的改造和更新,实现技术进步。

(6)其他日常管理。如设备的分类、编号、报废等。

10.1.3　设备管理的任务

设备管理的主要任务是贯彻执行企业的经营总方针,采取一系列技术、经济、组织措施,对设备进行综合管理,以实现企业的经营目标。细加分析,设备管理的主要任务包括以下几个方面:

(1)根据技术先进、经济合理、生产可行的原则正确选择和购置所需设备,保证设备的各项总体能力均能满足生产与服务的发展需要。

(2)保证设备经常处于良好的技术状态,使设备的性能、精度、可靠性等均满足生产工艺的要求,实现设备的综合效率最优化。

(3)不断提高设备管理的经济效益,在保证设备正常运行的前提下,努力降低维护、检修费用,达到设备的寿命周期费用最经济的目的。

(4)促进企业的技术进步。对企业现有的设备进行技术更新和技术改造,有计划地挖掘现有设备的技术潜力,促进企业技术不断进步。

10.1.4　设备的综合管理

设备的综合管理有两个典型的代表:一是设备综合工程学;二是全员生产维修制度。

1. 设备综合工程学

设备综合工程学是20世纪70年代初在英国首创的,推广后引起了设备管理领域的重大改革,因而备受世界各国企业界人士的关注,是设备综合管理的主要代表理论。

1974年,英国工商部对设备综合工程学所作的解释是"为了谋求经济的寿命周期费用而把适用于有形资产的有关工程技术、管理、财务以及其他业务工作加以综合的科学"。设备的综合工程学具有4个特点:

(1) 研究目的是使设备的寿命周期费用最经济;

(2) 是关于有形资产的工程技术、管理、财务等诸方面的综合管理科学;

(3) 进行设备的可靠性、维修性设计;

(4) 它是关于设备一生(包括方案、设计、制造、安装、运行、维护、改造、更新等)机能的系统性管理理论。

2. 全员维修制度

在同一时期,日本在吸收欧美研究成果的基础上,结合本国的管理经验,提出了富有特色的全员生产维修制度。和设备综合工程学比较而言,两者在本质上是一致的,只是设备综合工程学更侧重于理论,全员维修制度则更具有操作性而已。

全员维修制度作为日本式的设备综合工程学,有以下内容:

(1) 其目标是使设备效率最高;

(2) 建立包括设备整个寿命周期的生产维修全系统(对设备一生进行管理);

(3) 涉及与设备管理有关的所有部门,如设备规划、设备使用、维修部门等;

(4) 从最高管理部门到基层工人全体人员都参与;

(5) 加强思想教育,开展小组自主活动,推进生产维修。

上述两种理论的提出,推动了设备综合管理的产生和发展。一般说来,设备的综合管理是以提高设备综合效益和实现设备寿命周期费用最经济为目标的一种新型设备管理模式。和传统的设备管理模式相比,具有"三全"的特性:全过程(强调设备一生的管理)、全方位(强调设备管理工作有各方面的内容)、全员参与(是一种群众性管理)。

10.2 设备的分类、选择和评价

10.2.1 设备的分类

设备的含义十分广泛,由于分类的目的和角度不同,其分类方法也不同。例如,按照其用途的不同,可以将设备分成以下几类。

1. 生产工艺设备

生产工艺设备是用以改变劳动对象形状或性能,使其发生物理或化学变化的那部分设备。如机械制造业中金属切削机床、炼油厂的反应罐等。

2. 辅助生产设备

辅助生产设备指用于生产服务的各种设备。例如,加工、冶炼行业中的动力设备、运输设备等。

3. 科学研究设备

科学研究设备指用于科学试验的各种设备。如测试、计量设备等。

4. 管理用设备

管理用设备指用于管理机构的各种设备。如计算机、复印机、电传机等。

5. 用于第三产业的设备

用于第三产业的设备如用于通信、医疗、餐饮等各方面的设备。

当然,也可从其他角度来对设备进行分类。如从连续性方面可分为流程式设备和非流程式设备;按工艺性质可将机械制造企业的设备分为机械加工设备和动力设备等。

10.2.2 设备的选择

设备的选择是设备管理中的首要环节之一。工业企业设备的选择,首先应调查设备的技术经济特征,进行技术经济分析论证,提出可供选择的多种方案,然后再挑选出比较理想的方案。进行设备选择时应坚持这样的基本原则:技术上先进、经济上合理、生产上可行。将这些基本原则细化为设备选择的综合考虑因素,则大致包括以下内容。

1. 生产率

生产率一般表现为设备功率、效率等指标,某些设备则以单位时间内的产品产量来表示。

2. 可靠性

其实质上是反映设备性能或精度的保持性、零部件的耐用性、设备运行的稳定性等。

3. 维修性

维修性指设备整体结构与零部件等需要修理的系统所具有的易于维修的程度大小以及可否修理的情况。

4. 安全性

安全性指设备对生产安全的保障性能。

5. 成套性

成套性即设备的成套水平,这是形成设备生产能力的重要标志之一。

6. 节能性

节能性指设备节约能源的能力。

7. 经济性

经济性是选择设备的综合指标,不仅需要考虑一次性购置费用,而且要考虑设备在整个寿命周期内的总费用。

8. 环保性

环保性是指设备对环境的污染程度。

以上是选择设备所应考虑的一些主要因素。一言以蔽之,选择设备时要统筹兼顾,权衡利弊,以购置到理想的设备。

10.2.3 设备的评价

通常所说的设备评价主要是指对设备的经济评价,而在前面关于设备选择的相关阐述中,使用的选择方法主要是技术方面的定性分析,因而必须补充一些定量分析方法。事实上,在选择设备时,不仅要考虑该设备在技术上是否先进,还要考虑它在经济上是否合理。只有这样,才能拥有技术先进而又经济合理的理想设备。

常用的经济评价方法有:

1. 投资回收期法

这是评价设备投资效益的主要方法之一。众所周知,购置设备必然要支付一笔投资费用,其中主要是购置费,其次还有运输、安装等各项费用。采用投资回收期法时,首先要计算不同设备的投资费用,然后再计算新设备所带来的净收益或节约额,最后根据投资与投资效果的比较确定设备优劣,并进行最终的取舍。一般情况下,如果各方案的其他条件相同,则投资回收期最短的设备为最优设备。投资回收期的计算公式如下:

$$投资回收期(年) = \frac{设备投资额(元)}{采用新设备后年净收益或节约额(元/年)}$$

2. 费用换算法

设备在其整个寿命周期内发生的所有费用,由两大部分组成:一是在购买设备时的一次性投资费用;二是在设备使用过程中所发生的费用,可称之为维持费或使用费。由于资金具有"时间价值",因此在不同时期所发生的费用不能直接进行数量比较。费用换算法就是按"资金时间价值"原理对费用进行动态修正计算,从而能够更准确地进行经济性评价的方法。其具体的计算方法分为年费法和现值法两种。

(1)年费法。这种方法是将不同方案的年平均费用总额进行比较,以评价其经济效益的方法。年费用总额是指按"资金时间价值"计算每年分摊的原始投资费用与每年平均支出使用费用之和。亦即:

$$年费用总额 = (设备最初投资费用 \times 投资回收系数) + 年使用费用$$

其中,投资回收系数可查表,也可按公式 $\dfrac{i(1+i)^n}{(1+i)^n-1}$ 求得(i 为利率,n 为使用年限)。

【例 10-1】 有 A,B 两台设备,其具体情况见表 10-1。

表 10-1　　　　　　　　　　　　　　　　　　　　　　　　单位:元

项目	最初投资费用	每年使用费
设备 A	15 000	2 000
设备 B	18 000	1 500

若假定年利率为12%，使用年限均为8年，8年后的设备残值都为0，试选择最佳设备。

解 查表得投资回收系数，在利率 $i=12\%$、寿命期 $n=8$ 条件下的投资回收系数为 0.201 30。

A，B设备的每年总费用支出为

	设备A	设备B
每年投资费用	15 000×0.201 30 ＝3 019.5元	18 000×0.201 30 ＝3 623.4元
年维持费用	2 000元	1 500元
全年总费用	5 019.5元	5 123.4元

比较两台设备，选择设备A较好，因为使用设备A比使用设备B年均节约支出104元。

(2) 现值法。这种方法就是把每年的维持费用折算成相当于最初一次投资费时的数值。也就是说，以购置设备那一年为基准，其他每年的维持费都折算成基准年的数额，然后再计算费用总额。

仍以上述例题来说明：

一次性投资费用的计算公式如下：

设备使用年限中的一次性总投资费用＝最初投资费用＋(每年使用费用×现值系数)

其中，现值系数可查表获得，也可通过公式来计算，式中的 i 为利率，n 为使用年限。

上例中，对应于利率 $i=12\%$、寿命 $n=8$ 的现值系数为4.967 64，则

	设备A	设备B
最初投资费用	15 000元	18 000元
每年维持费用的现值	2 000×4.967 64 ＝9 935.28元	1 500×4.967 64 ＝7 451.46元
8年内全部支出的现值	24 935.28元	25 451.46元

计算结果表明，仍然是设备A优于设备B。

10.3 设备维修管理

设备在投入使用后，设备管理工作最重要的就是设备的维护与修理工作。在这一阶段，应该做到合理使用设备，并在掌握设备磨损和故障发生规律的基础上，制定科学的维护和修理方法，以达到经济上可行的目的。

10.3.1 设备的合理使用

合理使用设备是保证设备经常处于良好状态的一项重要措施。合理使用设备,可以减少设备的磨损,提高设备利用率,充分发挥设备效能,提高使用效果。为了达到合理使用设备的目的,应做好以下工作。

1. 设备的合理配置

企业及其所属的部门车间,应该合理配置设备,充分发挥设备效益,做到高产优质。为此,要根据产品的生产工艺特点,综合生产计划的实际需要,灵活地选用合适的设计原则,保证设备配置的合理性。

2. 适当安排生产任务

既要做到物尽其用,避免不必要的资源损失和浪费,防止设备闲置以及"大机小用"的现象发生,又要保证不发生设备过度使用,"精机粗用"影响设备使用寿命的现象。即在发挥设备最好效能的前提下,保证机器设备的长期正常运转。

3. 协调好设备与操作者的关系

操作者的技术水平应该与机器设备的复杂程度和操作难度要求相适应。对不符合要求的操作者要进行培训,并经考试合格后,方能允许其独立操作设备。主管部门应抓好技术教育工作,要求操作者必须做到"管好、用好、维护好"设备,具有"会使用、会保养、会检查、会排除故障"的能力,最好做到人机配套,凭操作证上岗使用设备,保证机器设备得到合理使用,避免错误操作带来意外的损失。

4. 创造良好的设备使用环境

良好的设备使用环境是保证设备合理使用的条件之一。只有在良好的使用环境中,才能保证设备正常运转,延长其使用寿命,实现安全生产。企业应根据机器设备的具体情况,强化现场管理,保持设备现场适宜的工作环境,做到工作环境清洁,光线充足,设备布置合理有序,安装必要的防护装置,配备必要的测量、控制仪器或装置。

5. 建立和健全设备合理使用的各项规章制度

企业应针对设备的不同情况和要求,建立和健全各种规章制度。例如,岗位责任制、设备操作规程、计划预防修理制度、维护保养制度、交接班制度等。严格执行这些规章制度,是合理使用设备的重要保证。

6. 经常教育员工增强正确使用和爱护设备的意识

员工是设备的直接使用者,合理使用设备是设备使用者的责任和义务。只有加强这方面的教育,才能从根本上保证生产设备得到合理使用与维护。

当然,合理使用设备还有其他许多要求。但从总体上分析,合理使用设备最终归纳为三个主要方面的问题:一是提高设备的利用程度;二是保证设备的工作精度;三是建立健全的规章制度。在这三个方面下功夫,就能达到合理使用设备的目的。

10.3.2 设备的磨损理论

设备在使用过程中会发生磨损,在闲置过程中也会发生磨损,设备的磨损分有形磨损和无形磨损两种形式。

1. 设备的有形磨损

有形磨损是指设备的实体磨损,亦称物质磨损,这种磨损可以通过感官察觉,故称有形磨损。按其产生的原因不同,可分为以下两种。

(1) 第Ⅰ种有形磨损

这是由于设备在使用运转过程中,其零部件由于摩擦、应力作用及化学反应的影响,致使其实体发生的磨损,又叫使用磨损。通常表现为:

①零部件尺寸变化,形状变化;

②公差配合性质改变,性能、精度降低;

③零部件损坏。

第Ⅰ种有形磨损可使设备精度降低、劳动生产率下降,故这种磨损达到一定程度时,就会导致整个设备功能下降,引发故障。

(2) 第Ⅱ种有形磨损

这种磨损不是由于使用而产生的,而是源于自然力的作用所产生的磨损,故又称之为自然磨损。这种磨损往往表现为生锈、腐蚀、丧失精度和工作能力,从而引发故障。

这两种有形磨损的发生,均会导致设备贬值。要消除有形磨损,有必要研究有形磨损的发生规律,针对不同阶段的磨损程度,有计划地进行维修保养。

设备的有形磨损发展过程具有一定的规律性,一般分为三个发展阶段。磨损程度与时间存在下列关系,如图 10-1 所示。

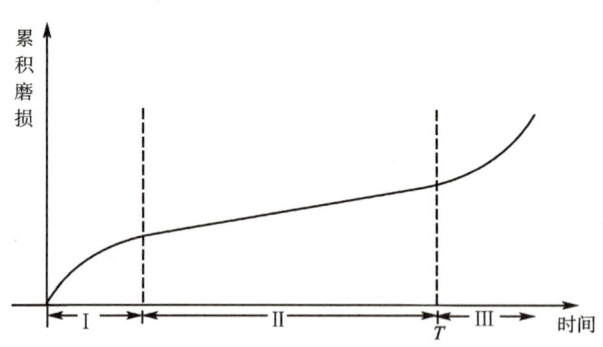

图 10-1 有形磨损程度曲线

图中第Ⅰ阶段是初期磨损阶段,磨损速度较快,时间跨度短。第Ⅱ阶段是正常磨损阶段,在这一阶段设备处于最佳运行状态,磨损速度缓慢,磨损量小,曲线呈平稳状态。在这个阶段,只要精心维护,合理使用,就能最大限度地延长设备的使用寿命,达到最佳的经济效果。第Ⅲ阶段是设备的急剧磨损阶段,在此阶段发生之前应对设备及时修理,才可以取得好的效果。否则,设备发生事故的概率将急剧上升。图中 T 点是进行修理的最佳时间点。

2. 设备的无形磨损

机器设备在遭受有形磨损的同时,还遭受无形磨损。无形磨损不表现为实体的变化,而表现为设备原始价值的贬值。

设备的无形磨损也有两种情况:

(1)首先是发生在设备的制造环节。由于设备制造工艺的不断改进,劳动生产率不断提高,生产某种设备的生产成本将下降。该现象反映到市场流通领域,表现为同类设备价格的不断下降,这样就使得原来已购买的该种设备相应地不断贬值。和有形磨损不同的是,无形磨损不影响设备功能。上述类型的无形磨损被称为第Ⅰ种无形磨损。

(2)第Ⅱ种无形磨损是由于社会技术进步,出现性能更完善和效率更高的新型设备,而原有机器设备由于技术上相对落后,造成该设备丧失一部分或全部使用价值。这种磨损也称为技术性无形磨损,其后果是它的生产率已大大低于社会平均水平,利用该设备进行生产时,产品成本将大大高于社会平均成本。因此,需要考虑进行有计划的淘汰更新。

10.3.3 故障与故障率曲线

1. 设备故障

设备在其寿命周期内,由于磨损或操作使用等,而暂时丧失其规定功能的状况称为故障。设备故障严重地影响企业的正常生产,因此研究设备故障及其发生规律,减少故障发生率,是设备管理的一个重要内容。

机器设备的故障一般分为两大类,即突发故障和劣化故障。突发故障的发生是随机性的,较难预料,一旦发生,设备便丧失使用功能,需要停机修理。而劣化故障是由于设备性能的逐渐劣化所引发的,这类故障往往有规律可循,而且发生速度比较缓慢,往往表现为局部功能的丧失。

2. 故障率和故障率曲线

不同时间阶段,设备的故障发生率是不同的。故障发生率是指单位时间内故障发生的比率。实践证明,可维修设备的故障率 $\lambda(T)$ 随时间的推移呈如图 10-2 所示的曲线形状,这就是著名的"浴盆曲线",它将在设备维修期间内的设备故障状态分为三个时期:

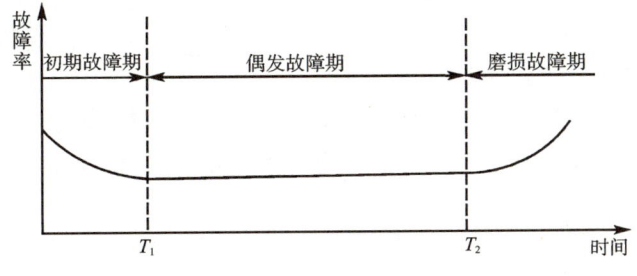

图 10-2 浴盆曲线

第一个时期称为初期故障期($0 \leqslant t < T_1$),这一时期的特点是故障率由高到低发生变化。故障产生的原因主要是材料缺陷、设计制造质量差、装配失误以及操作不熟练等。随

时间的延长,设备逐渐进入偶发故障期,在这一时期($T_1 \leqslant t < T_2$),故障率低而且稳定,基本保持不变,$\lambda(T)=$常数。发生故障的原因是维护不好或操作失误或零部件的某些无法预测的缺陷。这一时期也是设备的最佳工作期,对应于磨损曲线的正常磨损阶段(参见上一节内容)。第三个时期称之为磨损故障期($T_2 \leqslant t$),这个时期设备故障率急剧升高。由于大多数零部件经过长期运转后,磨损严重,有效寿命结束,因此应该在设备进入该阶段之前进行预防维修。

10.3.4　设备维修的基本内容

设备维修是指对设备进行维护保养和修理,从而恢复设备性能所从事的一切活动的总和。

1. 设备的维护保养

设备的维护保养是设备在使用过程中自身运行的客观要求,是人们为保持设备正常工作以及消除隐患而进行的一系列日常保护工作。按其工作量的大小以及维护内容的广度、深度可以分为下列几种:

(1)日常保养。其重点是对设备进行清洗、润滑,紧固易松动的零部件并检查其状况,又叫例行保养,一般由操作工人负责完成。

(2)一级保养。普遍地进行清洗、润滑、紧固、检查,并部分地进行调整。一般由操作工人在专业维修工人指导配合下完成。

(3)二级保养。一般要对设备进行局部解体和检查,进行内部清洗、润滑、恢复和更换易损件等。一般由专业维修工人在操作工人的协助下完成。

(4)三级保养。对设备主体进行彻底检查和调整,并对主要零部件的磨损状况进行测量和检查鉴定。一般由专业维修工人在操作工人的配合下定期完成。

在实际工作中,不同企业对维护保养所规定的具体内容各不相同,有的建立四级保养制度,如某些石油企业的生产设备和泵站设备;有的冶金企业的高炉、平炉则不规定保养类别。

2. 设备的检查

它是对机器设备的运转状况、工作性能,零件的磨损程度进行检查和校验,以求及时地发现问题,清除隐患,并能针对所发现的问题提出维护措施,做好修理前的各种准备,以提高设备修理工作的质量,缩短修理时间。

按检查时间间隔期的长短,分为日常检查和定期检查。日常检查即每日检查或交接班检查,一般由操作工人每天对设备做一般性的检查工作,同日常维护结合起来,目的是发现不正常的技术状况,进行必要的维护工作。而定期检查则是按计划由专业维修人员对设备定期进行的检查,目的是掌握设备的技术状况和零件的实际磨损状况,以做好修理前的准备工作。定期检查可分为年、月、周、日检查等。

设备的检查按技术功能可分为机能检查和精度检查。机能检查是对设备的每项机能进行检查和测定,如油封是否严密,防尘效果是否良好,设备耐高温、高压等性能能否达到要求等。精度检查则是对设备的实际加工精度进行检测,以确定设备的劣化程度是否超出规定的范围,检测结果以精度指数表示。

3. 设备的修理

设备的修理是对设备由于正常或不正常原因引起的磨损或损坏所进行的补偿或修复，其实质是补偿设备的物质磨损。按其修理内容多寡、要求程度的高低以及工作量的大小可以分为小修、中修和大修三种。

（1）小修。小修是对设备进行局部的修理。针对日常检查和定期检查发现的问题，拆卸部分零部件进行清洗、更换和调整，恢复设备的使用性能。

（2）中修。中修是工作量较大的一种修理，对设备进行部分解体，修理或更换磨损机件，校正设备的基准，保证设备主要精度达到工艺要求，以达到缩短停机时间、减少修理费用、保证设备正常运转的目的。

（3）大修。大修是工作量最大的一种修理，是指设备全面的修理，是在设备长期使用后，为了恢复其原有的精度、性能和生产效率而进行的一种彻底的修理方式。大修需将设备全部拆卸分解，更换或恢复主要大型零件以及所有不符合要求的零件和部件，以全面恢复设备的工作能力，达到设备出厂的精度标准和工作效率。许多企业将设备大修与设备的技术改造结合起来，取得了事半功倍的效果，大大提高了设备的现代化水平。

10.3.5 设备维修制度

设备维修制度是对设备进行维护、检查、修理所规定的一系列规章制度。我国工业企业实行的主要维修制度有计划预修制、计划保修制和全员生产维修制等。

1. 计划预修制

这一制度是我国工业企业20世纪50年代从苏联引进的一种设备维修制度。它是按照预防为主的原则，根据设备磨损理论，有计划地对设备进行日常维护保养、检查、校正和修理，以保证设备正常运行的一种维修制度。

计划预修制的主要内容有日常维护、定期检查、计划修理。计划修理的方法包括检查修理法、标准修理法以及定期修理法。

计划预修制的优点是：它是一种合理计划的修理方式，克服了事后修理法的缺陷，能及时发现设备隐患，防止设备发生意外损坏，避免设备急剧磨损，延长设备的使用寿命。同时有利于做好修理前的准备工作，缩短修理时间，提高维修效率。

计划预修制的主要缺点是维修费用较高。

2. 计划保修制

这种制度是我国20世纪60年代在总结计划预修制优缺点的基础上建立的一种以防为主、防修结合的维修制度。其核心在于有计划地对设备进行三级保养和修理。

由于每个企业的设备情况不尽相同，所实施的计划保修制的内容也不一样，有的企业采用三级保养加大修理方式，有的企业实行三级保养、小修加大修方式，还有的企业则实行三级保养、中修和大修的方式。

计划保修制比计划预修制有了一定的进步，但由于它是从计划预修制发展而来的，仍然没有从根本上克服计划预修制的主要缺点。

3. 全员生产维修制

这种维修制度是日本在学习欧美生产维修经验的基础上,结合其本国企业管理的特色,建立起来的一种比较完整的设备管理和维修制度。从维修方面来说,它的主要内容有日常点检、定期检查、计划修理和改善修理。这种维修制要求企业将设备按一定标准分成A、B、C 类,不同类别的设备有不同的维修内容和要求。

10.3.6 设备修理的计划工作

设备修理的计划工作是企业经营计划的重要组成部分。正确编制修理计划,可以提高修理效率,减少人力、物力、财力的浪费,节省工作时间,从而提高生产与服务的效益。

1. 修理工作定额

设备修理工作定额是设备修理计划制订的主要依据。其主要内容有:修理周期、修理间隔期、修理周期结构、修理复杂系数、修理工作劳动量定额、修理停歇时间等。

(1)修理周期。指相邻两次大修理之间的时间间隔。对于刚购置的设备来说,是指投产后到第一次大修理的时间。

(2)修理间隔期。指相邻两次修理(包括大、中、小修)之间的时间间隔。

(3)修理周期结构。指在一个大修理周期内,大、中、小修的次数以及排列顺序,有时也包括定期检查。比如,常见的轻中型金属切削机床的修理周期结构为 K—O—M—O—C—O—M—O—M—O—C—O—M—O—M—O—K,其中 K 为大修,C 为中修,M 为小修,O 为检查。

(4)修理复杂系数。它是表示设备修理复杂程度和确定设备修理劳动量的假定单位。它与设备的结构特点、工艺特性、零部件尺寸有关。设备结构愈复杂,加工精度要求越高,零部件尺寸愈大,则修理复杂系数就愈高。

修理复杂系数作为一个假定单位,其标准是人为规定的,通常是根据不同类型的设备的基本特点,制定出不同的修理复杂程度参照标准,然后再通过每台具体设备的修理工作量与参照标准的比较,得出该设备的修理复杂系数。例如,机械设备就以中心高为 200 mm、中心距为 1 000 mm 的 C620 车床为参照标准,规定其修理复杂系数为 10,其他机械设备的修理复杂系数均与标准车床比较而定,较其复杂的设备,其系数大于 10,反之则小于 10。

(5)修理劳动量定额。修理劳动量定额是企业完成设备的各项修理工作所需要的劳动时间消耗标准,往往以一个修理复杂系数所需劳动时间为单位来进行表示。例如,完成一个修理复杂系数的机床大修任务,需要钳工完成 40 小时的劳动量,机械加工工人完成 20 小时的劳动量,其他工种工人完成 4 小时的劳动量,总计需工时 64 小时。这样,根据各种机器设备的修理复杂系数的大小以及一个修理复杂系数所代表的劳动量的多少,就可以计算出任何一项修理工作所需的劳动工时总量。

(6)修理停歇时间。设备修理停歇时间是指设备停止运行到修理结束并验收合格,重新投入生产为止所经历的时间。在修理前的准备工作已经完成的前提下,修理停歇时间

主要取决于修理中的钳工工作量,因此,修理停歇时间的计算可按下式进行:

$$T_s = \frac{Q_m}{Pdsk_t} + t \qquad (10\text{-}1)$$

式中　Q_m——修理时的钳工工作量(小时);
　　　P——各班内参加修理工作的钳工人数;
　　　s——每天工作的班次;
　　　k_t——定额完成系数;
　　　d——每班工作时间;
　　　t——油漆干燥、检验等时间。

2. 设备修理计划

(1)设备修理计划分为年度、季度和月计划三种。

(2)年度修理计划是企业设备修理的主要依据。其主要内容包括每年、每季、每月的设备修理任务、修理类别以及完成日期等。

(3)季度修理计划是贯彻年度修理计划的重要保证,是年度修理计划的具体计划。它是按设备运行状态的变化,对年度修理计划中的某些内容进行适当调整而成的。

月度修理计划是季度修理计划的执行计划,结合季度计划和上月修理计划的实际执行情况,以及设备运行状况进行编制。

10.3.7　设备的大修理

机器设备是由各种不同的材料制成的,这些材料所制成的零部件在设备中承担着各自不同的功能,在设备运行过程中,所受到应力大小、磨损快慢、化学反应程度等情况都不一样,因此设备的零部件所受的损耗很不均匀。人们常通过对部分零部件进行修理和更换,来充分利用设备中损耗较小的部件。在一定条件下,修理和更换部分零部件比重新购置新设备要经济得多。

由于设备大修理的花费很大,因此有必要对其进行经济合理性的研究。在做出大修理决策前,还应该准备多种备选方案,如更新设备等,在充分比较各方案的利弊之后,再做出大修理的决策。这是因为:

首先,尽管大修理恢复了设备的功能,但修理后的设备在生产率、精确度、速度等方面,都无法与同类型的新设备相比。实践表明,修理后的设备故障率高,有效运行时间短,综合质量发生劣化的可能性增加。因此,每一次大修理过后,设备的综合质量都会下降,如图10-3所示。

其次,大修理的周期会逐渐缩短,也就是说,随设备使用时间的增长,设备的持续正常工作时间期会逐渐减少,造成大修理的频率逐渐上升,大修理的经济性逐渐丧失。

在实际工作中,进行方案选择时需考虑的因素很多,有经济因素,也有技术因素,还应该考虑资金和设备来源、产品销路等方面的因素,必须统筹规划,合理安排,做到经济、合理、可行。

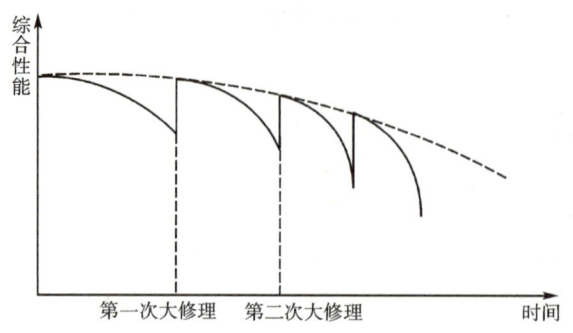

图 10-3 大修理后设备综合质量劣化图

10.4 设备的更新和技术改造

10.4.1 设备更新的概念和方式

设备更新是用新型设备更换原有的技术落后或经济上不合理的旧设备,它是针对设备综合磨损的一种补偿方式,是维护和扩大社会再生产的重要保证。设备更新有两个主要方式:一是以结构、功能相同的设备简单地替换老设备;二是以技术更先进、经济效益更显著的新型设备来更换旧设备。后一种方式不仅能解决设备损坏的补偿问题,而且能促进企业的技术进步。因此,在经济合理的条件下,应尽量采用后一种更新方式。

设备更新的时机主要取决于设备的寿命。在进行设备更新时,应多掌握设备运行的实际情况,从技术、经济两方面着手,做出正确的更新决策。

10.4.2 设备的寿命

设备的寿命是指设备可运行的年限。从不同角度考虑,设备的寿命可以表现为以下四种形式:

(1)设备的物理寿命。也称为自然寿命,指设备从投入使用,到无法运行为止所经历的时间。物理寿命的长短取决于设备的质量高低、使用程度和维修保养的好坏。随着物理寿命的延长,设备的年经营费用逐渐增加。

(2)设备的技术寿命。指设备从投入使用到由于遭受无形磨损而丧失使用价值被淘汰为止所经历的时间。通常,此时设备的自然寿命并未结束,但由于市场上出现技术更完善、经济效益更好的新设备,继续使用旧设备的企业的生产费用将高于使用新设备的同类生产企业。

(3)设备的经济寿命。指新设备从投入使用开始,到设备的年平均费用最低为止所经历的时间。年平均费用是指设备运行阶段中的年均折旧与年均经营费用之和。设备使用过程中,年平均费用是随时间变化的,随着设备持续运行,设备的年折旧费用逐渐减少,而年经营费用显著提高。在某一最适宜的使用年限,年平均费用会达到最低值,而此时正是设备达到其经济寿命的时候。

(4) 设备的折旧寿命。由于设备在使用过程中不断地发生各种磨损,财务部门必须把设备投资逐渐摊入成本中去,以收回设备投资。设备从购进到其在财务账上价值为零所经历的时间被称为设备的折旧寿命。折旧寿命对企业是否做出淘汰旧设备的决策影响很大,其计算的准确程度直接影响到设备决策的正确性,必须根据经济形势的需要和技术进步的情况,合理地确定设备的折旧方案。

10.4.3 设备更新的评价方法

1. 经济寿命确定法

机器设备在使用过程中发生的费用叫运行费用或使用寿命,一般来说,运行费用是逐年增加的。为讨论方便起见,我们假定运行费用随时间呈线性增长。年增长量为 λ,则第 T 年的运行费用为

$$C_T = C_1 + (T-1)\lambda \tag{10-2}$$

式中　C_T——第 T 年运行费用;
　　　C_1——第 1 年运行费用。

那么,T 年内运行费用的平均值为

$$C_1 + \frac{T-1}{2}\lambda \tag{10-3}$$

而每年分摊的折旧费(按直线折旧计算)为

$$\frac{K_0 - K_L}{T} \tag{10-4}$$

式中　K_0——设备购置费用;
　　　K_L——处理时设备残值。

随着设备使用年限的增长,年平均运行费用逐渐增加,而年平均折旧费用逐渐减少,年平均总费用随时间的变化是先减小,后增大,如图 10-4 所示。

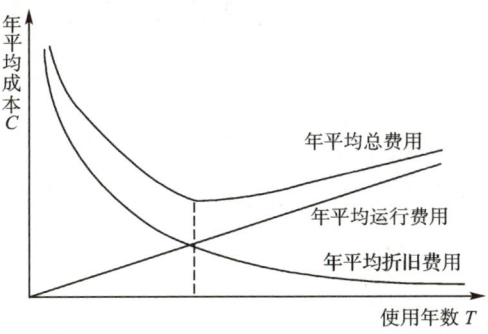

图 10-4　设备年平均总费用变动图

年平均总费用计算公式为

$$AC = \frac{K_0 - K_L}{T} + C_1 + \frac{T-1}{2}\lambda \tag{10-5}$$

若 K_L 为常数,求极值,令

$$\frac{d(AC)}{dT}=0$$

则经济寿命

$$T=\sqrt{\frac{2(K_0-K_L)}{\lambda}} \qquad (10\text{-}6)$$

若不计残值或残值=0,则 $T=\sqrt{\dfrac{2K_0}{\lambda}}$。

【例 10-2】 若设备购置价值 $K_0=10\,000$ 元,使用年限为 10 年,第一年运行费用为 1 000 元,以后每年递增 400 元,不计残值,求设备经济寿命。

解 由公式得 $T=\sqrt{\dfrac{2K_0}{\lambda}}=\sqrt{\dfrac{2\times 10\,000}{400}}=7$ 年

如果例 10-1 中,设备残值见表 10-2,则其经济寿命又是多少？通过计算,使用设备的年平均总费用在使用时间为 6 年时最低,为 3 533 元,故其经济寿命为 6 年。

表 10-2

使用年限/年	残值/元	使用年限/年	残值/元
1	7 000	6	800
2	5 100	7	600
3	3 300	8	400
4	2 000	9	200
5	1 000	10	100

2. 最低总费用法

上面讨论的是设备在使用期内没有发生技术落后、没有出现更好设备的情况。事实上,在设备的经济寿命尚未终止的时候,市场上完全可能出现工作效率更高或经济效果更好的设备。因此,我们应该考虑在新型设备出现的情况下,如何进行方案选择。

在这种情况下,设备最低总费用的概念略有不同,是指在设备服务年限内,先后使用不同设备的各项费用之和,而使用设备最低总费用法进行更新设备的目标,就是要通过合理地选择更新设备的时机,达到设备的总费用最低的目的。设备经济寿命计算表见表 10-3。

表 10-3　　设备经济寿命计算表

使用年限 ①	运行费用总值/元 ②	年末残值/元 ③	年运行费用平均值/元 ④=②/①	年设备费用平均值/元 ⑤=$\dfrac{10\,000-③}{①}$	年平均总费用/元 ⑥=⑤+④
1	1 000	7 000	1 000	3 000	4 000
2	1 000+1 400=2 400	5 100	1 200	2 450	3 650
3	2 400+1 800=4 200	3 300	1 400	2 233	3 633
4	4 200+2 200=6 400	2 000	1 600	2 000	3 600
5	6 400+2 600=9 000	1 000	1 800	1 800	3 600
6	9 000+3 000=12 000	800	2 000	1 533	3 533
7	12 000+3 400=15 400	600	2 200	1 343	3 543
8	15 400+3 800=19 200	400	2 400	1 200	3 600
9	19 200+4 200=23 400	200	2 600	1 089	3 689
10	23 400+4 600=28 000	100	2 800	990	3 790

某项业务服务年限为 N，正在使用的设备拟使用 T 年，这样，新设备的使用年限就为 $N-T$，显然，使用原有设备 T 年内的总费用为

$$TC_0 = K_0 - K_L + \sum_{j=1}^{T} C_j \tag{10-7}$$

式中　K_0——设备购置费用；

　　　K_L——设备处理时残值；

　　　C_j——设备第 j 年的维持费用。

更新设备后 $N-T$ 年内的总使用费用为

$$TC'_0 = K'_0 - K'_L + \sum_{j=1}^{N-T} C'_j \tag{10-8}$$

若新设备的效率为旧设备的 B 倍，则 N 年内的总使用成本为

$$TC = TC_0 + \frac{1}{B} TC'_0 \tag{10-9}$$

下面根据上述公式，计算一道例题。

【例 10-3】　某设备购置费用为 10 000 元，已用于某项业务 2 年，该项业务尚需进行 4 年，此时出现了一种效率为原设备 1.2 倍的新设备。该种设备购置费为 18 000 元，如果拟用新设备更换旧设备，则何时更换最佳？

已知两种设备其他情况见表 10-4。

表 10-4　　　　　　　　　　　　　　　　　　　　单位：元

使用年限	年维持费 C_j		年末残值	
	新设备	旧设备	新设备	旧设备
1	1 000	1 000	13 000	6 000
2	1 400	1 200	10 000	4 000
3	1 900	1 500	8 000	3 000
4	2 600	2 800	6 000	2 000
5	3 400	4 300	5 000	1 000

解　旧设备已用 2 年，业务尚需进行 4 年，则 $N=6$

列表求解见表 10-5，发现在设备使用 3 年时更换新设备，能保证 6 年的总使用成本最低，说明旧设备使用 3 年后更新为最佳方案。

表 10-5　　　　　　　　总使用费用计算表　　　　　　　　$N=6$

旧设备使用年限	旧设备 T 年内总使用费用/元	新设备使用年限	新设备 $N-T$ 年内总使用费用/元	新设备 $N-T$ 年内总使用费用的 $\frac{1}{B}$/元	N 年内总使用费用 TC/元
①	②	③	④	⑤	⑥=②+⑤
2	8 200	4	18 900	15 750	23 950
3	10 700	3	14 300	11 917	22 617
4	14 500	2	10 400	8 667	23 167
5	19 800	1	6 000	5 000	24 800

上述计算并未考虑资金的时间价值，如果考虑资金的时间价值，使用的数学模型是一样的，只是繁简有别而已。

上面介绍了两种设备更新时间选择的计算方法,其他还有年平均使用费用最低法等。然而,由于达到设备更新要求的方案可能会有很多,因此还必须掌握在多种方案中选择比较满意方案的方法。常用的方法包括:按经济寿命年限计算的年平均使用成本最低法、计算寿命周期内总成本最低法、追加投资回收期法等。

我国目前采用的更新方式多数是从大修理、现代化改造和更换这几种方式中进行选择,在这里不做具体介绍。

10.4.4 设备的技术改造

1. 技术改造的概念和意义

设备的技术改造又称为设备的现代化改装,是一种广义的设备更新方式;是针对设备的无形磨损而采取的局部补偿的设备更新方式,往往与设备的大修理同时进行,是扩大设备生产能力,提高设备技术水平的重要途径。

企业进行设备的技术改造,通常比更换新设备投入的资金较少,并能够有针对性地改善企业现有设备的技术性能,具有改变技术陈旧落后状态,促进技术进步的功能。尤其在设备更新换代速度缓慢的行业中,实施技术改造将是一项意义深远的工作。

2. 技术改造应遵循的原则

技术改造的目标是提高企业整体经济效益。在进行改造的过程中,必须遵循以下原则:

(1)坚持以促进技术进步为基础的原则。技术改造应以技术进步为基础,没有技术进步,技术改造也就失去了存在的意义。

(2)遵循以产品开发为中心的原则。由于产品的生产及销售是企业赖以存在的前提,企业技术改造要围绕提高产品质量与性能、降低成本、促进产品更新换代的目标,以生产出符合市场需要的产品。这既是为了满足人民物质、文化生活的需要,也是维持和扩大企业再生产的必要条件。

(3)强调以内涵扩大再生产为主的原则。因为从我国现有的工业基础及人力、物力、财力等情况看,不应过多地铺新摊子,而应该通过技术改造,用先进的技术、工艺、设备取代落后的工艺、技术设备,充分挖掘企业已有的生产潜能,实现内涵式扩大再生产。这种内涵式扩大再生产具有投资少、时间短、见效快的特点,更适合我国目前经济发展的现状。

(4)以提高经济效益为目标的原则。不论从什么角度看,技术改造项目是否成功主要取决于它是否提高了企业的经济效益。当然,在我国社会主义制度下,还要考虑眼前利益与长远利益、企业利益与国家利益的关系。但从总的方面来说,技术改造的目的就是提高整体的经济效益。

3. 技术改造的特点

技术改造不同于新建项目,它具有许多自己的特点:

(1)相关性强。技术改造项目与老企业方方面面都有着密切的相关性。这里的相关性指与企业现有的资金、资产、人员、生产费用、经营管理方式无法分离。因此,进行技术改造时，需要对企业进行深入的调查分析，仔细研究其内部的种种联系和相互影响，做到统筹兼顾。

（2）针对性强。设备的技术改造一般是在设备使用单位的协助下进行的，由于设备的使用单位对现有设备很熟悉，因此能针对实际情况提出具体而明确的要求，对症下药，对设备的关键部位进行改造，具有很强的针对性。

（3）适应性广。设备的技术改造往往可以与工艺改革结合起来。在许多情况下，对设备稍做改造，就能够适应新的生产工艺和操作方法。尤其是企业在市场上无法购买到急需的特殊规格和性能的设备时，技术改造是唯一的解决办法。因此，技术改造具有很强的适应性。

（4）经济性好。在前面的内容中我们提到过这个问题。由于技术改造是在原有设备的基础上进行的，因而具有投资少、周期短、见效快的特点，往往能在节约资金的同时，提高经济效益，具有很好的经济性。

从以上四个特点可以看出，技术改造是企业技术进步的捷径。但是，由于技术改造牵扯的面太广，因此技术改造项目的经济评价非常复杂，在具体的评价方法和经济计算上均有其特殊性。

4. 技术改造方案的经济评价

（1）基本要求

经济评价是对技术改造方案进行评价的最重要方面之一。技术改造的方案是否可行，主要取决于经济评价的结果。进行经济评价时，要采取正确的评价方法，定性分析与定量计算相结合，要利用各种评价指标对改造前和改造后的效果进行比较，搞清不同方案的优劣，选取最优改造方案。

（2）主要的评价方法

①净现值法。通过比较各种方案在服务年限内收益的净现值，选取净现值最大的方案。

②投资回收期法。计算各种方案投资回收的时间，选取投资回收期最短的方案。

③出口创汇率法。以在技术改造中投入的单位资金为企业增加创汇的多寡进行评价。

$$R_K = \frac{S_K}{K} \times 100\% \tag{10-10}$$

式中　R_K——出口创汇率；

　　　S_K——预计投产后年出口创汇额；

　　　K——技术改造总投资。

④内部收益率法。

以上四种方法是评价技术改造方案的常用方法，除此之外还有许多其他方法。在技术改造评价时，经常多种方法同时使用，以便全面考虑，选取比较理想的方案。

5. 技术改造方案的组织管理

企业的技术改造影响面大，涉及面广，技术性强，必须进行严密的组织和科学的管理，

才能保证方案改造的顺利进行,取得预期的效果。因此,要做好以下工作:

(1)要制订切实可行的技术改造规划方案。规划方案的制订要体现技术改造的原则和要求,要确定一定时期内的具体目标和重点,以及改造的规模和准备条件等。规划要全面,既要有长期规划,又要有短期规划;既要有总体计划,又要有单项计划,做到有目的、有计划、有步骤地促使技术改造方案顺利完成。

(2)强化技术改造的资金管理。筹措资金和管理资金是技术改造方案进行下去的重要保证。做好技术改造方案的资金管理工作,要从增加筹措资金的来源和合理使用筹措资金两个方面妥善加以解决。技术改造资金来源主要有以下四个方面:①企业自有资金;②银行贷款;③国家预算拨款;④利用外资。

加强技术改造方案的资金管理,首先要确保技术改造资金用到技术改造上来。其次,在资金短缺情况下,可以适当提高折旧率。再次,要把以往过量用于基本建设的资金和物资转移到技术改造上来。同时要把技术改造所需材料、设备列入各级物资分配计划,以防止被挪用。

(3)技术改造方案的实施管理。在技术改造方案的实施过程中,首先,要做好实施前的准备工作。例如,可行性研究、上报审批等。其次,要加强施工中的管理,做好计划,组织好人员,明确分工,保证物资供应,加强资金核算,做好验收工作。再次,建立严格的经济责任制,把责任者的经济利益同经济责任严格挂钩,以调动责任者的积极性和使命感,完成方案规定的各项任务,保证质量。

做好技术改造方案的组织管理,除企业自身技术改造的组织和管理外,国家还应该制定一系列相应的经济政策,为技术改造方案提供支持。比如,提高固定资产折旧率,并把基本折旧资金用于技术改造;银行贷款方面应提供优惠政策;税收方面,应实施鼓励技术进步的税收政策等。总之,要铲除妨碍技术进步的各项因素,创造良好的外部经济环境。

习 题

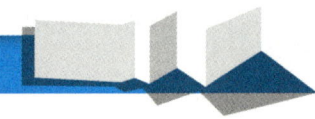

1. 设备管理的任务是什么?
2. 设备的综合管理目标是什么?日本企业与西方国家企业在设备综合管理方面有何不同之处?
3. 设备的经济评价中常用哪些定量分析方法?哪种方法评价的结果更准确?
4. 设备磨损可分为哪几类?
5. 试述设备磨损规律和故障发生规律。
6. 设备维修工作主要包括哪几项?
7. 设备维修分几个等级?各级分别解决哪些设备维修问题?
8. 设备寿命有几种?如何理解设备的经济寿命?
9. 设备更新决策时,常采用哪几种经济评价方法?
10. 有 A,B 两台设备,其具体情况见表 10-6。

表 10-6　　　　　　　　　　　　　　　　　　　　单位：万元

项目	设备 A	设备 B
最初投资费用	200	250
每年使用费用	30	36

若年利率为 8%，使用年限均为 8 年，8 年后的设备残值都为 0，试选择理想设备。

11. 若设备购置价值为 50 万元，使用年限为 10 年，第一年运行费用为 5 000 元，以后每年递增 2 000 元，如不考虑设备残值，该设备经济寿命为几年？

第 11 章　先进生产系统

近二三十年以来,在世界范围内掀起了一场广泛的技术革命。在这场技术革命中,以信息技术为代表的高新技术正以空前的速度转化为社会生产力,从而给社会经济水平带来极大的提升。相继地,它又迅速地推动了国际市场体系的发展,推进了企业经营国际化和全球经济一体化的趋势。对于各国的制造业来说,这些变化会塑造既充满机遇又富于挑战的复杂环境,这对企业的生产及其管理都将产生重大的影响。这一章中,首先对当今制造业企业面临的环境形势进行分析,依据环境分析提出现代制造企业应采用的生产组织方式,最后介绍几种适应当代经济发展的新型生产系统。

11.1　当今制造业面临的环境形势

当今制造业所面临的环境形势可概括为如下若干方面。

11.1.1　数字化转型已成为行业发展新趋势

近些年来,数字化、网络化、智能化应用创新不断涌现,数字技术使能作用和数据要素的驱动作用不断凸显,企业加快数字化转型成为大势所趋。从企业管理的角度来讲,当企业发展到一定规模时,管理的难度和复杂程度随之增加,通过数字化手段整合信息资源、重塑业务流程,是增强管理能力、提升运营效率的必然选择。数字化转型不仅可以帮助企业实现专业工作智能化、业务流程自动化、管理工作精细化,还可以大幅度减少非必需的低效率工作,提升生产管理、经营服务的效率,达到降本增效的目的。

11.1.2　经济发展的高科技化特色越发凸显

21 世纪是信息和科学技术的世纪,科学技术在当今的经济发展中的决定性作用日益突出。科学技术的蓬勃发展产生了一批先进制造技术,如超精密加工、特种加工、制造业综合自动化、流程业综合自动化等。这些技术的运用呈现出产品设计制造和企业管理信息化、生产过程控制智能化、制造工艺装备紧密化、制造装备控制数字化、产品制造过程绿色化、产品经营全球化等特点。先进制造技术的发展,不仅仅是加快制造产业结构调整、实现跨越发展的需要,而且是提高我国综合素质和市场竞争力,顺应经济全球化和制造全球化的要求。

11.1.3 以消费者为导向的市场机制

随着社会经济水平的提高和经济全球化的发展,人们的消费观念和消费形态都产生了重大的变化,从理性消费逐渐向感性消费和感情消费转变。消费者在选择产品时除了关注产品的功能和价格因素,开始更关注它的品牌、服务以及体现个人感受和特性的个性要求。这种转变带动了产品市场从卖方市场向买方市场的转变,在产品设计、营销渠道搭建和客户服务等方面都体现出柔性化和市场需求为导向的特点。在企业的生产经营活动中,也倾向于更多地考虑产品是否能够满足消费者自我表现和情感上的需求,立足于为消费者创造新的用户体验,而不仅仅着眼于技术本身,进入了需求多样化和多变化的市场时代。

11.1.4 企业经营国际化水平提升

在经济全球化的趋势下,许多国家的产业以及金融、投资、运输、通信、科技等都在全球范围内打破了国家和地区的界限而融为一体,各国间经济联系日益紧密,相互依存度不断提高,世界经济呈现出一种一体化、全球化的特征。而近些年来,经济全球化影响的范围更大、程度更深,经济全球化发展的新态势表现为全球产业链的重组、全球价值链的重构、全球供应链的重塑。随着数字经济的发展,全球产业链将以数据技术发达的国家和地区为中心,呈现出辐射状的全球产业链结构,而不是传统产业的链状产业链结构,制造业供应链中心将很快被数字经济供应链中心所取代,全球价值链呈现的制造业"服务化"、服务业"自动化"的特征。当前第四次工业革命正方兴未艾,而且全新的技术正强势赋能经济全球化,从而使经济全球化的深度、广度都是史无前例的。

11.2 现代生产管理的发展趋势

制造业企业环境的上述变化,使传统的生产组织方式越来越不适应新的经济发展形势。不但我国按计划经济特点建立起来的生产方式与管理模式与之不相适应,即使是曾经创造过世界最高劳动生产率的美国生产方式(大量流水生产方式)也失去了原有的优势,在国际市场的激烈竞争中也遭遇过惨败。传统生产方式的根本问题在于缺乏适应环境变化的应变能力。在当今的市场环境中,大数据时代下供需双方的关系愈来愈紧密,企业对环境变化的反应能力就显得越来越重要。因此,世界各国尤其是发达国家的制造企业都在对其生产及其管理方式进行重大的调整和变革,使它们转变为适应当今竞争需要的新的生产与管理方式。归结起来,现代生产管理方式表现为以下的一些发展趋势。

11.2.1 增强生产系统的适应力

传统生产的组织方式强调大批量生产,实行大规模、大批量、标准化的商品生产,以达到高效率、低成本的经济效果,即追求以此带来的规模经济。但这种生产系统是建立在刚性自动化的生产技术上的,全球化使得满足客户需求的难度提升,客户的个性化需求不断增加,这种系统失去应变能力就会使企业丧失竞争力。因此,现代制造企业倾向于将生产系统转为建立在柔性技术上的多品种小批量生产,更加关注消费者的需求变化,追求生产范围的经济性。这种生产方式旨在增加产品的品种和提高顾客化程度,同时避免成本和交货期的增加。

11.2.2 企业生产经营目标的重新定位

传统的市场机制中,质量、价格是企业进行竞争的关键。因此,其生产目标大都集中在提高质量和降低成本上。而随着时代的发展,高质量和低成本已经不能成为企业蓬勃发展的关键,市场进入以消费者需求为导向的市场时代,产品的上市时间和顾客成为更为关键的因素。于是提出了全新的 TQCS,即时间(Time)、质量(Quality)、成本(Cost)和服务(Service)四项目标,并且时间和服务在提升企业竞争优势上发挥出越来越重要的作用。这些新的目标呼唤企业应采用新的方式进行新产品开发与制造(如并行工程、敏捷制造等)和建立新的产品服务系统。

11.2.3 企业组织结构的扁平化

传统的管理系统都采用金字塔式的组织结构,实行中央集权的直线领导体制。这种体制等级森严,机构臃肿,以致信息传递路线很长,决策过程缓慢。在经济形势和市场环境变化莫测的今天,它已显得十分迟钝和缺乏灵活性,难以适应新形势的需要。因此,许多企业已经转向追求组织结构的扁平化。所谓组织结构扁平化,就是通过减少中间管理层次,裁减冗余人员,使领导机构尽可能地接近基层,以建立一种信息传递效率高、管理决策及时的组织结构。显然,这种结构形式将使企业组织变得灵活,对外界环境变化反应敏捷,能大大提高企业的管理效率和决策质量。

与管理组织扁平化相对应的是团队型结构,这一基层组织是具有相对独立决策功能的自主单元,由人数不多的具有各种专长的成员组成,承担特定的项目任务。它有成员精干、易于互相沟通和决策灵活等优点,因此适用范围越来越广泛。

11.2.4 建立供应链合作伙伴关系

以往的制造企业与分销商和供应商的关系是单纯的买卖关系,彼此之间只考虑自身的利益,尽量把生产的成本和风险转嫁给对方。但结果适得其反,反而使双方的利益都受到损害。全球一体化的大背景下,市场的竞争不再是单一企业之间的竞争,而是企业联盟之间的竞争,即行业内供应链之间的竞争。企业间建立合作伙伴关系之后,供应商、制造商和分销商通过协作来解决原材料供应、产品设计生产、销售及在这一过程中产生的物流、信息流、商流及资金流的问题,最终达到共赢的目的。因此,现代制造业将分销商、供应商以及用户都看成是自己的合作伙伴,吸收他们参与产品的开发、设计和制造,以此提升自己企业对市场的快速反应能力和竞争能力。

11.2.5 充分利用信息资源,顺应数智时代发展

信息作为企业最重要的一种资源,它对加强企业生产经营管理的重要作用已逐渐被人们所认识。近年来,计算机集成制造系统和战略信息系统得以运用。前者利用计算机技术将制造企业的工程设计、生产经营和制造自动化等活动通过信息集成而结合成一个有机整体,从而使企业获得最大的总体效益;而后者则是将企业的信息系统延伸到外部的市场和用户,建立起范围更广的信息系统,以支持和形成企业竞争战略上的优势。

党的十八大以来,党中央高度重视实体经济的智能化数字化转型发展。有关资料显示,目前我国制造业数字化、网络化、智能化水平不断提升,已培育出具有一定影响力的工业互联网平台超过 150 家,工业设备连接数量超过 7 900 万台(套)。政府可以通过优化营商环境、相关基础设施建设等方式,尽可能创造有利的外部环境,为企业赋能,增强企业转型发展的能力、意愿和信心。

11.3 适应当今形势的新型生产系统

20 世纪 90 年代以来,随着经济与科技的发展,在发达国家兴起了管理变革的浪潮,相继创立了适应当今形势的新型生产方式和管理模式。其中,具有代表意义的有计算机集成制造系统、精益生产方式、敏捷制造以及再造工程等。

11.3.1 企业资源计划系统

国际互联网的迅猛发展又极大地推动了计算机技术在企业管理领域的应用,原来的 MRP Ⅱ 系统的功效已经不能满足企业全方位管理信息资源的需要。更高层次的管理信息系统——企业资源计划系统(Enterprise Resourced Planning,简称 ERP 系统)应运而生。

ERP 系统除了有传统 MRP Ⅱ 系统的功能外,还集成了企业的其他管理功能,如质量管理、实验室管理、设备维护管理、仓库管理、运输管理、项目管理、商情管理、国际互联网与企业内部网络管理、电子商务、金融投资管理等,成为一种覆盖整个企业的全面管理企业内外部信息的管理系统。ERP 系统即企业资源计划的简称,指建立在信息技术的基础上,将数字化信息与先进的管理思路合为一体,以理论系统与实践操作系统相结合的管理

方式,为企业的不同决策组织层级提供综合决策管理的软件平台。

ERP(企业资源计划)强调夯实基础管理,建立融合共享的数据库,处理产品物料及产品物料清单(BOM)、工艺工序数据,重组和集合所有职能部门的基本业务信息与数据,形成企业内部独有的有用信息;建立行之有效的业务管理流程、供应商管理流程、客户管理流程,并能形成有效沟通、良性合作关系;强化生产计划过程和产成品数据的归集,提高对多品多样生产对象的管理能力,不断缩减生产成本,按时按量甚至提前交货;对延期的营销订单进行管控,提高生产效率,增强市场竞争能力;支持日常工作效能的增进与提高,减轻员工工作负担,提高管理质量和水平,从而实现财务核算的集成、快捷、准确、及时。

图 11-1 描述了一个目前适用面较为广泛的由 SAP 公司开发研制的名为 R/3 的 ERP 系统基本模块示意图。

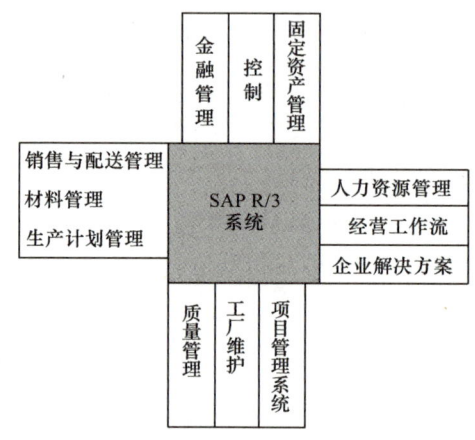

图 11-1　ERP 系统基本模块示意图

图 11-1 的上部为财会系统,金融管理模块主要完成年度和月财务结算,准备财务报表和计划工作;控制模块主要包括成本核算、内部订单、开放物料管理、过账与分配和效益分析工作;固定资产管理模块主要提供了固定资产、租赁资产和房地产的管理功能,对特定的企业还提供了投资管理与金库管理功能。

图 11-1 的右侧为人力资源管理系统,人力资源管理模块提供了一整套常规的员工招聘、付薪和日常管理功能;经营工作流模块则动态地反映出管理功能交叉的经营过程的工作流情况,以便于管理者系统地优化工作岗位与职能的设计;企业解决方案模块则具体地解决企业面临的人力资源问题,从组织设计和人员调整等方面提供了具体解决问题的窗口。

图 11-1 的左侧和下部为生产和后勤管理系统。其中,销售与配送管理模块主要面向销售运作工作;材料管理模块主要解决产前准备工作;生产计划管理模块为该模块的核心;工厂维护模块提供了对生产和维修工作进行情况的监控窗口;项目管理模块则提供了一次性工作的管理渠道。

由于 ERP 系统具有高度功能整合的特点,对提高企业管理效率和效益帮助很大。已有调查结果显示,采用 SAPR/3 系统的最佳业务实践可有效减少 71% 的总体项目风险、

20%的项目成本以及11%的总体拥有成本。

实施 ERP 系统的资金需求量大,工作复杂,技术难度高,具有一定的风险,需要认真准备。SAP 实施咨询公司高维信诚有限公司根据中国企业 ERP 实施的经验,总结出以下几点实施 ERP 成功的关键因素:

(1)企业高层管理的强力支持。如果企业高层不能清醒认识实施的目的和风险,就不会注入足够的资源(尤其是业务部门的人员)参与到项目中,不会投入足够的精力参与项目的各种重大决策,不会在企业中为项目营造足够的声势使全体员工在意识上做好迎接管理变革的准备。企业高层把项目视为单纯的信息系统建设项目通常是 ERP 实施失败的最直接原因之一。

(2)企业业务部门的参与。很多项目早期只由 IT 人员和咨询顾问组成,而没有业务部门的参与。由于 IT 人员缺乏业务背景和决策能力,而顾问对企业的了解较少,项目小组的工作结果常常不能被业务部门接受,导致项目周期拖长。而业务部门的充分参与使项目组有足够的授权,不但可以使项目中问题的决策周期大大缩短,而且更重要的是使企业整体更早地做好迎接管理变革的准备。

(3)项目资源充分,良好的、最优的团队工作和通力协作。

(4)企业与咨询方的密切合作和相互理解。任何把 ERP 项目当作咨询方项目的做法都会导致失败。原因是咨询方不可能对企业有深刻的了解,也不可能为企业做决策,咨询方的主要责任是向用户提供管理改进的建议和技术支持以及进行知识传递。企业只有真正把 ERP 项目当作自己的项目,才能充分发挥咨询方的作用和实现自己管理变革的目标。

(5)合理的期望和明确的项目目标。国内企业要认识到实施 ERP 最根本的成果是把企业资源整合起来,以提高企业整体的管理水平和运作效率。

(6)内部沟通要充分。由于实施 ERP 通常要涉及企业的相关部门,而不仅局限于项目小组,因此内部沟通就显得十分重要。顺畅的沟通可以提高问题处理和决策的效率。

(7)充分的用户培训。使用 ERP 系统将在较大程度上改变员工现有的操作方式或流程。如果在 ERP 系统投入使用前不对用户进行充分的培训,将直接导致大量数据错误或操作错误。而 ERP 系统是整合性很强的系统,业务的操作会自动在财务中体现出来。若有大量的业务操作失误,财务系统将产生紊乱,这也是部分企业实施 ERP 失败的原因之一。

11.3.2 精益生产

精益生产(Lean Production,LP),又称精良生产。它是美国麻省理工学院在一项名为"国际汽车计划"的研究项目中提出来的。他们在做了大量的调查和对比后,认为日本丰田汽车公司的生产方式是最适用于现代制造企业的一种生产组织管理方式,称之为精益生产,以针砭美国大量生产方式过于臃肿的弊病。

精益生产方式综合了大量生产方式与单件生产方式的优点,力求在大量生产中实现多品种和高质量产品的低成本生产。因此,精益生产方式具有如下特点。

(1)以简化为手段去除生产中一切不增值的工作。精益生产方式把生产中的无效劳动和提前进入库存的过剩劳动都视为浪费。为杜绝这些浪费,它要求毫不留情地撤掉不直接为产品增值的环节和工作岗位。在物料的生产和供应中严格实行准时生产制,做到按需要的时间和需要的数量,向需要的部门或岗位提供所需要的物料,即不设中间库存,完全由需求驱动的拉动式生产方式。

(2)强调人的作用,充分发挥人的潜力。精益生产方式把工作任务和责任最大限度地转移到直接为产品增值的工人身上,而且任务分到小组,由小组内的工人协作承担。为此,要求工人精通多种工作,减少不直接增值的工人,并加大了工人对生产的自主权。当生产线发生故障,工人有权拉闸使生产线停下来,查找原因,做出决策。小组协同工作使工人工作的范围扩大,激发了工人对工作的兴趣和创新精神,更有利于精益生产的推行。

(3)采用适度自动化,提高生产系统的柔性。精益生产方式并不追求制造设备的高度自动化和现代化,而强调对现有设备的改造和根据实际需要采用先进技术,按此原则来提高设备的效率和柔性。例如,在采用柔性制造系统时,应让它的柔性与市场需求所要求的柔性相一致,但不追求过强的柔性,以避免技术和资金的浪费。

(4)不断改进,以尽善尽美为最终目标。精益生产把"尽善尽美"作为努力不懈追求的目标,即持续不断地改进生产,消除废品,降低库存,降低成本和使产品品种多样化。上述以简化为手段、发挥人的作用等措施,都是达到尽善尽美理想状态的人员和组织管理上的保证。尽善尽美是无止境的,这就要求企业要永远致力于改进和不断进步。

与其他管理方式相比,精益生产的最大特征在于对产品制造生产过程的监督与管理。精益生产主要针对生产管理体系、生产过程、企业组织等方面,体现在企业的生产文化、管理文化等精神层次,成为企业全员共同的追求目标,最终实现生产成本下降、生产效率提升、更好地满足客户需求的目标。

对于制造业企业来说,精益生产理念不仅能够有效促进企业工作模式的全面创新,还有利于促进企业管理思维模式的改进创新,促进企业生态成本的精细掌控,助力企业生产效率提升。精益生产理念的全面执行,还能够明显减少或消除人为因素导致的产品不良现象,防止资源大量损耗的情况,形成高效能的良好状态,促进企业生产线成本的减少,确保企业适应竞争环境。精益生产理论自提出以来,已在世界各大公司得到了广泛推广与普及,并随着时代的发展不断丰富与革新。

11.3.3 敏捷制造

敏捷制造(Agile Manufacturing,AM)是美国为重振其在制造业中的领导地位而提出的一种新的制造模式。它的特点可概括为:通过先进的柔性生产技术与动态的组织结构和高素质人员的集成,着眼于获取企业的长期经济效益;用全新的产品设计和产品生产的组织管理方法,对市场需求和用户要求做出灵敏和有效的反应。具体地讲,它有以下特点。

(1) 从产品开发到产品生产周期全过程满足用户要求

敏捷制造采用柔性化、模块化的产品设计方法和可重组的工艺设备,使产品的功能和性能可根据用户的具体需要进行改变,并借助仿真技术让用户很方便地参与设计,从而很快地生产出满足用户需要的产品。它对产品质量的概念是,保证在整个产品生产周期内达到用户满意;企业的质量跟踪将持续到产品报废,甚至直到产品更新换代。

(2) 采用多变的动态组织结构

21世纪衡量竞争优势的准则在于企业对市场反应的速度和满足用户的能力。而要提高这种速度和能力,必须以最快的速度把企业内部的优势和企业外部不同公司的优势集合在一起,组成灵活的经营实体,即虚拟公司。所谓虚拟公司,是一种利用信息技术打破时空阻隔的新型企业组织形式。它一般是某个企业为完成一定任务项目而与供货商、销售商、设计单位或设计师,甚至于用户所组成的企业联合体。选择这些合作伙伴的依据是他们的专长、竞争能力和商誉。这样,虚拟公司能把与任务项目有关各领域的精华力量集中起来,形成单个公司所无法比拟的绝对优势。当既定任务完成,公司即行解体;当出现新的市场机会时,再重新组建新的虚拟公司。

虚拟公司这种动态组织结构,大大缩短了产品上市时间,加速产品的改进发展,使产品质量不断提高,同时也大大降低了公司开支,增加了收益。虚拟公司已被认为是企业重新建造自己生产经营过程的一个步骤,目前虚拟公司的数目在急剧增加。

(3) 战略着眼点在于长期获取经济效益

传统的大批量生产企业,其竞争优势在于规模生产,即依靠大量生产同一产品,减少每个产品所分摊的制造费用和人工费用,来降低产品的成本。敏捷制造是采用先进制造技术和具有高度柔性的设备进行生产,这些具有高柔性、可重组的设备可用于多种产品,不需要像大批量生产那样要求在短期内回收专用设备及工本等费用。而且产品变换容易,可在较长一段时间内获取经济效益,所以它可以使生产成本与批量无关,做到完全按订单生产,充分把握市场中的每一个获利时机,使企业长期获取经济效益。

(4) 建立新型的标准基础结构,实现技术、管理和人的集成

敏捷制造企业需要充分利用分布在各地的各种资源,并把这些资源集成在一起,以及把企业中的生产技术、管理和人集成到一个相互协调的系统中。为此,必须建立新的标准基础结构来支持这一集成。这些标准基础结构包括大范围的通信基础结构、信息交换标准等硬件和软件。

(5) 最大限度地调动、发挥人的作用

敏捷制造提倡以"人"为中心的管理,强调用分散决策代替集中控制机制,用协商机制代替递阶控制机制。它的基础组织是"多学科群体"(Multi-Decision Team),是以任务为中心的一种动态组合,也就是把权力下放到项目组,提倡基于统观全局的管理模式,要求各个项目组都能了解全局的远景,胸怀企业全局,明确工作目标和任务的时间要求,但完成任务的中间过程则由项目组自主决定,以此来发挥人的主动性和积极性。

表 11-1 列出了对大规模生产、精益制造和敏捷制造之间的区别。企业不断改变自己的管理模式来适应市场扰动的增加,信息技术为企业管理范式的改变提供了保障。为了适应市场的多变,企业从过去单一品种的大规模生产转变为增加产品品种、尽量消除浪费的精益生产;从提高劳动生产率,减少浪费的精益生产模式转向调动企业内部外部资源,迅速捕捉商机后快速制造、响应顾客的敏捷制造。显然,敏捷制造方式把企业生产与管理的集成提高到一个更高的发展阶段。它把有关生产过程的各种功能和信息集成扩展到企业与企业之间不同系统的集成。

表 11-1 大规模生产、精益生产和敏捷制造

	大规模生产	精益生产	敏捷制造
产品特性	标准产品、产品生命周期长	多品种的常规产品、产品生命周期较长	新产品、技术含量较高,产品生命周期短
产品专业化程度	单品种大批量	多品种小批量	多品种批量不确定
实施方法	流水线生产	JIT、看板管理"U"形制造单元、成组技术	模块化、协同商务、与其他企业形成动态联盟
企业目标	低成本、高效率	减少浪费	快速响应顾客
与供应商的关系	交易关系	合作关系	动态联盟
满足需求方式	按照存货生产	按照存货生产	按照订单生产

11.3.4 再造工程

再造工程(Reengineering,RE),又称业务流程重组,自提出以来逐渐成为现代企业经营与管理领域最为重要的管理理念之一。这一理论在强调以业务流程为改造对象,围绕客户需求和满意度为中心目标,对现有的业务流程进行重构,并借助先进的制造技术、信息技术和现代化管理手段,最大限度实现技术功能集成与管理上的职能集成,打破传统业务流程中职能型的组织结构,建立适应现代企业战略目标导向的过程型组织结构,确保企业经营在成本、质量、服务、效率等方面获得改进与提升,其在供应量管理方面的应用,在本教材第 8 章中已有所介绍。

(1)再造工程的基本概念

哈默为"再造工程"给出了如下定义:"……对组织的作业流程进行根本的再思考和彻底的再设计,以求在成本、质量、服务和速度等各项当今至关重要的绩效标准上取得显著改善。"这里包含四个关键问题。

一是"根本性"。再造就是要对企业现有的做法提出最根本的疑问。传统的框框、约束和某些规则,往往已落后于时代,不适应当今的顾客导向和竞争激烈、变化快速的经营环境,需要对它们进行根本性的重新思考。

二是"彻底性"。"再造"必须从事物的根上入手,也就是从一张白纸开始重新设计,而不是在原来业务的基础上进行修补、提高或改善。它要求抛开现有结构和手续,创造全新的工作方法。

三是"显著性"。再造是对企业运营方式的重大改变,而不是渐进性的改良。其目的在于取得绩效的突飞猛进。

四是"程序"。"再造"着眼于按业务需要的自然顺序来设计"程序",而不是着眼于现有部门、岗位的职能分工。传统的业务程序都是建立在分工管理基础上的。一般将工作分解为一个个简单的业务,分别由专门人员去完成,然而却忽视了工作的主要目标,即高效率地满足顾客要求。结果,导致企业运转不灵,互相推诿扯皮,加大了与顾客之间的距离。符合自然顺序的程序则是"对顾客产生价值的一系列活动",一切不产生价值的活动都应去除。

(2) 再造的特征

为什么着眼于工作流程比着眼于个别部门的业务进行改善会取得显著绩效呢?下面举一个实例加以说明。

IBM 信贷公司是为 IBM 公司的计算机、软件销售及服务提供金融支持的企业。其运作过程是这样的:首先销售人员用电话提供申请人的条件,由办公室把电话记录下来;随后,记录转给信用部检查申请人的资信情况,再转给营业部编制贷款协议,然后转给信贷员确定利率;最后转给一个工作组制定报价单,完成信用文件,再以特别快件送给销售人员。整个过程平均需要 6 天,有时长达 2 周。由于时间过长,很容易失去顾客。

为此,两位高级管理人员按照上述 5 个步骤,亲自参加处理请款事务,结果发现,全部手续只用了 90 分钟。原来大部分时间都消耗在部门之间传送报表和文件上了。可见问题不在工作本身,也不在做工作的人,而在于流程结构。换句话说,应当变革的是程序而不是每个步骤。于是该公司按再造工程原理对请款过程进行了改革。改革的结果是,用一个通职办事员取代了资信调查员、信贷员等专职人员;请款单不再从一个办公室转到另一个办公室,而由一个"事件经理"自始至终处理全过程,中间无需传递。这样,IBM 信贷公司把请款时间由 6 天减为 4 小时。人员减少了,业务量却增加了 100 倍。

哈默在分析了大量的应用实例后,总结出再造工程的共同特征如下:

①将多种工作汇集在一起。这是再造后经营程序的最基本特征。将过去按专业分工原则分割的业务工作集中起来,交付一个人去完成,可最大限度地简化工作程序。

②给工作人员决策权。再造后的企业,在组织上应从纵向与横向两个方面进行压缩,这需要赋予工作人员决策权,使他们不必事事都向上级请示,而可以自己决定,把决策作为其工作的一部分。

③工作步骤自然地进行。传统的工作程序是串行的,直线式的,即第一个人工作完之后第二个人才能开始工作。这将延长工作周期,是一种不自然的顺序。再造后的程序,是根据"需要什么就进行什么"这一观点来考虑工作顺序的,让多种工作同时进行,尽可能地缩短流程时间。

④程序要备有多种模式。这意味着不搞标准化。为了适应今天变化多样的市场环境,要考虑多种模式来满足不同的情况和需要。如前面讲到的 IBM 信贷公司,它的信贷

程序就有三种模式:一种是用于简单情况的,可全部由计算机进行;一种是稍困难的,由事件处理负责人进行;一种是用于复杂情况的,由事件处理负责人依靠专家顾问帮助来进行。

⑤减少不产生附加价值的工作。再造后的程序只进行含有经济意义的工作,对不产生附加价值的工作应予取消,或控制在最低限度。诸如审核、核对等工作原是防止工作人员违反程序而定的,但这些工作只会增加费用和浪费时间。应减少部门与外界的交接点数,交接点数越少,发生不一致的可能性越小,也就不需要进行核对和调整工作了。

⑥设事件经理与顾客联系。再造后的程序有一个共同特征,就是设"事件经理"。这种经理被授权为能对顾客提出的问题给予解决的总负责人,并且又是整个程序中的负责人,其他工作人员由他与之保持联系,来解决实际问题。

总之,企业的再造是以满足顾客的需求为出发点,力求有利于顾客,方便于顾客。再造后的企业组织是程序型的,不是传统的按职能分工组织的职能型,也不是将连续的工作流因分工而被分割,而是集成;尽可能缩短流程路线和处理时间,减少不必要和不产生附加价值的环节,使企业克服臃肿,变得精干起来。

(3)再造后的工作环境

业务程序的根本变革将影响到企业的其他部门,引起整个企业发生重大变化。

这些变化表现在以下几个方面:

①工作单位的变化。由职能部门向流程项目组转变,即从专业职能部门转为综合职能组,组成所谓的工作团队(Team),集中所有有关专业人员在一起工作。

②工作的变化。由单项业务向多维式工作转变。程序项目组的成员要从事多种不同技能的工作,都对程序结果负责。因此他们应当成为"多面手",这会使他们产生满足感,工作起来更有兴趣。

③员工角色的变化。由被管理者向被授权者转变。员工成为有一定决策权限的有职有权的工作人员。特别是作为流程项目组这样一种相对独立的工作集体,他们可在自己的职权范围内自行决定诸如期限、生产率、质量等问题。

④职业准备的变化。从培训向教育转变。传统的企业注重员工培训,教他们如何工作;再造后的企业则把重点从培训转向教育,教员工"为什么那么干",以增长他们的见识和悟性为重点教育内容。

⑤业绩评估和奖酬制度的变化。由重视活动向重视结果转变。再造前一般根据工作时间给予报酬,但由于分工很细,业务比较简单,企业对职工的业绩评估只能在一个狭窄的工作范围内测定其效果。这种效率往往并不提高整个程序的效果。再造后的企业可以从程序的结果来衡量员工的业绩,并根据他们所创造的价值付给奖酬。

⑥晋升标准的变化。由看表现向看能力转变。工作表现出色,发给奖金较合适。但晋升不同,应着重看他的能力。再造后,严格区分晋升和工作业绩。晋升新职是根据其能力,与工作业绩无关。

⑦管理者的变化。由监督向教练转变。企业实行再造后,职务本身由简单变为复杂,但程序由复杂变为简单。这时对程序项目组来说,需要的不是上司,而是"教练"。从前的上司是设计和分配工作,对下属进行监督、管理、检查,而现在由程序组自己进行这些工作,他们的管理者将是促进和帮助程序组解决问题的"教练"。这样才是真正的管理。

⑧高层领导者的变化。由"记分员"向引导者转变。传统的企业,高层领导者与实际业务是脱离的,他们所关心的主要是财务。再造后的企业高层领导者与顾客、与决定企业价值的人更加接近了,他应非常关心工作是如何进行的。而且,被授权人员的态度和努力也成为成功的关键。因此,高层领导者必须是引导者,根据工作人员的言行,对他们的价值观和信念产生影响。

(4)再造工程的设计方式

再造工程的设计方式可以分为两种:一种是对现有流程进行再设计,另一种是重新设计新的流程。

对现有流程再设计可以比较迅速地发生变化,但规模相对较小,产生的影响和作用也较小。在对现有流程进行再设计的过程中,一般用到的方法可概括为四个实施步骤,分别为消除(Eliminate)、简化(Simply)、整合(Integrate)和自动化(Automate)四个步骤,简称ESIA法则。应用到流程再设计工作,具体步骤如下:①消除浪费:生产运作中所有的非价值增添活动都予以剔除;②简化流程:对于剩下的有价值的流程进行简化;③流程整合:将简化了的有价值的作业活动整合为一个整体,使整个流程成为协调高效的统一体,以顾客需要为导向;④作业自动化:提高作业的自动化程度,加快流程作业速度,提高客户服务水平,这些都必不可少要用到现代信息技术。

重新设计新流程是指从改变上对提供产品或服务的流程进行重新的思考,设计出新的流程。这种方式产生的变化和影响是巨大的,同时也会带来很大的风险。对于设计新流程,佩皮帕德和罗兰提出了一种流程设计框架,由四个实施阶段构成:高度理解现有流程;对标分析、头脑风暴式思维;流程设计;有效性评价。

综上所述,再造是通过改变传统的经营程序,将企业的战略、业务、组织、人事、信息技术统一起来进行考虑,是对传统的管理程序模式进行大手术,进行根本的改革,从而取得巨大的效益。它是适应现代市场环境的必然趋势,代表当代企业管理的发展方向,对我国企业同样具有重大的借鉴意义。同时,随着信息技术发展和企业管理模式、管理方法不断创新,预期业务流程再造理论研究和实践将呈现集成化、模块化、联盟化等发展趋势。

习 题

1. 制造企业面临的环境形势正在发生怎样的重大变化?
2. 为适应环境形势的变化,制造企业的生产及其管理出现哪些新的发展趋势?

3. 为什么说通过企业各职能领域的功能和信息集成,能使企业对市场需求做出快速反应,从而提高企业的经济效益?

4. 说明精益生产方式的概念及其主要特点。

5. 什么是虚拟企业?为什么说它能最快地形成竞争优势?

6. 为什么改善业务流程比改善各个业务部门的工作效率能更显著地提高企业绩效?

7. 说明再造工程的主要特征。

8. 再造工程能给企业内部环境带来怎样的变化?

第12章 质量管理

在新兴技术不断出现,现代管理和信息飞速发展,国际经济越来越趋向一体化的今天,产品质量的竞争已成为贸易竞争中最重要的因素之一。市场竞争日益激烈,只有高质量的产品,才能在市场竞争中站稳脚跟,质量低劣的产品必将在竞争中被淘汰。产品的质量越来越成为关系到一个企业乃至一个国家能否生存和发展的命运攸关的问题,质量管理工作成为企业管理中最重要的组成部分。本章将介绍有关质量管理的基本原理与方法,并对与质量管理相关的问题进行必要的讨论。

12.1 质量管理概述

12.1.1 质量管理的发展过程

质量管理是伴随产业革命的兴起而逐渐发展起来的,同时,它同科学技术的进步、管理科学的发展也是密切相关的。历史上,质量管理的发展大致经历了三个阶段。

1. 质量检验阶段

18世纪末产业革命后,采用大机器生产的工厂逐渐取代了分散经营的手工作坊,大规模的专业分工引发了生产方式的巨大变化,但直到20世纪初,在质量管理方面还没有太大的发展,工业企业的管理者仍主要靠经验进行生产的管理工作,产品质量则主要依靠工人的实际操作经验与自觉性,工人既是操作者又是检验者、管理者。随着生产规模的不断扩大,市场竞争逐渐激烈,对产品质量的要求越来越高。在这种情况下,传统的管理越来越无法适应社会发展的需要。1911年,美国管理学家泰勒经过多年的研究,提出了科学管理的原理,分工是其重要成就之一。企业管理者将质量管理活动分为计划和执行两个部分,在执行阶段,通过设立专职检验人员来检查生产活动结果(生产的产品)的好坏。此举不仅大大地提高了劳动生产率,同时也保证了出厂产品的质量。这种由专职检验人员进行的质量管理模式在20世纪30年代风行一时。但这个时期的质量管理,局限于对质量进行事后把关,检验人员的责任是对已经生产出来的产品进行筛选,把不合格的产品挑选出来,杜绝不合格的产品流入下一道工序或出厂送入用户手中。这种"把关"并不能预防废品的产生,也就无法减少废品损失,不能从根本上解决生产中的质量问题。

2. 统计质量控制阶段

从第二次世界大战开始至20世纪50年代末,质量管理处于统计质量控制阶段。统计质量控制(Statistical Quality Control)是应用管理统计的方法控制整个生产过程质量,此方法最先在美国的企业得到应用。早在1924年,美国著名的贝尔实验室的工程师、统计学家休哈特,就把数理统计的概念和方法应用到质量管理中去,提出了预防生产过程中产生产品缺陷的"3σ"控制图法,即质量控制图法,在当时的一些企业中运用,并取得了显著成效。但由于当时资本主义世界发生了严重的经济危机,这种方法未能马上得到广泛应用。第二次世界大战爆发后,为保证军工生产的产品质量,美国政府大力提倡和推广统计质量控制方法进行质量管理,给企业带来了巨额利润,有效地推动了这一方法的大面积普及。与此同时,统计原理也开始应用于抽样检查的设计方面。随着生产规模的不断扩大,对产品实行全面检验,既做不到又不经济,美国的道奇和罗米格运用数理统计的原理,发明了抽样检查方法,并得到了广泛的应用。统计质量控制的主要特点是,由以前的事后消极把关,转变为事前的积极预防,把质量管理工作放在了科学的基础上。统计质量控制虽然具有很多优点,但它只局限于保证了生产过程中的产品质量,并没有涉及产品本身质量水平的提高。随着社会的发展,人们对产品的功能及技术服务的要求日益提高,仅靠质量控制的统计方法已不能满足人们的需要,从20世纪50年代末开始,质量管理进入了一个新阶段。

3. 全面质量管理阶段

随着科学技术的飞速发展,航天技术、军事工业以及大型系统工程等行业,由于行业自身的特点,开始引进了可靠性的概念,对产品的质量要求更高、更严格。为此,企业除了要对生产过程进行控制之外,还需要对产品的设计、准备、制造、销售、使用等环节都进行质量管理。在20世纪50年代末,美国通用电器公司的费根堡姆和质量管理专家朱兰提出了全面质量管理(Total Quality Control)的概念。20世纪60年代初,美国一些企业根据行为管理科学的理论,在企业的质量管理中开展了依靠职工"自我控制"的"无缺陷运动"(Zero Defects),日本在工业企业中开展"质量管理小组(Q. C. Cycle)活动"等,使全面质量管理活动迅速发展起来。全面质量管理,将质量管理的概念广义化了,使它们有了新内涵和更丰富的内容。费根堡姆提出:"全面质量管理是为了能够在最经济的水平上,并考虑到充分满足顾客要求的条件下进行生产和提供服务,并把企业各部门在研制质量、维持质量和提高质量的活动中构成为一体的一种有效体系"。这就是对产品质量实行总体的综合性管理,并在企业中建立一整套完善的质量保证体系,以便研制、生产出满足用户要求的优质产品。全面质量管理使质量管理工作更趋完善,成为一门新的科学管理技术。随着全面质量管理继续向纵深发展,至20世纪90年代,日本科学技术联盟将TQC改称为TQM (Total Quality Management)。

质量管理的三个发展阶段是一个相互联系的发展与提高过程。质量检查至今仍是杜绝不合格产品流入下一工序和用户手中的不可缺少的质量管理环节;统计质量控制方法仍是生产过程质量控制的重要手段。

12.1.2 质量的概念

人们对质量概念的理解和认识,是随着生产的发展,社会的进步逐步深化的。在生产力低下的历史时期,物质极度匮乏,人们为了维持生活的最基本需要,对质量的理解和认识主要突出产品的数量,突出产品的存在。但随着商品经济的形成、发展,市场日益繁荣,产品竞争日趋激烈,企业为了在市场竞争中赢得胜利,就必须想方设法地去满足用户的实际需要,提高产品的使用效果,以得到用户的青睐和信任。因此,世界著名的质量管理专家朱兰博士在《质量控制手册》中将质量的概念描述为:"所有人类团体(工业公司、学校、医院、教会、政府等)都从事对人们提供产品或服务,只有当这些产品或服务在价格、交货期以及适用性上适合用户的全面要求时,这种关系才是建设性的","在这些全面需要中,产品在使用时能成功地适合用户目的的程度,称为'适用性'。适用性这个概念,通俗地用'质量'这个词来表达,是一个普遍的概念,适用于所有的产品与服务"。这里,朱兰博士把质量与产品(数量)、服务、价格和交货期联系起来,从而构成了一个从狭义上讲比较完整的质量概念。这种观点,曾在世界各国质量界产生过重要的影响。多年来,我国的质量管理工作者也曾普遍地接受了这一概念。

通过全面质量管理的实践,人们对质量概念的认识和理解又有了新的发展,质量不仅仅包括前面提到的产品质量或服务质量,还应包括实现产品质量或服务质量全过程各阶段的工作质量。因为产品(服务)质量是由优秀的工作质量来保证的。这是一种广义的质量概念,它包括以下几方面内容:

(1)质量不仅包括结果,也包括质量的形成和实现过程;

(2)质量不仅包括产品质量和服务质量,也包括它们形成和实现过程的工作质量;

(3)质量不仅要满足顾客的需要,还要满足社会的需要,并使顾客、业主、职工、供应方和社会均受益;

(4)质量不仅存在于工业,也存在于服务业,还存在于其他各行各业。

总之,根据这种广义的质量概念,质量存在于一切事物之中,并影响到其相关的各个方面。可以说,质量无处不在,无时不在,质量是人类社会实践活动中永恒的主题。按照这样的认识来开展质量管理工作,就会为质量管理带来深刻的变革。

12.1.3 质量管理的意义

优质的产品和服务对企业、对国家都具有战略性的重要意义,它可以概括为以下四个方面:

1. 质量是提高企业和社会经济效益的关键

企业生产的产品或提供的服务因为具有使用价值,才能成为社会财富,而产品(服务)质量正是构成其使用价值的真正内容。若质量低劣,它不仅不能增加社会财富,还可能大量浪费社会资源。企业的生产经营活动,从单纯追求产值、产量转变为提高经济效益,其中关键之一,就在于很好地重视和大力提高产品(服务)质量。

2. 质量是提高市场竞争力的支柱

以质量开拓市场,以质量站稳市场,这是许多企业提高产品(服务)在市场中竞争能力的行为准则。当今的市场,特别是在竞争越来越激烈的国际市场,对产品的质量要求日益提高,产品质量是企业在竞争中取胜的重要支柱。没有质量上的优势,就没有竞争地位,甚至无法进入市场,质量的优劣已成为企业产品(服务)能否进入市场的通行证。只有拥有质量优势,才能使企业在市场竞争中具有强大的生命力。

3. 质量是企业管理和技术水平的综合反映

产品(服务)质量是企业有效管理的结果,企业能否开发和生产出优质产品,首先取决于企业全体职工,特别是企业各级领导对质量管理的高度重视。企业领导只有带领全体职工勇于创新,善于经营,密切注意人们对产品需求的不断变化,不断开发、研制出质量更好的产品;采用科学的方法合理组织生产,加强生产过程的质量控制;广泛采用高新技术,加强企业科技进步,才能生产出适销对路、物美价廉的产品,使企业立于不败之地。

4. 质量是精神文明的象征

追求质量是现代精神文明的重要特征。质量的概念已渗透到生产、工作和生活各个领域。追求高质量,已成为衡量人们在工作和生活中积极向上、认真负责和具有高尚精神的一种标准。企业的产品是粗制滥造,还是精益求精,反映了两种完全不同的精神状态。一个企业,一个民族乃至一个国家,如果它具有优秀的民族文化传统,高度的科学技术水平,精湛的操作技艺,认真负责讲求实效的工作态度,就一定会开发和生产出高质量的产品。因此,每一个国家都把能够生产出高质量的产品,看成是本国或本民族的光荣和骄傲,并以此为自豪。

12.1.4 质量管理的经济效益分析

全面质量管理中的一个最基本的出发点,就是企业要靠经济地生产满足用户需要的产品和服务,强调质量与经济效益的统一。这正是全面质量管理区别于传统质量管理的显著标志之一。国内外大量的实践证明,凡是全面质量管理搞得好的企业,必然会大大提高企业的经济效益。

全面质量管理之所以能提高企业的经济效益,是因为它的目标就是要做到质量高,成本低,为用户服务好,这些正是经济效益的最核心内容。推行全面质量管理提高企业经济效益,主要表现在以下几个方面:

(1)产品质量水平的提高,使得产品的使用价值得到提高,更好地满足用户的需要,从而提高企业的信誉,扩大产品的销量和市场占有率,并由此给企业带来更多的利润。

(2)产品有质量上的优势,能以更高的价格出售,由此提高企业的盈利能力。

(3)良好的质量管理,使得企业的生产效率提高,从而提高企业的经济效益。很多研究证明质量与生产效率是正相关的。

(4)产品的质量水平高意味着更少的缺陷和更低的服务费用,意味着产品成本的降低,意味着企业的经济效益的提高。

(5)能够更好地节约和合理地利用有限的社会资源。

产品的总成本包括制造的基本成本和质量成本两部分,加强质量管理,可以使产品总成本下降,具体体现在两个方面:第一,良好的质量管理提高了生产效率,从而降低了制造的基本成本;第二,良好的质量管理可以使质量成本下降。所谓质量成本,指的是为提高产品质量而支付的一切费用和因质量问题而产生的一切费用之和。它反映质量管理活动和质量改善效果间的经济关系。质量成本项目构成如图12-1所示。

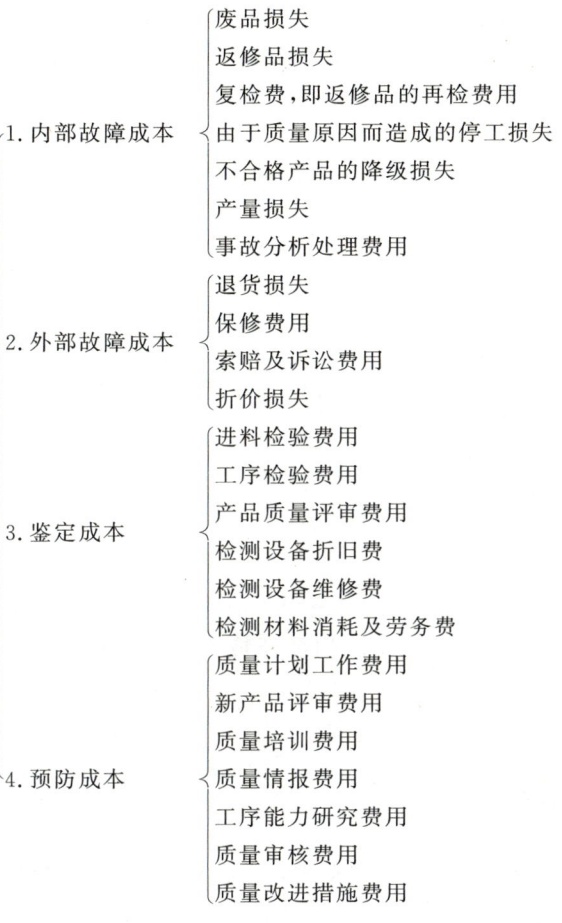

图 12-1　质量成本项目构成图

从图12-1可以看到,因质量问题而产生的成本包括由内部故障和外部故障造成的各种损失和费用;为保证和提高产品质量而产生的成本包括为鉴定产品和预防事故而产生的各种费用。在对质量成本进行分析时,主要是要分析这四种质量成本之间的相互关系。大量的统计资料表明,目前4种质量成本在总质量成本中所占比例大致见表12-1。

表 12-1　质量成本构成比例

质量成本项目	占总质量成本的比例/%
内部故障成本	25~40
外部故障成本	20~40
鉴定成本	10~50
预防成本	0.5~5

从表12-1中可以发现,由内外部故障造成的成本,在总质量成本中所占比重较大,而为提高质量而产生的鉴定成本和预防成本比重相对较小。尤其是预防成本,占比重最小,但它却是质量成本分析研究的重点。统计资料证明,如以预防为主,加强质量管理,可使质量事故明显下降,虽然预防成本可能增加3%~5%,但总质量成本可能下降30%。在

一般情况下,随着鉴定成本和预防成本的增加,产品的质量水平随之提高,产品的缺陷大大减少,因而总质量成本下降;但随着质量水平达到一定程度,预防和鉴定成本增加较快,虽然故障成本仍会下降,但总质量成本却会增加,这里存在一个度,即最佳质量成本。图12-2 反映了各质量成本间的关系。

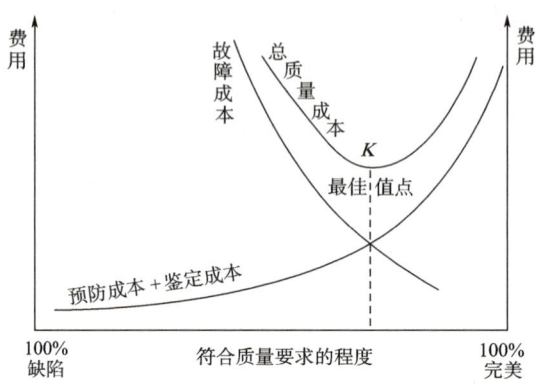

图 12-2　最佳质量成本模式图

从图 12-2 中可以看出,总质量成本曲线为故障成本曲线和预防、鉴定成本曲线之和,其最低点 K 即为最佳质量成本。在达到最佳成本之前,故障成本在总成本中占主导地位,此时应以改进质量为主,以降低总质量成本;在达到最佳成本之后,在总成本中鉴定成本占主导地位,此时应着手提高检验工作效能,以降低鉴定成本。

12.1.5　质量管理的现状

世界经济发展到今天,市场竞争愈演愈烈,竞争的焦点由价格竞争转变为质量竞争,任何企业只有将质量置于企业战略的核心地位,才能长期在竞争中立于不败之地。尽管质量管理工作如此重要,但在不同的国家和地区,不同的企业在实施质量管理方面存在着很大的差异。世界著名的咨询公司麦肯锡公司组织专家对美国、欧洲和日本的 167 家企业进行了调研,并根据调查的结果,将企业实施质量管理的状况分为四个等级,如图 12-3 所示。

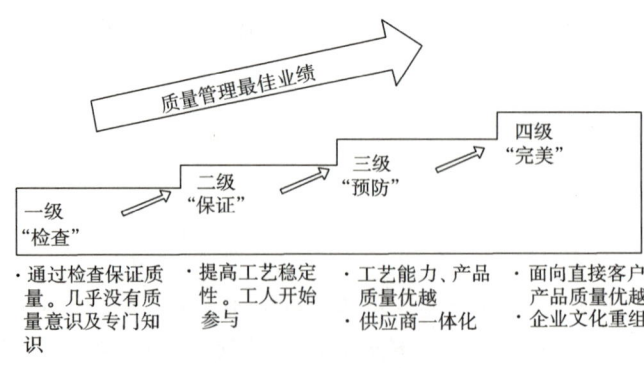

图 12-3　质量管理的四个等级

第一级:质量检查。处于这一级的企业保证质量的主要方式是进行临时性和最后阶段检查。产品质量由独立的部门管理,工艺、服务和设计质量基本上未列入检测的范围,研究开发工作同生产完全脱节。在接受调查的企业中,约有25%的企业处于这种状况。

第二级:质量保证。质量目标主要通过生产部门实现,通过生产部门进行生产工艺的控制。这些公司已经开始检测其工艺过程的稳定性,服务质量已明确,但设计质量的测定还没有进行。在被调查的企业中,处于这一级的约为36%。

第三级:预防次品。产品设计与生产工艺相互影响,开始出现面向客户的特征,竞争力强劲的产品比例超过25%。生产过程极为稳定,次品率极低甚至达到零次品。这些企业为了最大限度地降低成本,提高质量,与供应商密切协作。大约有25%的企业处于这一级。

第四级:完美无缺。这些企业称为"优质企业"。其特征之一是企业有一种内在的文化氛围,在此种氛围下各方面工作都有助于质量的提高,每个员工都意识到质量对企业成功的重要性,都在寻求提高质量的新途径,都在为达到完美无缺而奋斗。另一个特征是此类企业始终如一地面向外部客户,通过优越的质量设计来满足客户需要,并从供应商到客户形成一个优化的管理流程。在被研究的对象中,只有约13%的企业达到这一水平。

该项研究表明,企业的经济效益与质量管理水平有直接联系,处于第四级的企业年平均增长率达到16%,年平均利润率为9.1%,而第一级企业的年平均利润率约为零,市场份额呈下降的趋势。

12.2 全面质量管理与ISO9000国际质量系列标准

全面质量管理是管理科学、生产技术和商品经济高度发展的产物,它既是一种管理科学,又是实现企业质量目标的科学途径。全面质量管理是人们通过长期的质量管理实践逐渐形成、发展和完善起来的结晶。随着国际贸易和技术交流的增加,企业的产品超越国界,出现了国际化产品质量要求,这种经济环境不仅要求产品的技术标准、技术规范在国际上求得统一,而且要求产品生产的质量管理也能够求得统一。由此,产生了国际质量标准ISO9000。本节我们将讨论全面质量管理与ISO9000系列标准的内容及两者之间的关系。

12.2.1 全面质量管理

全面质量管理就是企业全体职工及各个部门同心协力,综合运用管理技术、生产技术和科学统计方法,建立一整套质量管理工作体系,经济地开发、研制、生产和销售满足用户需要的高质量产品的一系列管理活动。下面将从几个方面概要地介绍全面质量管理的基本内容。

1. 全面质量管理的基本观

(1)用户至上

用户至上就是要树立以用户为中心,为用户服务的思想。为用户服务就是要使产品或服务尽量满足用户的要求,产品质量的好坏,最终应以用户的满意程度为标准。没有用户的满意,企业的产品就没有生命力,企业也就无法生存。需要指出的是,这里的"用户",不仅指最终消费者,还包括企业内部的前后工序、前后工段或车间,生产过程中的上下之间,也是一种"用户"关系。从广义上来说,产品质量的好坏还可能影响社会,如产生污染等社会公害问题。所以"社会"也是一个用户。

(2) 质量是设计、制造出来的,而不是检验出来的

一个企业产品质量的好坏,主要在于产品的设计与制造,检验只能发现产品质量是否合乎质量标准,但不能决定产品质量的好坏。既然如此,就应该把提高产品质量的力量集中到设计与制造方面。当然,这并不是要否定产品检验工作的重要性。事实上,产品质量更重要的是决定于设计质量,它是先天因素,直接决定产品质量的水平,制造只是实现设计质量的过程。因此,提高质量的关键在于设计出符合用户要求的产品。

(3) 一切用数据说话

全面质量管理强调一切用数据说话,就是要求在质量管理工作中有科学的作风,深入实际掌握客观准确的情况,要对问题进行定量分析,要掌握质量的变化规律,以便采取真正有效的措施解决质量问题。全面质量管理中广泛地采用各种统计方法和工具来进行产品设计、分析事故原因、控制工艺过程和检验产品质量,以实现对产品质量的控制。

(4) 不断改进

随着社会的发展,人们对产品质量的要求在不断提高,要满足顾客的这种需要,企业就必须不断提高管理水平,改进产品质量。这就要求企业领导和职工具有高度的质量意识,善于发现产品、服务、活动和总体目标中存在的问题,并对它们进行不断的改进和提高。

2. 全面质量管理的主要特点

全面质量管理的特点就在于一个"全"字,其含义包括:

(1) 全面的质量概念

全面质量是指用全面的方法管理全面的质量。全面的方法包括:运用科学的管理方法,建立健全的规章制度和质量保证体系;运用数理统计的方法对产品质量进行数据分析,观察生产过程的稳定状态,分析影响产品质量的因素变化,进行各阶段的质量控制;运用现代电子技术、通信技术对质量信息进行处理等。全面的质量是指产品质量、工程质量、工作质量等。总之,依靠全面的方法找出问题,查明原因,采取对策,通过提高、改善工作质量来控制工程质量,通过控制工程质量来最终保证产品质量。

(2) 全过程的质量管理

全面质量管理理论认为,产品的质量决定于设计质量、制造质量和使用质量。必须在市场调研、产品的选型、研究试验、设计、原料采购、制造、检验、储运、销售、安装、使用和维修等各个环节中都把好质量关。在这一过程中,市场调研以及与市场要求相适应的产品设计过程是全面质量管理的起点;原料采购、生产、检验过程是实现产品质量的重要过程;而产品的质量最终是在市场销售、售后服务的过程中得到评判与认可。这个全过程可用朱兰博士提出的"质量进展螺旋"来反映,如图 12-4 所示。

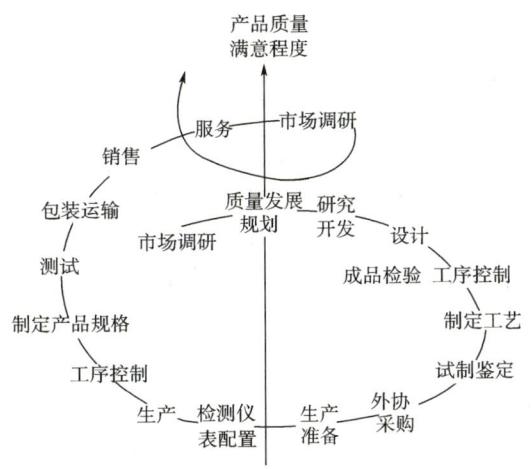

图 12-4　质量进展螺旋图

(3) 全员参加的质量管理

全面质量管理的一个重要特点就是要求企业的全体人员都参加到质量管理工作中来。现代企业的生产过程如此复杂,前后工序、上下车间之间的工作相互影响,相互制约,只靠少数人设关口、卡质量是不能解决问题的,必须真正调动广大员工的积极性,树立质量意识,形成一个保证产品质量的工作体系,并由质量教育、组织、责任制、基层活动小组(QC 小组)等活动来予以落实。在这个体系中,领导(尤其是最高决策层的领导)的重视是至关重要的。

3. 全面质量管理的工作原则

在企业内部的实际质量管理工作中,要强调坚持三条工作原则:

(1) 预防的原则

企业质量管理工作中,要坚持和贯彻以预防为主的原则,必须对质量实行预先控制,防患于未然。特别是科技发达、产品复杂、大量自动化生产的今天,一旦发生质量问题,企业就会蒙受重大损失。预防在先,一是要"防止再发生",基本程式是:问题→分析→寻因→对策→规范;二是"从开始就不允许失败""第一次就将工作做好",其基本程式是:实控→预测→对策→规范。后者是根本意义上的预防。

(2) 经济的原则

全面质量管理强调用经济的手段来保证和提高产品质量,我们在保证质量和预防废品发生时要讲究经济性条件。因为质量保证的水平和预防的深度是无止境的,其中应有一个合理的经济界限。所以,无论在质量设计或制定质量标准时,在生产过程的质量控制中,在质量检验方式的选择上,都必须考虑到经济效益的问题。

(3) 协作的原则

全面质量管理的一个重要特点就是各级领导带头,发动全体职工参与质量管理工作,在设计、生产、销售、服务的全过程中进行质量管理。在这样复杂的管理工作中,如果没有各阶层、各部门之间相互良好协作,企业的质量问题就无法解决。所以,强调协作是推行全面质量管理的一条重要原则。

4. 建立质量保证体系是全面质量管理的基本要求

推行全面质量管理,必须建立起一个完善的高效率的质量保证体系。企业要想既提高客户对产品质量的满意程度,又有效地降低成本,就必须建立起一个明确的、结构完善的体系,用来识别、记录、协调和维持在企业的全部生产经营过程中,为确保产品质量进行的全部关键性活动。质量保证体系,用文件的形式明确质量管理的组织结构,落实质量管理职责,规定质量管理程序,控制质量管理过程,有效分配人力、物力及信息资源,使企业的各项质量管理工作相互协作,互相促进,形成完整的质量管理网络。

质量保证体系是一个系统,在这个系统中不仅需要企业各个阶层各个部门为提高产品质量采取行动,更需要互相协作,共同发挥作用。只有这样,才能把全面质量管理落到实处,为客户提供高质量的产品和服务。

建立企业的质量保证体系应从各种角度去考虑。从过程方面考虑,要建立设计、生产、销售及售后服务的质量保证体系;从部门方面考虑,要建立全厂的、车间的、工段的、班组的质量保证体系;从职能方面考虑,则要建立质量教育系统、标准化系统、质量信息反馈系统、质量鉴定系统、质量监督系统及质量保证系统等。

建立和健全质量保证体系还必须做到加强统一领导、严格贯彻质量责任制、制定质量方针、确定质量目标、编制质量计划,并做好加强质量教育、推行 QC 小组、贯彻标准化、计量工作、质量情报工作等基础工作。

12.2.2　ISO9000 族标准

1. ISO9000 族标准的产生和发展

随着我国社会主义市场经济体制的建立和完善,企业有了平等竞争的机会,同时,改革开放使我国与其他国家间的贸易得到迅猛发展。良好的国内和国际环境为我们的企业提供了发展的机会,也带来了挑战。开放加剧了企业间的竞争,竞争的结果使顾客对质量的要求越来越高,企业间的竞争由价格竞争逐步转化为质量竞争。因此,提高质量已成为我国改革开放的战略性任务。企业要使自己的产品和服务赢得客户的信任,除了自身要加强全面质量管理之外,还必须使客户相信自己的质量保证能力。同时,客户为保护自身的利益不受损失,也要对企业提出质量保证要求。在这种情况下,第三方对企业的质量体系进行客观认证成为一种需求,ISO9000 族标准应运而生。

1979 年,国际标准化组织(ISO)成立了"质量管理和质量保证技术委员会"(TC176),开始着手制定质量管理和质量保证方面的国际标准。经过多年的研究和酝酿,在总结了世界各国实行全面质量管理和质量保证经验的基础上,于 1986 年 6 月 15 日正式颁布了 ISO8402《质量——术语》标准,并于 1987 年 3 月正式颁布了 ISO9000 系列标准,包括 ISO9000《质量管理和质量保证标准——选择和使用指南》、ISO9001《质量体系——设计开发、生产、安装和服务的质量保证模式》、ISO9002《质量体系——生产和安装的质量保证模式》、ISO9003《质量体系——最终检验和试验的质量保证模式》、ISO9004《质量管理和质量体系要素——指南》等 6 项标准。

1994 年,ISO/TC176 完成了对标准第一阶段的修订工作,发布了 1994 版的 ISO8402、ISO9000-1、ISO9001、ISO9002、ISO9003 和 ISO9004-1 等 6 项国际标准,到

1999年底,已陆续发布了22项标准和两项技术报告。

2000年12月15日,ISO/TC176正式发布了新版本的ISO9000族标准,统称为2000版ISO族标准。该标准的修订充分考虑了1987版和1994版标准以及现有其他管理体系标准的使用经验,因此,它使质量管理体系更加适合组织的需要,可以,更适应组织开展其商业活动的需要。

2008年11月15日发布第四版标准,在整体上延续了2000版标准的基本架构,但在细节上进行了一些必要的修改与调整。2015年9月23日,2015版ISO9000族标准正式发布,不同于2008年版的微调整,2015版标准进行了比较大的调整。(1)管理原则由原来的八项管理原则转变为七项管理原则。(2)结构由原来的八章增加为十章。(3)条款顺序进行了大幅度调整。(4)取消了管理者代表的指定,更多条款内容突出领导作用。(5)增加新关注点,如内外部环境、相关方的需求和期望、对风险和机遇的应对、变更管理、绩效指标等内容,将"部门+要素"的管理方式提升到"过程绩效"的管理理念。(6)对文件和记录的概念有所突破,取消了质量手册和程序文件这类文件形式,统一用"形成文件的信息"取而代之;取消了"记录"的用语,统一用活动结果的"证据"取而代之。(7)吸纳了绩效管理等内容。(8)消除一些理解误区,如不再将预防措施与纠正措施并提。

2. ISO9000族标准

ISO9000族标准是国际标准化组织在1994年提出的概念,是指由"ISO/TC176(国际标准化组织质量管理和质量保证技术委员会)制定的所有国际标准"。该标准族可帮助组织实施并有效运行质量管理体系,是质量管理体系通用的要求和指南。它不受具体的行业或经济部门的限制,可广泛适用于各种类型和规模的组织,在国内和国际贸易中促进相互理解和信任。虽然ISO9000组标准此后分别在2000年、2008年和2015年不断地进行了改进,但其标准文件体系并没有大的调整。

(1)ISO9000族标准及支持性技术文件

1999年9月召开的ISO/TC176第17届年会,提出了2000版ISO9000族标准的文件结构,见表12-2。由表看出,ISO9000族标准由核心标准和其他支持性的标准和文件组成。

表12-2　　ISO9000族标准的文件结构

核心标准	
ISO9000	质量管理体系 基础和术语
ISO9001	质量管理体系 要求
ISO9004	质量管理体系 业绩改进指南
ISO19011	质量和(或)环境管理体系审核指南
支持性标准和文件	
ISO10012	测量控制系统
ISO/TR10006	质量管理——项目管理质量指南
ISO/TR10007	质量管理——技术状态管理指南
ISO/TR10013	质量管理体系文件指南
ISO/TR10014	质量经济性管理指南
ISO/TR10015	质量管理——培训指南
ISO/TR 1001	统计技术指南
	质量管理原则
	选择和使用指南
	小型企业的应用

(2) ISO9000 族核心标准

在 ISO9000 族标准中,包括 4 项核心标准:ISO9000、ISO9001、ISO9004、ISO19011。

——ISO9000《质量管理体系 基础和术语》

此标准表述了 ISO9000 族标准中质量管理体系的基础知识,并确定了相关的术语。标准首先明确了质量管理的 8 项原则,它是组织改进其业绩的框架,能帮助组织获得持续成功,也是 ISO9000 族质量管理体系标准的基础。标准还表述了建立和运行质量管理体系应遵循的 12 个方面的质量管理体系基础知识。

标准给出了有关质量的术语共 80 个词条,分成 10 个部分,并用较通俗的语言阐明了质量管理领域所用术语的概念。

——ISO9001《质量管理体系 要求》

标准规定了对质量管理体系的要求,供组织需要证实其具有稳定地提供顾客要求和适用法律法规要求产品的能力时应用。组织可通过体系的有效应用,包括持续改进体系的过程及确保符合顾客与适用法规的要求,增强顾客满意度。

此标准取代了 ISO9001、ISO9002 和 ISO9003 三个质量保证模式标准,成为用于审核和第三方认证的唯一标准。它可用于内部和外部(第二方或第三方)评价组织提供满足组织自身要求和顾客、法律法规要求的产品的能力。由于组织及其产品的特点对此标准的某些条款不适用,可以考虑对标准中的要求进行删除。但是,删除仅限于该标准的第 7 章"产品实现"中那些不影响组织提供满足顾客和适用法律法规要求的产品的能力或责任的要求,否则不能声称符合此标准。

标准应用了以过程为基础的质量管理体系模式的结构,鼓励组织在建立、实施和改进质量管理体系及提高其有效性时,采用过程方法,通过满足顾客要求增强顾客满意度。过程方法的优点是对质量管理体系中诸多单个过程之间的联系及过程的组合和相互作用进行连续的控制,以达到质量管理体系的持续改进。

——ISO9004《质量管理体系 业绩改进指南》

此标准以 8 项质量管理原则为基础,帮助组织用有效和高效的方式识别并满足顾客和其他相关方的需求和期望,实现、保持和改进组织的整体业绩,从而使组织获得成功。

该标准提供了超出 ISO9001 要求的指南和建议,不用于认证或合同的目的,也不是 ISO9001 的实施指南。标准强调一个组织质量管理体系的设计和实施受各种需求、具体目标、所提供的产品、所采用的过程及组织的规模和结构的影响,标准无意于统一质量管理体系的结构或文件。标准也应用了以过程为基础的质量管理体系模式的结构,鼓励组织建立、实施和改进质量管理体系,以提高对相关方的满意程度。标准还给出了自我评价和持续改进过程的示例,用于帮助组织寻找改进的机会,通过 5 个等级来评价组织质量管理体系的成熟程度,通过给出的持续改进方法,提高组织的业绩并使相关方受益。

——ISO19011《质量和(或)环境管理体系审核指南》

遵循"不同管理体系可以有共同管理和审核要求"的原则,该标准为质量管理体系和环境管理体系审核的基本原则、审核方案的管理、环境和质量管理体系审核的实施以及环境和质量管理体系审核员的资格要求提供了指南。它适用于所有运行质量和(或)环境管理体系的组织,指导其内审和外审的管理工作。

该标准在术语和内容方面,兼容了质量管理体系和环境管理体系的特点。在对审核员的基本能力及审核方案的管理中,均增加了了解及确定法律和法规的要求。

3. ISO9000 族标准的应用与发展

ISO9000 族标准的颁布,使各国的质量管理和质量保证活动统一在 ISO9000 族标准的基础之上。标准总结了工业发达国家先进企业的质量管理的实践经验,统一了质量管理和质量保证的术语和概念,并对推动组织的质量管理,实现组织的质量目标,消除贸易壁垒,提高产品质量和顾客的满意程度等产生了积极的影响,得到了世界各国的普遍关注和采用。迄今为止,它已被全世界 150 多个国家和地区等同采用为国家标准,并广泛用于工业、经济和政府的管理领域,有 50 多个国家建立了质量管理体系认证制度,世界各国质量管理体系审核员注册的互认和质量管理体系认证的互认制度也在广泛范围内得以建立和实施。随着对该族标准的了解、认识和赞赏,采用的国家越来越多。许多国家级和国际级的产品认证体系都把 ISO9000 作为取得产品认证的首要要求,许多跨国公司制订公司计划,要求本企业和其主要供应商在各个作业场所,必须贯彻实施 ISO9000 标准。许多大型政府采购集团,与大供应商签订合同时,也会借鉴 ISO9000 标准中的质量要求。

在这样大的国际环境下,我国有关管理部门非常重视企业的质量管理工作,鼓励企业采用了 ISO9000 族标准,提高产品质量。早在 1988 年,我国有关部门按照"等效采用"原则,及时地将 ISO9000 族标准转化为 GB/T10300 族标准。此后,每当国际标准化组织发布新版本的 ISO9000 族标准,原国家质量技术监督局都会及时地对标 ISO9000 族标准,等同采用为中国的国家标准,为中国企业与国际市场接轨,提供了强有力的帮助。

12.2.3 全面质量管理与 ISO9000 族标准的关系

全面质量管理作为以质量为中心的现代管理方式,是指企业为了保证和提高产品质量综合运用的一整套质量管理思想、体系、手段和方法,它已发展成为指导企业质量管理的学科。而 ISO9000 族标准则是在总结各国质量管理经验的基础上,经过广泛研究协商,由国际标准化组织制定的质量管理和质量保证标准,它在技术合作、贸易往来上作为国际认可的标准规范。两者的形式和作用虽不同,但 ISO9000 族标准实质上是全面质量管理思想的延续,两者存在一致性。

(1)遵循的原理是相同的

在全面质量管理理论中,描述产品质量的产生、形成和实现运动的规律是朱兰博士提出的"质量进展螺旋"曲线,这是开展全面质量管理的基本原理。而 ISO9000 族标准中明确提出"质量体系建立所依据的原理是质量环",这实际上就是以质量螺旋曲线为依据,两者原理是相同的。

(2)基本要求是一致的

全面质量管理的基本特征包括全面质量、全过程管理、全面参与、全面地综合利用各种科学方法。而 ISO9000 族标准中也同样贯彻了这些要求。

(3)指导思想及管理原则相同

全面质量管理与 ISO9000 族标准都同样贯彻以下思想:系统管理、为用户服务、预防为主、过程控制、质量与经济相统一等。

（4）强调领导作用

全面质量管理强调必须从领导开始，ISO9000族标准首先规定了企业领导的职责，两者都要求企业领导必须亲自组织实施。

（5）重视评审

全面质量管理重视考核与评价。ISO9000族标准重视质量体系的审核、评审和评价。

（6）不断改进质量。两者都强调任何一个过程都可以不断改进，并不断完善。因此，可以不断改进产品的服务质量。

通过比较可以看出，全面质量管理与ISO9000族标准是可以互相结合，互相促进的。全面质量管理把建立质量体系作为自己的基本要求，而ISO9000族标准则把建立质量体系作为达到全面质量管理的必经之路。推行ISO9000族标准可以促进全面质量管理的发展并使之规范化，还可以实现与国际合作伙伴间的双边或多边认可。ISO9000族标准也可以从全面质量管理中吸取先进的管理思想和技术，使之不断完善。

纵观质量管理的发展历史，后一阶段从来都是在前一阶段的基础上继承和发展，而不是对前一阶段的取代和否定。就像全面质量管理不能取代检验和统计质量管理一样，ISO9000族标准也不可能取代全面质量管理。因此，要正确处理两者的关系，既要防止以实施ISO9000族标准来否定全面质量管理，也不能借口推行全面质量管理而不贯彻ISO9000族标准，而是应以贯彻ISO9000族标准来促进全面质量管理的规范化，以全面质量管理的思想作为指导来学习、贯彻ISO9000族标准，并结合实际充实和完善企业质量体系，这样才能取得更好的效果。

12.3　质量控制过程与统计方法

12.3.1　质量控制过程

现代质量管理思想的要旨之一就是产品质量是设计和加工、制造出来的，而不是检验出来的。企业要想提高客户对产品质量的满意程度，同时降低质量成本，就必须在产品质量形成的各个过程中，做好质量管理工作。

1. 产品设计过程

产品要获得优越的质量，首先要归功于产品的研究开发工作，质量管理方面的"优质企业"正是通过产品开发来保证企业外的客户和其内部的生产部门有充分的理由对产品感到满意。产品研究开发工作必须达到最高水平，这样才能保证其最终产品优于竞争对手，而且更好的设计和工艺质量可以保证产品更能节约时间和成本。实现这一切的基础是能让客户获得最大利益并有利于生产的"零次品设计"。

"优质企业"在产品研究开发过程中主要做到了以下几方面工作：

（1）主动探求客户的利益焦点，通过各种信息渠道更好地了解最终客户的要求，并运用"质量功能调配法"将这些要求转化为技术上的可行性,并在产品中体现出来,保证给客户最大利益。

(2)从设计出台的初期,直到开始系列化生产的前一刻,不断地努力追求完美的工艺设计。运用"工艺能力分析""实验设计"等方法,及早地发现故障,识别造成故障的原因并迅速加以排除,在进行系列化生产以前,不断更改和完善工艺设计。

(3)将供应厂商当成开发伙伴,认真挑选供应厂商,与其密切协作并帮助他们提高零配件的设计质量。

2. 产品制造过程

生产过程是优越产品质量形成的主要过程。这一过程的管理目标是通过各种渠道和方法来提高生产过程的能力,保证生产过程的稳定,不断追求次品率的下降,直至"零次品"。企业在这方面有很大的潜力,前面提到四种不同的企业质量管理等级中,次品率相差甚远,如一级和二级企业,其次品率往往高达数千个 ppm(百万分之一),而三级和四级企业次品率只有几百 ppm,最优企业现在的次品率只有 70~100ppm,而且其还在不断追求次品率的进一步降低,优质企业主要在以下几个方面做好努力:

(1)尽量减少员工的失误,以适当的方式对员工进行培训,并鼓励他们发现产品与工作过程中的不足,提出改进措施。

(2)通过各种统计方法,分析质量事故原因,分清责任,保证生产过程的稳定,同时尽量减少机械故障,从而预防和减少次品的产生。

(3)尽量减少原材料和零配件的差错,完善与供应商的合作。

形成产品优秀质量的工作内容还包括产品的交付、销售和售后服务过程,在这个过程中,要尽量减少交货与服务中的错误,在保证交货时间、及时交货和售后服务等方面设立质量标准并力争达到这些标准。

12.3.2 质量管理的统计方法

质量管理的统计方法,就是将调查或抽样所取得的各种信息加以科学整理,经过计算、图示等方法的加工,运用统计推理的方法,找出其中的规律,用来进行质量设计、质量问题分析以及工艺质量控制等。

质量管理的统计方法根据其目的的不同可分为:

(1)用于产品开发设计的统计方法;

(2)进行质量因素分析的统计方法;

(3)进行工序质量控制的统计方法。

1. 产品开发设计中的质量管理方法

(1)质量功能调配法(Quality Function Deployment,QFD)

这是一种有效的将顾客的需要转化为特定的/可设计的产品功能特征的方法。其方法之一是质量屋(House of Quality),这是一种确定顾客需求和相应产品或服务性能之间联系的图示方法。建立质量屋有以下 6 个基本步骤:

① 确定顾客需要；
② 明确产品/服务特性（考虑该产品/服务如何满足顾客需要）；
③ 将顾客需要与产品/服务如何满足这些需要结合起来；
④ 评价与该产品竞争的产品；
⑤ 就产品/服务如何满足顾客需要制定效能指标；
⑥ 将产品如何满足顾客需要在产品各性能特点中适当体现出来。

图 12-5 是一个质量屋的实例。

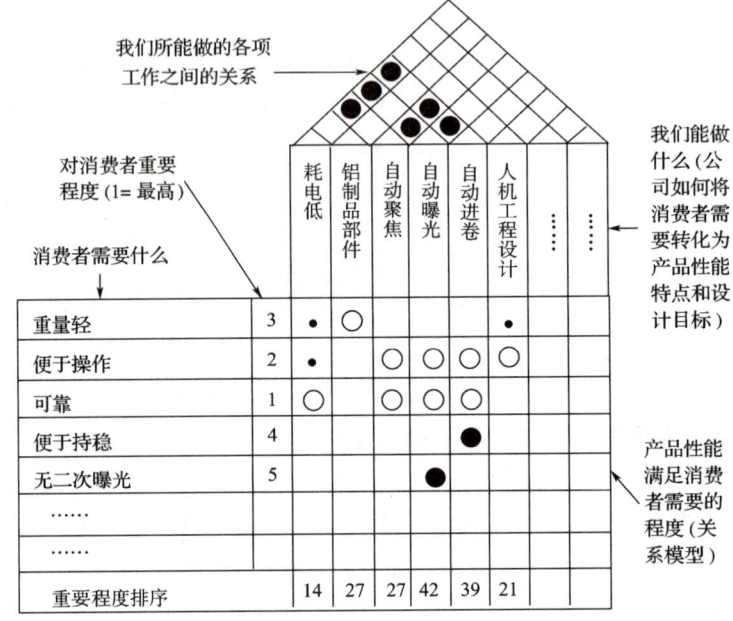

图 12-5　格瑞特相机公司建立质量屋的实例

通过广泛的市场调查，格瑞特相机公司明确了顾客的需要，这些需要列在质量屋的左边；然后，开发部门确定应如何在产品设计中将这些需要考虑进去，这些设计要求列在质量屋上方；接下来开发部门对两者进行一一评估，并将评估意见列入质量屋的矩阵部分；类似的，在"屋顶"标出产品性能特点之间的关系；最后，产品开发部门标出产品各性能特点的重要程度，并在产品工艺设计时加以考虑。

(2) 实验设计（统计规划实验）

实验设计是通过一系列实验进行规划的方法，其目的是利用统计方法为一种或多种产品或工艺参数确定最佳环境。实验设计在要求产品和工艺质量有所突破时使用，它帮助开发者搞清楚材料或某工艺参数的变化对产品或工艺质量产生什么影响。实验设计的程序为：

① 提出问题和指标；
② 搜集必要的数据；
③ 利用集体讨论来确定影响要素及其相互关系；

④ 挑选影响要素和其他接受测定的要素；
⑤ 制订和详细说明实验计划；
⑥ 进行实验；
⑦ 评估和分析数据；
⑧ 解释实验结果，提出关于产品与工艺的改进措施。

最著名的实验设计法是以日本质量问题权威人士田口玄一命名的"田口法"(Taquchi Technique)。田口法是把选定参数或要素(如材料)作为目标，使产品质量性能(如强度)尽可能不受工艺参数(如温度)变化的影响，从而保证质量稳定。田口法的第一步为"系统设计"，即界定产品概念的最初具体结构(如材料和组件的选择等)；第二步为"参数设计"；第三步是进行"公差设计"。这样可使产品和工艺设计达到最优化。

田口定义了他所称的"质量损失函数"($L=D^2C$，其中 L 表示损失，D 表示偏离目标程度，C 表示避免偏离的成本)，该函数在图像上反映为一条二次曲线，从曲线可以看出，产品质量偏离顾客需要程度越远，其质量损失越大。这一点使开发者从一个全新的角度看待其工作：产品及工艺设计，不能只盯着公差度，而先要尽量满足顾客的需要。

2. 质量因素分析的统计方法

在产品生产过程中，总要出现各种质量问题，企业要提高产品质量，就必须弄清出现这些问题的原因是什么，其中主要原因又是什么，以及各种因素对质量的影响程度等，以便对症下药解决问题。但这些问题并不是一下子就能看出来的，往往要应用统计的方法使问题集中化、明确化，最终得出正确的结论。下面介绍的五种方法，就是用来分析质量因素的常用方法。

(1) 排列图法(又称主次因素分析法、帕洛特图法)

它是找出影响产品质量主要因素的一种简单而有效的图表方法。

排列图是根据"关键的少数和次要的多数"的原理而制作的，也就是将影响产品质量的众多因素按其对质量影响程度的大小，用直方图形顺序排列，从而找出主要因素。其结构是由两个纵坐标和一个横坐标，若干个直方形和一条折线构成。左侧纵坐标表示不合格品出现的频数(出现次数或金额等)，右侧纵坐标表示不合格品出现的频率(百分比)，横坐标表示影响质量的各种因素，按影响大小顺序排列，直方形高度表示相应的因素的影响程度(出现频率多少)，折线表示累计频率(也称帕洛特曲线)。通常按累计百分比将影响因素分为 3 类：占 0%～80% 为 A 类因素，也就是主要因素；80%～90% 的为 B 类因素，是次要因素；90%～100% 为 C 类因素，即一般因素。由于 A 类因素占存在问题的 80%，此类因素解决了，质量问题大部分就得到了解决。如某酒杯制造厂对某日生产中出现的 120 个次品进行统计，做出排列图，如图 12-6 所示。

排列图表明：酒杯质量问题的主要因素是划痕和气泡，一旦这些问题得到纠正，大部分质量问题即可消除。

(2) 因果分析图法(又称鱼刺图法)

因果分析图法是用于分析质量问题产生的具体原因的一种图表方法。该方法是以某质量问题(结果)为出发点，从操作者、操作方法、设备、原材料、环境等方面入手，逐步探寻产生质量问题的原因。在调查问题原因时，应召开质量分析会，广泛发动群众，集思广益，

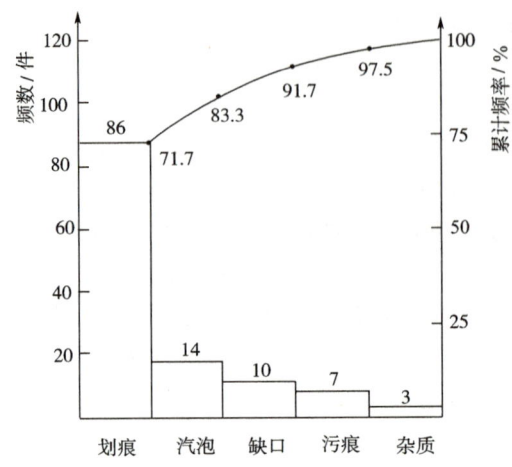

图 12-6　酒杯质量问题排列图

列出影响质量的因素。寻求各种原因要从粗到细,从大到小,形象地描述出它们的因果关系,直到能具体采取措施解决为止。经过记录和整理,将问题绘制成一个图。图 12-7 是对某种变速箱漏油的因果分析。

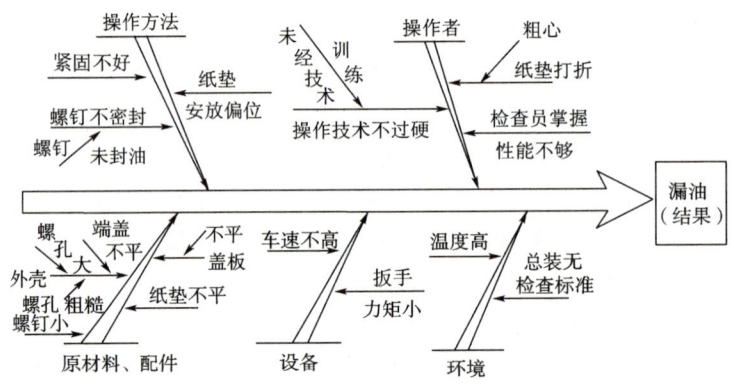

图 12-7　变速箱漏油因果分析图

(3) 相关图法

相关图又称散布图,它是用来分析某质量因素与质量特性之间相互关系及相关程度的方法。在实际生产中常可发现这种关系。如:热处理时淬火温度或冷却速度与工件硬度的关系;机床加工时进刀量与加工精度的关系等。但这种关系又难以用精确的公式或函数关系表示。对于这类现象用相关图分析就比较方便。如假定某一质量原因 x 与质量特性 y 有相关关系,可通过实验来取得数据在相关图上的描点,据此进行相关分析。图 12-8 所示的 6 种分布反映了比较典型的相关形式。

图 12-8(a):当 x 增加,y 也增加,称 x 与 y 为正相关,又因为点子分散程度小,表示 x 与 y 关系较密切,故称之为强正相关。

图 12-8(b):当 x 增加,y 也增加,但点子分散程度大,故称为弱正相关。

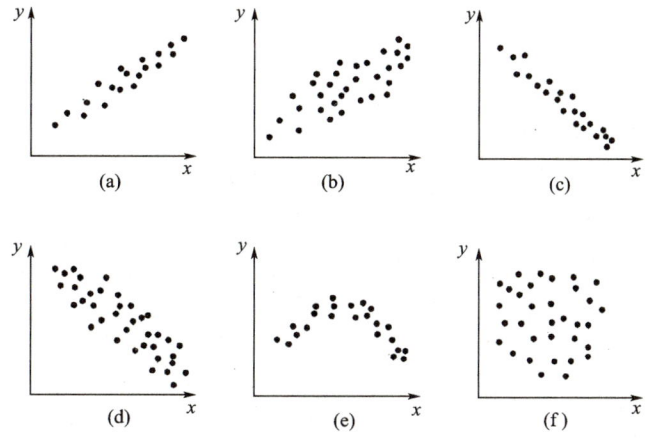

图 12-8 相关图的基本形式

图 12-8(c)：当 x 增加，y 值减小，同时点子分布比较密集，故称为强负相关。

图 12-8(d)：当 x 增加，y 值减小，同时点子比较分散，故称为弱负相关。

图 12-8(e)：当 x 与 y 呈曲线变化关系，则称为非线性相关，或曲线相关。

图 12-8(f)：x 与 y 在变化时无任何关系，因而称 x 与 y 不相关或称零相关。

（4）分层法（分类法）

分层法是质量管理中常用来分析影响质量因素的重要方法。在实际生产中，影响质量变动的因素很多，这些因素往往交织在一起，如果不把它们区分开来，就很难得出变化的规律。如图 12-9(a) 所示的分布，从整体看好像不存在相关关系，但如果把 A 因素与 B 因素区别开来，则可看出 A 因素与 y 呈明显的正相关趋势；B 因素则表现出负相关倾向。又如图 12-9(b) 所示，从整个图形看似乎是正相关关系，但如果把 A、B 两个因素区分开，则可明显地看出，不存在相关关系。可见用分层法，可使数据更真实地反映事实的性质，有利于找出主要问题，分清责任，及时加以解决。

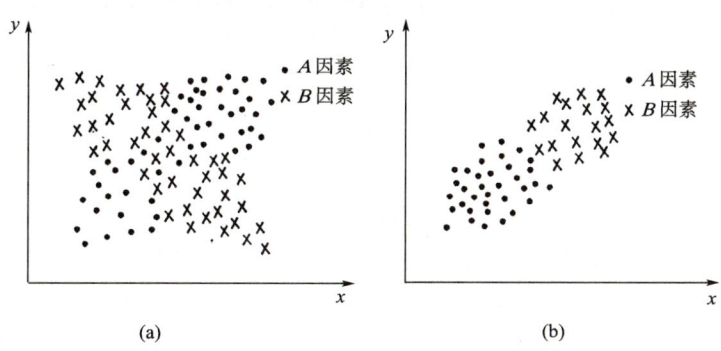

图 12-9 双因素分层图图例

应用分层法研究质量因素可按操作者、设备、原材料、工艺方法、时间、环境等方法进行分类。

（5）统计分析表

统计分析表就是利用统计表对数据进行整理并初步分析原因的一种常用图表。其格式可以根据产品和工序的具体要求来灵活确定。这种方法简单、实用、有效。常用的有：

① 缺陷位置调查表；

② 不良品原因统计表；

③ 按不良品项目分类调查表。

在生产实际中,统计分析表同分层法结合使用的效果更佳。

3. 工序质量控制的统计方法

实行工序质量控制,是生产过程中质量管理的重要任务之一,工序控制可以确保生产过程处于稳定状态,预防次品的产生。工序质量控制的统计方法主要有直方图法和控制图法。

(1) 工序质量控制的理论基础

① 质量的波动

在生产过程中,无论工艺条件多么一致,生产出来的产品的质量特性,绝不可能完全一致,这就是所谓的质量波动。产品质量特性的波动分为正常波动和异常波动。

正常波动。正常波动在每个工序中都是经常发生的。引起正常波动的影响因素很多,诸如机器的微小振动,原材料的微小差异等。在工序中,尽管对单个产品的观察结果不尽相同,但从总体上看,其波动趋势是可以预料的,可以用某种统计分布来进行描述。

异常波动。工序中的异常波动是由某种特定原因引起的,例如机器磨损、误操作等都可导致异常波动。

当某工序只存在正常波动时,我们说工序是处于正常控制之中,此时的工序生产性能是可以预测的。过程控制系统的目标是当工序出现异常波动时迅速提出统计信号,使我们能很快查明异常原因并采取行动消除波动。

② 质量的分布

产品质量虽然是波动的,但正常波动是有一定规律的,即存在一种分布趋势,形成一个分布带,这个分布带的范围反映了产品精度。产品质量分布可以有多种形式,如平均分布、正态分布等。

③ 数据种类

在质量管理工作中,是根据数据资料对质量进行控制的,质量数据可以分为计量值数据和计数值数据等不同类型。

计量值数据。可连续取值的,可用测量仪测出小数点以下数据的称为计量值数据。如长度、重量、电流、化学成分、温度等质量特性的数值皆是计量值数据。

计数值数据。只能用自然数取值的这类数据,称为计数值数据。如次品件数,错字数、质量缺陷点数等。

④ 正态分布曲线

实践证明,在正常波动下,大量生产过程中产品质量特性波动的趋势大多服从正态分布。因此,正态分布是最重要、最基本的分布规律。正态分布图形是一条中间高、两边低的"钟形"状态曲线,它具有集中性、对称性和有限性特点。如图 12-10 所示。

正态分布由两个参数决定：

均值，μ——衡量分布的集中趋势，在子样中即平均值 $\overline{X}$；

标准差，σ——偏差，反映数据的离散程度，在子样中用标准偏差 S 代替。

当均值和标准差确定时，一个正态分布曲线就确定了。均值 μ 是正态分布曲线的位置参数，不同的正态曲线，当标准差 σ 相同时其曲线形态相同，只是曲线中心的位置不同。标准差 σ 是衡量数据分布集散程度的参数，不同的正态曲线，当 μ 相同时，曲线的中心位置相同，而曲线的形状不同。随 σ 值的增大曲线变得越来越"矮"，越来越"胖"。

正态分布曲线与坐标横轴所围成的面积等于 1，如图 12-11 所示。

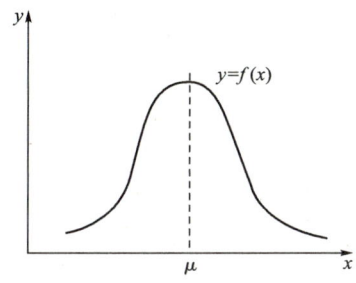

图 12-10　正态分布曲线　　　　图 12-11　正态分布的特点

从图中可见：

在 $\mu \pm \sigma$ 范围内的面积为 68.26%；

在 $\mu \pm 2\sigma$ 范围内的面积为 95.45%；

在 $\mu \pm 3\sigma$ 范围内的面积为 99.73%。

从正态分布的这个特点可知，在对服从正态分布的产品进行质量分析中，质量特征值落在 $\mu \pm 3\sigma$ 范围以内的概率为 99.73%，只有不足 3‰ 的质量特征值有可能落在此范围之外。因此，人们在工艺质量控制中，设置了"6σ"目标，创造了 6σ 控制方法。

(2) 直方图法

直方图又称质量分布图，它是通过整理抽查的质量数据，将产品质量频率分布状态用直方形表示的图表。它是判断工序产品质量变化状态的一种常用统计工具。

① 直方图的绘制

现根据某厂矽钢片实测厚度，说明直方图绘制过程，如下：

a. 收集数据（100 个），测量其质量特征数据，从中测出最大值 L_a（2.67 mm）和最小值 S_m（2.30 mm），并求出极差 R，此例中

$$R = L_a - S_m = 2.67 - 2.30 = 0.37$$

b. 决定分组组数 K，确定组距 h，如 $K = 10$，则

$$h = \frac{0.37}{10} \approx 0.04$$

c. 确定分组的边界值。计算公式如下：

第一组上下限为 $\qquad S_m \pm \dfrac{h}{2}$

此例中

下限 $= 2.30 - \dfrac{0.04}{2} = 2.28$，上限 $= 2.30 + \dfrac{0.04}{2} = 2.32$

其余各组为　　P 组上限 $= P$ 组下限 $+$ 组距 $=(P+1)$ 组下限

d. 计算各组中心值 X_i。

$$X_i = \dfrac{某组下限 + 某组上限}{2}$$

此例中　　　　　　　$X_1 = \dfrac{2.28 + 2.32}{2} = 2.30$

e. 统计频率。统计质量特征值落入各组内的数目（f_i）。

f. 据此整理成频数分布表，见表 12-3。

表 12-3　　　　　　　　频数分布表

组号	组距	中心值 X_i	频数统计	频数 f_i	组位 u_i	$f_i u_i$	$f_i u_i^2$
1	2.28~2.32	2.30	‖	2	−4	−8	32
2	2.32~2.36	2.34	⦀	3	−3	−9	27
3	2.36~2.40	2.38	卌	5	−2	−10	20
4	2.40~2.44	2.42	卌 卌 卌 丨	16	−1	−16	16
5	2.44~2.48	2.46	卌 卌 卌 卌 卌 卌 卌 ⦀⦀	39	0	0	0
6	2.48~2.52	2.50	卌 卌 卌 ⦀	18	1	18	18
7	2.52~2.56	2.54	卌 卌	10	2	20	40
8	2.56~2.60	2.58	⦀⦀	4	3	12	36
9	2.60~2.64	2.62	‖	2	4	8	32
10	2.64~2.68	2.66	丨	1	5	5	25
合计				100		20	246

g. 绘制直方图。直方图的横坐标为质量特征值（如厚度），纵坐标为频数。在图内以组距为"底"，以频数为"高"，画出一系列直方形，如图 12-12 所示。

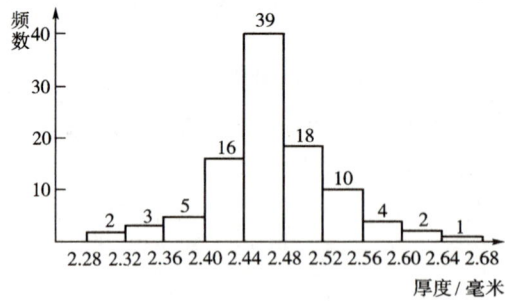

图 12-12　直方图示例(1)

在直方图频数分布表的基础上，还可利用其中的数据计算平均值 $\overline{X}$ 和标准差 σ。其中

$\overline{X}$ 的简化公式为
$$\overline{X} = a + \frac{\sum f_i u_i}{\sum f_i} \cdot h$$

本例中 $a = 2.46$，则 $\overline{X} = 2.46 + \frac{20}{100} \times 0.04 = 2.468$

σ 的简化公式为
$$\sigma = h \cdot \sqrt{\frac{\sum f_i u_i^2}{\sum f_i} - \left(\frac{\sum f_i u_i}{\sum f_i}\right)^2}$$

本例中 $\sigma = 0.04 \times \sqrt{\frac{246}{100} - \left(\frac{20}{100}\right)^2} = 0.062$

② 直方图的应用

a. 运用直方图可以判断生产过程是否异常。如果生产过程属正常状态，直方图应接近正态分布形状，如果直方图是其他形状（如：双峰型、锯齿型、孤岛型、平峰型等），就说明生产过程存在异常现象。

b. 通过分布范围和公差范围比较，还可以衡量生产的质量状况，如图 12-13 所示。图中 B 是产品实际尺寸的分布范围；T 是公差范围（公差带）。

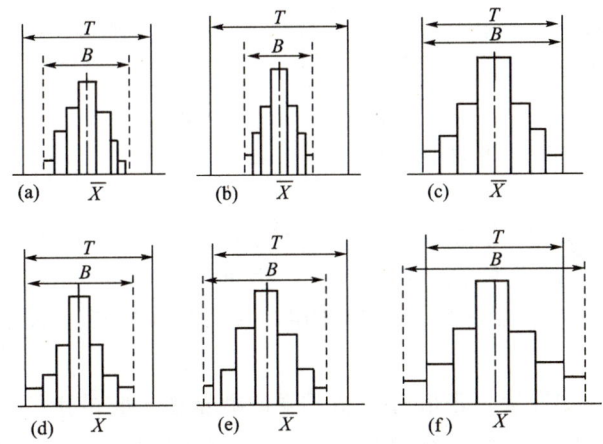

图 12-13　生产过程误差分布图例

若出现如图 12-13 中的(a)的情况，则是合理分布，说明质量稳定。如为(b)，则质量有充分保障，但显得不经济，可适当降低加工精度。若为(c)或(d)，则是危险分布，应采取措施。若为(e)或(f)，则说明是已大量出现废品的分布，必须找出原因并加以解决。

c. 利用直方图测算工序能力指数。工序能力是指工序在正常条件和稳定状态下所表现出来的保证产品质量的能力，它实际上反映着加工的精度，通常用 B 表示。根据正态分布特点，工序能力可以用 6 倍标准差来表示，即 $B = 6\sigma$。

工序能力指数是工序的加工能力满足产品质量要求程度的大小，用 C_p 表示，其为该工序的公差范围（T）与工序能力的（B）的比值，即

$$C_p = \frac{T}{B} = \frac{T}{6\sigma}$$

当公差中心与实际尺寸分布中心重合时,可以通过工序能力指数来评价工序的质量保证能力。当 $C_p>1$ 时,表明工序能力高,加工精度能充分满足公差要求。当 $C_p=1.33$ 时,工序能力较为理想。国外许多质量管理优质企业,为了追求"零次品",经常使 C_p 保持在 $1.67\sim2$。当 C_p 过大,则造成加工精度的浪费,会提高生产成本。当 $C_p<1$,表明工序能力低,将会有大量废品产生,必须停产检查,查明原因并加以改进。

当尺寸分布中心与公差中心发生偏移时,如图12-14所示,应通过设备调整,让尺寸分布中心与公差中心重合,否则,应对 C_p 值进行修正。修正方法如下:

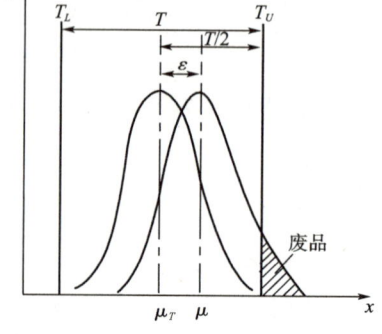

图 12-14 直方图示例(2)

$$C_{pk}=C_p\cdot(1-k)$$

$$K=\frac{|\mu_T-\mu|}{T/2}=\frac{2\varepsilon}{T}$$

式中　T——公差范围;

　　　K——偏移修正系数;

　　　μ_T——公差中心;

　　　ε——分布中心 μ 与公差中心 μ_T 的绝对偏移量;

　　　C_{pk}——修正后的工序能力指数。

(3)控制图法

前面介绍的各种统计方法主要反映质量数据在某段时间结束时的静止状态。为了实现以预防为主的原则,有效地进行现场质量控制,我们需要在了解过去、分析现状的基础上预测未来的质量状况,控制图就是一种能在现场直接研究质量数据随时间变化的动态规律的方法。

控制图,又称管理图,是一张带有控制界限的数据图。它的主要作用是通过分析和控制图中的点子分布来反映生产过程中有无异常,并对工序质量进行监督、预测和控制。控制图法是工序质量控制统计法的中心内容。控制图的基本形式如图12-15所示。

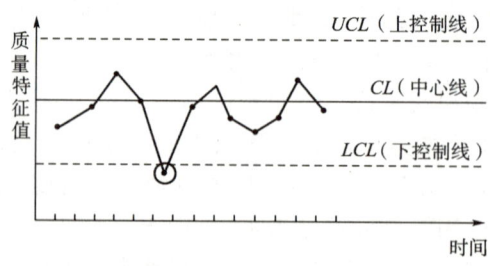

图 12-15 控制图

我们从工序中定时抽取样本(一般4~5个),并将这些样本平均值用圆点标在图上,图的横坐标为时间,纵坐标为某质量特征值,如温度、压力、重量、长度等。中心线以均值 μ 为基准,上下控制线以 $\pm3\sigma$ 为界限。

控制图可以提供很多有用信息，帮助管理者随时掌握工序质量状况。当每个样本的平均值落在控制线之内并在中心控制线附近活动时，则该工序处于受控状态；否则，可认为该工序处于失控状态，应该及时查明原因，迅速进行调整。图 12-16 中的各种控制图式，分别反映了工序的各种质量状态。

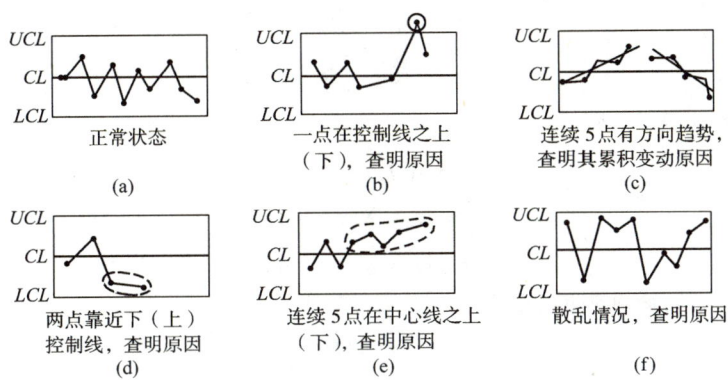

图 12-16 不同状态下的控制图图例

根据统计数据的不同，控制图可分为计量值控制图和计数值控制图。

（1）计量值控制图。计量值控制图主要包括：平均数控制图、极差控制图和 $\overline{X}$-R 图等。

（2）计数值控制图。计数值控制图主要包括：统计次品数的 P-控制图、统计次品率的 P_n-控制图以及统计缺陷的 C-控制图和统计单位缺陷的 U-控制图。

下面以 $\overline{X}$-R 图为例说明控制图的制作方法与步骤。

在生产实践中，人们除了关心工序产出的均值是否符合设计要求之外，还关心工序产出的波动情况。因为即使工序产出均值在控制之中，但工序产出波动却未必如此。例如，某部件可能制造公差较大，结果抽样样本均值可能一样，但样本波动可能非常大。出于这个原因，人们在进行工序质量控制时，通常是将样本的均值 $\overline{X}$ 和极差 R 联系在一起同时考查，形成 $\overline{X}$-R 图。

在 $\overline{X}$-R 图制作过程中，首先要根据分批抽样的结果计算出各个样本 $\overline{X}_i$ 的均值 $\overline{\overline{X}}$ 和极差的均值 $\overline{R}$。

$$\overline{\overline{X}} = \frac{1}{K}\sum \overline{X}_i \qquad \overline{R} = \frac{1}{K}\sum R_i \qquad （K 为抽样组数）$$

在确定 $\overline{X}$-图的控制限时，我们需要知道总体的 μ 和 σ_x。根据中心极限定理我们得知：$\mu = \overline{\overline{X}}$，$\sigma_{\overline{x}} = \sigma_x / \sqrt{n}$，由此可得出

$$CL = \mu = \overline{\overline{X}}$$
$$UCL = \mu + 3\sigma_{\overline{x}} = \overline{\overline{X}} + 3\sigma_x/\sqrt{n}$$
$$LCL = \mu - 3\sigma_{\overline{x}} = \overline{\overline{X}} + 3\sigma_x/\sqrt{n}$$

但由于总体标准差 σ_x 不易计算，通常用极差平均值 $\overline{R}$ 来建立控制限，因为 $\overline{R}$ 与 σ_x 之间存在如下关系：

$$\bar{R} = d_2 \sigma_x$$

$\sigma_R = d_3 \sigma_x$ (d_2、d_3 为随样本容量 n 而定的常数，σ_R 为 R 分布的标准差）

由此可得

$$CL = \bar{\bar{X}}$$
$$UCL = \bar{\bar{X}} + 3\bar{R}/d_2\sqrt{n}$$
$$LCL = \bar{\bar{X}} - 3\bar{R}/d_2\sqrt{n}$$

令 $3/d_2\sqrt{n} = A_2$，则

$$CL = \bar{\bar{X}}$$
$$UCL = \bar{\bar{X}} + A_2\bar{R}$$
$$LCL = \bar{\bar{X}} - A_2\bar{R}$$

在确定 R-图的控制限时，可得

$$CL = \bar{R}$$
$$UCL = \bar{R} + 3\sigma_R = \bar{R} + 3d_3\sigma_x$$
$$LCL = \bar{R} - 3\sigma_R = \bar{R} - 3d_3\sigma_x$$

由 $\sigma_x = \bar{R}/d_2$ 可得

$$CL = \bar{R}$$
$$UCL = \bar{R} + 3d_3\bar{R}/d_2 = (1 + 3d_3/d_2)\bar{R}$$
$$LCL = \bar{R} - 3d_3\bar{R}/d_2 = (1 - 3d_3/d_2)\bar{R}$$

令 $D_4 = (1 + 3d_3/d_2)$，$D_3 = (1 - 3d_3/d_2)$，则

$$CL = \bar{R}$$
$$UCL = D_4\bar{R}$$
$$LCL = D_3\bar{R}$$

表 12-4 列出了计算控制图控制限的有关因子。

表 12-4　计算控制图控制限的有关因子

n	系数				
	d_2	d_3	A_2	D_3	D_4
2	1.128	0.893	1.880	0	3.267
3	1.693	0.888	1.023	0	2.575
4	2.059	0.880	0.729	0	2.282
5	2.326	0.864	0.577	0	2.115
6	2.534	0.848	0.483	0	2.004
7	2.704	0.833	0.419	0.076	1.924
8	2.847	0.820	0.373	0.136	1.864
9	2.970	0.808	0.337	0.184	1.816
10	3.173	0.797	0.308	0.223	1.777

【例 12-1】 某工厂生产 $\varphi 10\pm 0.20$ 的圆柱销,经定时抽样得到的数据见表 12-5。

表 12-5　　　　　　　　$\overline{X}$-R 控制图数据表

子样号	检查值					$\sum X_i$	$\overline{X}$	R
	X_1	X_2	X_3	X_4	X_5			
1	10.009	9.979	10.010	9.937	10.010	49.945	9.989	0.073
2	9.947	10.088	10.016	10.013	9.962	50.026	10.005	0.141
3	10.031	9.981	10.021	9.950	10.051	50.034	10.007	0.101
4	10.010	9.915	10.009	10.020	9.982	49.936	9.987	0.105
5	9.982	10.026	9.948	10.012	9.912	49.880	9.976	0.114
6	10.035	9.995	10.038	9.965	10.010	50.043	10.009	0.073
7	9.920	10.070	9.884	10.015	10.009	49.838	9.968	0.186
8	10.006	9.981	10.009	10.026	9.939	49.961	9.992	0.087
9	10.000	9.996	10.057	9.940	10.019	50.017	10.003	0.117
10	9.970	10.095	9.975	10.059	9.942	50.041	10.008	0.153
11	10.149	10.007	9.998	10.051	9.934	50.139	10.028	0.215
12	9.952	10.047	10.009	10.010	10.068	50.086	10.017	0.116
13	10.032	9.990	9.968	9.911	9.972	49.873	9.975	0.121
14	9.935	9.960	10.109	9.973	10.005	49.982	9.996	0.174
15	10.070	10.025	9.988	10.029	9.950	50.026	10.012	0.120
16	9.968	10.052	9.925	10.009	10.008	49.962	9.992	0.127
17	10.013	9.958	10.150	10.090	9.969	50.180	10.036	0.192
18	9.996	10.028	9.978	9.919	10.091	49.959	9.992	0.172
19	10.120	9.940	10.010	10.089	9.942	50.101	10.020	0.180
20	9.948	10.093	9.971	10.012	9.986	50.010	10.002	0.145

$\overline{X}$ 图	R 图	$\sum$	200.014	2.712
$CL = 10.001$	$CL = 0.136$	平均值	10.001	0.136
$UCL = 10.001 + 0.577 \times 0.136 = 10.080$	$UCL = 2.115 \times 0.136 = 0.228$	系数表	N　　A_2	D_4
$LCL = 10.001 - 0.577 \times 0.136 = 9.922$	$LCL = 0$		4　　0.792	2.282
			5　　0.577	2.115

据此绘制 $\overline{X}$-R 控制图如图 12-17 所示。

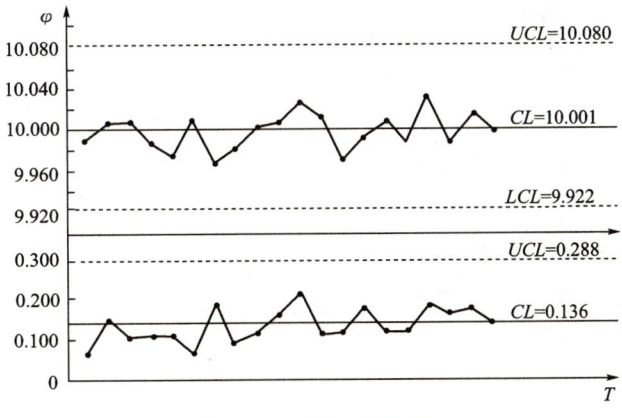

图 12-17　$\overline{X}$-R 控制图

习 题

1. 试述质量、产品质量、质量管理、全面质量管理的概念。
2. 保证和提高质量有何重要意义？
3. 全面质量管理与质量检验、统计质量管理比较，有哪些特点和不同？三者的关系应如何理解？
4. 全面质量管理的基本观念、特点和原则是什么？
5. 试述ISO9000系列标准的产生背景、主要内容和意义。
6. 如何评价和理解全面质量管理与ISO9000系列标准的关系？
7. 应如何理解推行全面质量管理与企业提高经济效益的关系？
8. 为什么说产品设计是获得优质产品的首要环节？
9. 在产品设计、质量因素分析和生产过程控制等方面常用的统计方法有哪些？各自的作用是什么？应如何应用？
10. 用排列图法来分析从一个印刷电路板生产线收集到的数据，见表12-6。

(1) 请画出排列图。

(2) 你能从中得出什么结论？

表 12-6

缺陷	缺陷发生数
部件有问题	217
部件未插牢	146
黏接剂过量	64
装错部件	600
线路板尺寸不当	143
标错固定孔	14
电路问题	92

11. 某厂生产某零件，技术标准要求公差范围 220 ± 20 mm，经随机抽样得到100个数据，见表12-7。要求：

(1) 进行统计整理做出直方图。

(2) 计算均值 $\bar{X}$ 和标准差 σ。

(3) 对直方图进行分析。

表 12-7　　　　　　　　某产品随机抽样数据表

202	204	205	206	206	207	207	208	208	209
209	210	210	210	211	211	211	211	212	212
212	213	213	213	214	214	214	215	215	215
215	216	216	216	216	217	217	217	217	217
217	218	218	218	218	218	218	218	218	219
219	219	219	220	220	220	220	220	220	220
220	220	220	220	221	221	221	221	221	221
221	222	222	222	223	223	223	223	224	224
224	225	225	225	226	226	227	227	228	228
229	229	230	231	231	232	233	234	235	237

12. 假定某台机器生产某产品的重量均值($\bar{\bar{X}}$)为50克,极差均值($\bar{R}$)为3.5克。在过去3小时内定时抽取样本容量(n)为10的一组数据,见表12-8。

表 12-8

样本号	样本均值/$\bar{X}_i$	样本极差/R	样本号	样本均值/$\bar{X}_i$	样本极差/R
1	55	3	6	57	6
2	47	1	7	55	3
3	49	5	8	48	2
4	50	3	9	51	2
5	52	2	10	56	3

(1) 请做出 $\bar{X}$-R 控制图。

(2) 控制限是多少?

(3) 你能得出什么结论?

参考文献

[1] 蒋贵善,等. 生产与运营管理. 5版. 大连:大连理工大学出版社,2006.
[2] 李新然,俞明南. 运营管理. 2版. 北京:清华大学出版社,2019.
[3] 丁慧平,俞明南. 生产运营管理. 2版. 北京:中国铁道出版社,2004.
[4] 俞明南,丁正平. 质量管理. 大连:大连理工大学出版社,2005.
[5] 黄学文,郭艳红,奇丽云,俞明南. 管理学. 2版. 大连:大连理工大学出版社,2014.
[6] 陈荣秋,马士华. 生产与运营管理. 5版. 北京:高等教育出版社,2021.
[7] [美]罗伯特·雅各布斯,理查德 B. 蔡斯. 生产与运营管理. 苏强,等,译. 15版. 北京:机械工业出版社,2021.
[8] [美]马克 M. 戴维斯,等. 运营管理基础. 汪荣,等,译. 5版. 北京:机械工业出版社,2021.
[9] [美]威廉 J. 史蒂文森,等. 运营管理基础. 张群,等,译. 13版. 北京:机械工业出版社,2023.
[10] 陈福军. 生产与运营管理. 5版. 北京:中国人民大学出版社,2022.
[11] 马风才. 运营管理. 6版. 北京:机械工业出版社,2021.
[12] 戴大双,等. 现代项目管理. 3版. 北京:高等教育出版社,2021.
[13] 李葆文. 设备管理新思维新模式. 4版. 北京:机械工业出版社,2022.
[14] 齐丽云,霍达,张旭. 战略管理. 2版. 北京:清华大学出版社,2023.
[15] 马士华,林勇. 供应链管理. 6版. 北京:机械工业出版社,2020.